U0113267

主编：Li Xing（李形）

　　丹麦王国奥尔堡大学发展与国际关系研究中心主任、教授；《中国与国际关系学刊》主编；专注于国际政治经济学的研究与教学。

译者：林宏宇

　　华侨大学国际关系学院院长、教授，中国国际关系学会常务理事，国务院侨办专家咨询委员；主要研究领域为美国问题与中美关系、大国博弈与国际安全、国际政治经济学。

Mapping
China's BRI

[丹麦] Li Xing◎主编
林宏宇◎译

聚焦"一带一路"倡议：以国际政治经济学为视角

天津出版传媒集团
天津人民出版社

图书在版编目（ＣＩＰ）数据

聚焦"一带一路"倡议：以国际政治经济学为视角 /
（丹）李形主编；林宏宇译. -- 天津：天津人民出版社，
2019.8

ISBN 978-7-201-15050-5

Ⅰ.①聚… Ⅱ.①李… ②林… Ⅲ.①世界经济政治
学—研究②"一带一路"—国际合作—研究 Ⅳ.
①F11-0②F125

中国版本图书馆 CIP 数据核字（2019）第 188852 号
First published in English under the title
Mapping China's 'One Belt One Road' Initiative
edited by Li Xing, edition: 1
Copyright © The Editor(s) (if applicable) and The Author(s), 2019 *
This edition has been translated and published under licence from
Springer Nature Switzerland AG.
Springer Nature Switzerland AG takes no responsibility and shall not be made liable
for the accuracy of the translation.
天津市版权局著作权合同登记：图字 02-2019-85

聚焦"一带一路"倡议：以国际政治经济学为视角
JUJIAO YIDAIYILUCHANGYI YI GUOJIZHENGZHIJINGJIXUE WEI SHIJIAO

出　　版	天津人民出版社
出 版 人	刘　庆
地　　址	天津市和平区西康路35号康岳大厦
邮政编码	300051
邮购电话	（022）23332469
网　　址	http://www.tjrmcbs.com
电子信箱	reader@tjrmcbs.cn
策划编辑	王　康
责任编辑	王　玚
装帧设计	明轩文化·王　烨
印　　刷	山东德州新华印务有限责任公司
经　　销	新华书店
开　　本	710毫米×1000毫米　1/16
印　　张	21
插　　页	4
字　　数	320千字
版次印次	2019年8月第1版　2019年8月第1次印刷
定　　价	128.00元

代 序

新时代中国社会主义大国
外交思想视角下的"一带一路"

林宏宇

2013年9月7日，中国国家主席习近平出访哈萨克斯坦，在纳扎尔巴耶夫大学提出共同建设"丝绸之路经济带"；同年10月，习近平在印度尼西亚提出共同建设"21世纪海上丝绸之路"。自此，"一带一路"倡议走进世界视野，逐步引发全球共鸣。五年多来，"一带一路"倡议得到国际社会积极响应和广泛支持，逐渐从理念转化为行动、从愿景转变为现实，一大批合作项目陆续启动，建设成果丰硕。

可以说，共建"一带一路"，是习近平亲自提出、亲自谋划、亲自推动的伟大倡议。那么我们该如何更好地理解这个中国倡议呢？我认为，习近平提出的新时代中国特色社会主义外交思想不乏为一个有益的视角。

从国际关系史视角来看，1978年虽是冷战时期普通的一年，但这一年开启的中国改革开放却注定是冷战时期最为重要的历史事件。四

1

十多年来，中国社会发生了巨大变化，取得了举世瞩目的成就。如果从国际关系与国际社会视角来看，中国崛起与快速发展可以说是四十多年来最重要的国际事件。进入21世纪的第二个十年以来，中国崛起的影响和意义在全球范围内引起了越来越广泛的关注。中国将成为什么样的国家？中国的崛起对世界有什么意义和影响？中国能否满足西方的期望？中国的崛起将如何影响现存的世界秩序和国际游戏规则？这些问题深深影响着当今的国际社会。尤其是近年来，世界经济低迷不振，逆全球化暗流涌动，国际形势动荡多变，贸易保护主义、政治民粹主义、外交单边主义抬头。包括美国、西欧大国在内的西方世界正经历着百年不遇的大变局，而其他国际力量也自顾不暇——俄罗斯深陷乌克兰危机与西方的对抗中，欧盟因为英国"脱欧"与难民问题弄得焦头烂额，日本经济继续萧条，印度、南非国内经济改革不顺，巴西国内政局不稳，等等。正是在当今世界发展面临巨大不确定性的背景下，习近平主席提出的新时代中国特色大国外交思想，使得中国对世界未来发展的引领作用更加明显。国际社会也愈发公认，中国是当前世界乱局中的稳定器、变局中的正能量。

作为习近平新时代中国特色社会主义思想的有机组成部分，习近平的新时代大国外交思想可以从以下三个方面来理解：

第一，新时代中国特色社会主义思想建立在中国改革开放四十多年成就的基础上。四十多年来，中国的发展走出了一条不同于历史上其他大国崛起的道路，极富中国特色，是一条独特的发展道路。中国四十多年来的发展大致可分为三个大的阶段：一是小心谨慎打开国门，被动地融入西方主导的国际社会的阶段（1978—2000），这个阶段的中国外交比较被动，主要以学习领会西方大国外交为主。二是自立自强，主动作为，凭借中国人的勤劳智慧，加速自身发展的阶段（2001—2012），在这个阶段之中，中国开始较熟练地驾驭国际规则，逐步提出中国特色的大国外交话语概念（如"走出去""和谐世界"等）。三是共商共建共享，承担大国责任，日益走近国际舞台中央的阶段（2013年至今），这个阶段中国凭借雄厚的经济实力，提出了新时代中国特色大国外交思想。

第二，"新时代"（New Era）是中国特色社会主义外交思想的背景与前提。习近平在中国共产党第十九次全国代表大会上的报告中强调："中国特色社会主义进入新时代，在中华人民共和国发展史上、中华民族发展史上具有重大意义，在世界社会主义发展史上、人类社会发展史上也具有重大意义。"由此可见，"新时代"概念将成为中国国家政治生活中非常重要的发展坐标与历史方位，"新时代"成为中国特色大国外交思想的重要历史背景。那么，什么是"新时代"？新时代的具体内涵是什么？用习近平在中共十九大报告中的原话来说："这个新时代，是承前启后、继往开来、在新的历史条件下继续夺取中国特色社会主义伟大胜利的时代，是决胜全面建成小康社会、进而全面建设社会主义现代化强国的时代，是全国各族人民团结奋斗、不断创造美好生活、逐步实现全体人民共同富裕的时代，是全体中华儿女勠力同心、奋力实现中华民族伟大复兴中国梦的时代，是我国日益走近世界舞台中央、不断为人类作出更大贡献的时代。"

可以说，习近平关于"新时代"的表述就像一个电影长焦镜头，从远到近，给世人描绘出一幅纵深感很强的中国总体发展的"全景图"。最远景是全面取得中国特色社会主义的伟大胜利，这是中国的最终战略目标；次远景是建成富强民主文明和谐美丽的社会主义现代化强国，这是中国特色社会主义事业取得成功的国家基础；中景是中国各族人民过上共同富裕的生活，这是中国特色社会主义事业的经济基础；次近景是中华民族实现历史的复兴，显然这是"中国梦"的主要内涵，也是中国特色社会主义事业的民族基础；近景是中国走近国际舞台的中央，成为引领世界的大国，这是中国特色社会主义事业的国际基础。

第三，新时代中国特色社会主义外交思想的战略目标是实现"人类命运共同体"，其实现路径是"一带一路"与构建"新型大国关系"。自2008年国际金融危机以来，西方世界整体下沉，以中国为代表的新兴国家的群体崛起，成为引领世界未来发展的重要力量。习近平有关大国外交思想系列论述的核心目标就是构建"人类命运共同体"，这体现了中国传统文化特色的"共商、共建、共享"的理念，深得人心，极具活力。而2013年习近平先后提出的构建"新型大国关系"与"一带一路"倡议则是实现这个战略目标的两个最重要途径与平台。

其中，"一带一路"倡议是更为成形、更为成熟、更受欢迎的"中国点子"与"中国方案"。习近平在2018年8月举行的"一带一路"建设工作5周年座谈会上强调，共建"一带一路"不仅是经济合作，而且是完善全球发展模式和全球治理、推进经济全球化健康发展的重要途径。他还表示，共建"一带一路"顺应了全球治理体系变革的内在要求，彰显了同舟共济、权责共担的命运共同体意识，为完善全球治理体系变革提供了新思路、新方案。共建"一带一路"正在成为我国参与全球开放合作、改善全球经济治理体系、促进全球共同发展繁荣、推动构建人类命运共同体的"中国方案"。

然而外部世界对此"中国方案"却存在疑问和猜测。本书主编李形教授指出，西方领导人心目中普遍存在的问题是："中国'一带一路'的战略目标是什么？""有否隐藏着中国议程？""中国将如何从'一带一路'中获益？"而有过被殖民经历的东南亚和中亚的发展中国家领导人关注的是："'一带一路'会是21世纪殖民格局的又一次重演吗？""接受中国廉价的贷款是否意味着将接受中国的领导和霸权呢？"

确实，目前由于以中国为代表的新兴强国的崛起，世界秩序安排正不断地发生变化。世界是否见证了西方霸权的终结？世界秩序是否正在转变成更横向的关系？中国的复兴是否会导致另一种发展模式的出现，从而使政府角色在地方、国家和世界经济中发挥更大的作用，更倾向于建立一个横向的"南南"关系体系，以及一种新的东西方大国关系模式？而且在许多方面，"一带一路"倡议确实给研究人员、决策者和智库机构带来了许多具有挑战性的问题。中国所提倡的"多边主义"是否促进了包括"一带一路"倡议在内的发展战略，其目的是否就像现实主义理论家一直相信的那样，即实现"强权政治影响"，并促进其自身的国家利益？或者，"一带一路"倡议是否真的向世界表明，通过对现存的国际秩序规则和制度的整合，中国将自身的成功向外延伸，以造福于其领土以外的地区？现实主义者怀疑中国的"一带一路"倡议是通过基础设施建设和贸易协定，将其经济和政治影响施加到那些弱小的国家和地区。如果在现实主义和自由主义之间采取中间立场，那么"一带一路"倡议是否具有在实现区域增长的市场准入方面采取大战略的双重效应，即在最大限度地扩大了相互依存机会的同时，增加了中国的区域影响力？

对于上述这些问题，我们都可以从习近平新时代中国特色社会主义外交思想中找到各自的答案。同时，从2019年开始，在习近平新时代中国特色社会主义外交思想的指引下，"一带一路"倡议将进入第二个五年发展阶段——"走深走实"阶段。

我们可以从以下四个方面来理解它[①]：

第一，要推动共建"一带一路"走深走实，还是要充分认识其重大意义。从国内来看，推进"一带一路"建设，符合中国经济发展内生性要求，是新形势下扩大全方位对外开放的重大战略举措和经济外交的顶层设计，有利于形成"陆海内外联动""东西双向互济"的全面开放新格局，有利于提高对外开放质量和发展内外联动性。从国际来看，推进"一带一路"建设，为各国实现互利共赢、共同发展提供了重要平台和重大机遇，有利于稳定世界经济形势、促进全球经济增长。2017年5月习近平在首届"一带一路"国际合作高峰论坛开幕式主旨演讲中强调，我们推进"一带一路"建设不是另起炉灶、推倒重来，而是实现战略对接、优势互补。不会重复地缘博弈的老套路，而将开创合作共赢的新模式；不会形成破坏稳定的小集团，而将建设和谐共存的大家庭。同时，共建"一带一路"也是推进经济全球化健康发展的重要途径，为完善全球治理体系提供了新思路新方案；彰显了同舟共济、权责共担的命运共同体意识，是推动构建人类命运共同体的重要实践平台。9月习近平出席金砖国家工商论坛开幕式演讲时也强调，共建"一带一路"倡议不是地缘政治工具，而是务实合作平台；不是对外援助计划，而是共商共建共享的联动发展倡议。

第二，要推动共建"一带一路"走深走实，还要准确把握其指导

---

① 参考戚义明：《推动共建一带一路走深走实》，《学习时报》2019年2月18日。http://theory.people.com.cn/n1/2019/0218/c40531-30759907.html，上网时间：2019年2月19日。

原则。"一带一路"建设秉持"共商、共建、共享"原则，虽源于中国但机会和成果却属于世界。也就是说，它虽然是中国首倡的，但不是中国一家的事业，而是"一带一路"沿线各国共同的事业；不是中国一家的独奏，而是沿线国家的合唱。它不是另起炉灶，而是对现有国际机制的有益补充和完善；不是为了针对谁、谋求势力范围，而是要支持各国共同发展；不是要营造自己的后花园，而是要建设各国共享的百花园。这正如2015年10月习近平出席中英工商峰会时所强调的，"一带一路"是共赢的，各国共同参与的，这条路不是某一方的私家小路，而是大家携手前进的阳光大道。

第三，要推动共建"一带一路"走深走实，还要科学理解其核心内涵。"一带一路"建设的核心内涵就是促进基础设施建设和互联互通，加强经济政策协调和发展战略对接，促进协同联动发展，实现共同繁荣。如果将"一带一路"比喻为腾飞的两只翅膀，那么互联互通就是两只翅膀的血脉经络。互联互通不仅是一条脚下之路，更是一条规则之路、心灵之路，是政策沟通、设施联通、贸易畅通、资金融通、民心相通等五大领域的齐头并进。2016年1月习近平在开罗阿拉伯国家联盟总部发表演讲时指出，"一带一路"建设，倡导不同民族、不同文化要"交而通"，而不是"交而恶"，彼此要多拆墙、少筑墙，把对话当作"黄金法则"用起来，大家一起做有来有往的邻居。

第四，要推动共建"一带一路"走深走实，就要坚持统筹协调、正确处理好各种关系。

——要兼顾当前与长远，既登高望远、做好顶层设计，又脚踏实地、争取早期收获。

——要兼顾中国国家利益与沿线国家利益，寻找更多利益交汇点，以义为先、义利并举。2016年1月习近平在埃及《金字塔报》发表的署名文章强调，"一带一路"追求的是百花齐放的大利，而不是一枝独秀的小利。

——要统筹项目建设、金融支持、风险管控，既在推进关键项目落地、加快形成金融保障体系上下功夫，又高度重视风险防范、全面提高安全保障和应对风险能力。

——要统筹经济合作与人文交流，营造良好舆论环境，夯实合作的民心基础。

——要统筹政企关系，形成政府主导、企业参与、民间促进的合作模式和立体格局。

——要统筹国家总体目标与地方具体目标、部门与地区之间的关系，加强分工协作、形成合力。

——要统筹内外关系，加强共建"一带一路"同京津冀协同发展、长江经济带发展、粤港澳大湾区建设等国家战略对接，促进内外联动发展，给各地区带来切实的好处。2015年3月习近平在博鳌亚洲论坛年会上发表主旨演讲时强调，"一带一路"建设不是要替代现有地区合作机制和倡议，而是要在已有基础上，推动沿线国家实现发展战略相互对接、优势互补。"一带一路"建设不是空洞的口号，而是看得见、摸得着的实际举措，将给地区国家带来实实在在的利益。

目　录

第一章　导论："一带一路"倡议是
中国版的新世界秩序吗？

一、理论框架

2018年是马克思、恩格斯发表《共产党宣言》170周年。也许这本小册子今天只能在二手书店里找到，然而如果我们再读一遍，将惊讶地发现，该宣言可以超越时空。尽管苏联已经解体，冷战已经结束，但该宣言继续以新的理论光芒让读者叹服。该宣言具有巨大的历史和现实意义，其对资本主义——这一无休止扩张现象的持久洞察，为我们深刻分析和解释当今世界上最基本的现象——全球化和跨国资本主义，提供了一个有效工具。

从过去几十年的全球发展和世界格局走向来看，当今世界正处于一个历史性的时刻，我们有必要回归到马克斯·韦伯的经典论述中。正如一位著名学者所指出的：

> 我们生活在一个历史时刻，资本主义首次成为世界上真正的普遍制度。它不仅表现为世界上每一位经济行为者都是按照资本主义的逻辑在运作，还表现在资本主义经济最外围的国家也根据这一逻辑运行。资本积累逻辑、商品化逻辑、利润最大化逻辑、竞争逻辑等，都已经渗透到了人类社会生活和自然资源环境的方方面面……

马克斯·韦伯在1958年指出，与人类文化学和社会学研究一样，市场资本主义的历史进步和海外扩展，也是一个历史过程，它包括文化和宗教的维度。然而包括韦伯在内的许多学者都认为，资本主义的建立并不是因为文化和宗教的活力，而是一个政治与经济互动的结果。资本主义生产方式诞生于欧洲，其最早是通过强制封闭和强制形成新的财产关系与法律制度来强加无情的压迫。随着产业转型对土地的限制性准入，开始了以原始资本主义积累为基础的新型生产关系。与此同时，欧洲的海外扩张开始于征服和贸易关系，这导致了资本主义生产系统的延伸。可以说，资本主义世界体系的全球化是通过三个历史发展阶段来实现的：早期贸易阶段、产业扩张阶段、金融资本扩张阶段。

中国的"一带一路"倡议是否可视为当代资本主义世界体系的扩张？而且是同时包含了上述三个阶段的一种扩张呢？

正如沃勒斯坦在1976年所指出的，资本主义世界体系通过奴隶贸易、殖民、"自由贸易"和世界大战，成功地吸收了多种文化体系而进入单一的综合经济制度，并将世界各地纳入其劳动分工。苏珊·斯特兰奇认为，从历史上看，资本主义制度得到了霸权制度体系的持续保障，并通过固定的"社会、政治和经济安排"得到维持。这些"安排"就是我们所谓的"世界秩序"。"这些安排既不是神的指示，也不是盲目选择的结果，而是国际社会机制与规范的产物。"这些安排保证了全球"结构性权力"（Structural Powers）的稳定，而国际政治经济学（IPE）则为我们提供了一个理解这些"结构性权力"的框架。苏珊·斯特兰奇指出："结构性权力"将"决定人们如何行事，框定国家与国家之间、国家与个人之间、国家与公司企业之间的基本关系"。现在所谓的霸权，从根本上讲，就是建立在拥有这种"结构性权力"基础之上的。

苏珊·斯特兰奇的这种"结构性权力"理论并非首创，实际上早在第二次世界大战（以下简称"二战"）结束后不久，乔治·凯南就已经很清楚地表达了类似思想。他指出，美国如果要保持其霸权地位，就要努力维持一种特殊的"全球关系格局"（Pattern of Global Relationships）。但这种国际格局带来的是国际秩序的严重不平等，以及美国巨大的特权，还有全球的贫富悬殊。正是这个原因，美国格外关注新崛起的国家，特别是中国，如何在现有的世界秩序中运用它们的权力。历史教训似乎证明，新兴大国在建立新秩序的过程中，可能带来剧变甚至暴力。

中国的经济崛起是经济全球化过程中的一个不可分割的组成部分，这一现象必须在资本主义世界体系中加以理解，而不是在外部。国际政治经济学的研究意在呼吁人们关注全球社会、政治和经济的历史演变进程，它不仅研究机构或组织的全球权力关系，而且还要探讨思想、规范和价值观。国际政治经济学的前提假设是，所有国家和市场都在全球生产、交换和分配系统中有关联，国际政治经济学就是要弄清世界各国政府和市场在这种相互关联中的作用与影响。中国和其他新兴大国的崛起确实"扰乱"了传统的权力分配和国家与市场之间的相互关联方式。

现有的全球秩序不仅受制于权力与政治，还受制于历史、文化和价值观。然而这些因素都在改变，将来还会继续改变。冷战的结束、苏联的解体、经济自由主义的胜利、美国单边主义的衰落、国际金融危机，以及新兴大国形态的崛起，特别是中国的崛起，都在方方面面地影响着各项国际事务。目前，由于"新兴国家""新兴市场"和"新兴社会"等新兴力量的崛起，世界秩序安排正不断发生变化。世界是否见证了西方霸权的终结？世界秩序是否正在转变成更横向的关系？中国的复兴是否会导致另一种发展模式的出现，从而使政府角色在地方、国家和世界经济中发挥更大的作用，更倾向于建立一个横向的"南南"关系体系，以及一种新的东西方大国关系模式？

今天，我们正目睹着国际政治经济关系发生的新变化，这种变化源于世界对新形势的回应，以及现存霸权国家与新兴国家之间的新型关系。"金砖国家"和"第二世界""一带一路""丝绸之路""金砖国家开发银行""亚洲基础设施投资银行"（简称"亚投行"）等，现在都是国际关系和国际政治经济学词汇的重要组成部分，这象征着世界秩序正在发生日新月异的变化，而且这个变化不再由美国主导的战后条约体系所统领。

从现实主义的角度来看，新兴大国的崛起，特别是中国的崛起，被认为是对苏珊·斯特兰奇"结构性权力"与乔治·凯南"全球关系格局"理论的严重挑战。现实主义学者将世界看作一个无政府主义的状态，认为所有的国际关系行为都是"零和博弈"，他们往往预言中国崛起将最终与现存霸权国发生冲突。中国的崛起被视为一个霸权过渡的重演，在这种转变中，崛起的大国最终会对现有"结构性权力"拥有国所定义和设定的规则和制度形成不满。因此，中国的生产和资本向外扩张将不可避免地挑战"全球关系格局"下的地缘政治和地缘经济现状。

然而强调各国通过经济交流和国际机构相互依存，并相信国际关系是"正和博弈"（positive-sum）的自由主义学者则倾向于承认这一事实——中国的经济增长是在国际体系内部合作不断扩大和一体化不断加强的基础上实现的。因此，中国似乎不可能从现存的资本主义世界秩序中脱离出去。自由主义倾向于强调中国的国家利益和外交政策行为日益反映和接受世界秩序的现状，因为它的经济增长和财富积累是由资本主义世界体系内部引发的而不是外部。

世界体系理论则从长周期的历史视角看待新兴大国的崛起。"现代世界体系"被定义为受资本无止境积累驱使的资本主义世界经济，这也被称为"价值法则"。这个世界体系已经扩展了几个世纪，先后将世界各个地区纳入其分工之中。资本流动和生产变迁导致了地域上的资本积累和权力转移，而并不改变系统内部不平等的根本关系。当今世界经济的特点是资本的全球流动，财富积累的全球融合、生产的区域化和国际化，以及资本和投资在国家与全球层面的融合。新全球经济地理学的出现、变化中的经济相互依存格局，以及新的国际分工，都是周期性全球秩序变迁的结果，而全球秩序的变迁则伴随着霸主国的兴衰循环。每个崛起的大国都有自己独特的治理模式，新兴大国的崛起将重新界定国际关系和国际政治经济的游戏规则，无论是核心国家，还是半外围和外围国家，都将受到它的影响。

二、研究问题的提出

中国"一带一路"倡议的构思来源于两个方面：一是中国古代的"丝绸之路"，这是一条从中国内陆和西部省份跨越中亚，经过中东，终结于中欧地带的陆路通商路线。另一个是15世纪中国明朝的历史航道。当时中国的皇家舰队在郑和将军的指挥下，七次出航，打着"奉天承命"的旗帜，探索外部世界，并试图与之开展贸易。"21世纪海上丝绸之路"几乎与这一航道相吻合，它从中国东南沿海的福建省开始，穿过马六甲海峡，环绕非洲之角，穿过红海进入地中海，结束于意大利威尼斯。

"一带一路"倡议，涵盖了世界人口的65%和世界国内生产总值的1/3。"一带"主要包括中国周边国家，特别是那些原丝绸之路经过的中亚、西亚、中东和欧洲的国家；"一路"则将中国港口与非洲海岸相连，并通过苏伊士运河延伸到地中海。官方的"一带一路"倡议内容集中体现在2015年3月中国政府发布的《推动共建丝绸之路经济带和21世纪海上丝绸之路的愿景与行动》。这份文件给外部世界传递的关键信息是"和平、发展、合作和互利"。"一带一路"倡议涉及数以亿计的中国主导投资项目，覆盖了包括高速公路、铁路、电信系统、能源管道、港口等在内的基础设施项目网络。这将有助于加强在欧亚大陆、东非和六十多个伙伴国家之间的经济互联和共同发展。中国认为"一带一路"在促进经济增长、边境安全与和平等方面具有巨大的潜力，同时将中国西部地区定位为未来经济发展的中心。换一句话说，"一带一路"倡议的最大目标无疑是重新定位中国与全球经济的关系，并将中国界定为未来世界新秩序的主要参与者之一。

中国国内对"一带一路"倡议的总体反应是积极和热情的。尽管有少数意见领袖表达了一些批评和担忧，但大多数中国学者、决策者、智库和商界都认为，"一带一路"倡议是实现中国官方声明目标的新平台——"为世界和平与发展注入新的积极能量"。此外，它被视为实现"中国梦"的有效工具，而"中国梦"为中国重新崛起为世界强国提供了一种合法化的路径。近年来，"一带一路"倡议一直是中国媒体和学术界最热门的话题之一。作为中国最活跃的学者之一，王义桅教授认为，这一倡议标志着中国的根本性转变，中国从一个规则的追随者变成一个规则的制订者或规范的塑造者；这一倡议是通过国际合作创造的国际公共产品，使中国周边国家和地区将从中国经济向外扩张过程中受益匪浅。

2017年5月14—15日，中国政府举行了第一届"一带一路"国际合作高峰论坛。28名国家元首和来自六十多个国家和十多个国际组织的高级官员出席了首脑会议，其目的是讨论中国的新丝绸之路倡议。此次峰会与20国集团（G20）和亚洲太平洋经济合作组织（简称"亚太经合组织"，APEC）会议同样重要，是2017年中国的主要外交活动。中国国家主席习近平在2013年首次提出"一带一路"的宏伟构想，随后在亚洲、欧洲和非洲推出一系列基础设施项目。随着"一带一路"倡议的发布，中国正在努力将自己塑造成自由贸易和全球化的新拥护者，而当时世界经济正受到国际金融危机的负面影响，受到孤立主义政策和美国新政府的负面影响。在首脑会议上，与会者既充满期望又略有疑虑。西方领导人心目中普遍存在的问题是："中国'一带一路'的战略目标是什么？""有否隐藏了中国议程？""中国将如何从'一带一路'中获益?"而有过被殖民经历的东南亚和中亚的发展中国家领导人关注的是:"'一带一路'会是21世纪殖民格局的又一次重演吗?""接受中国廉价的贷款是否意味着将接受中国的领导和霸权呢?"总之,人们一致认为,"一带一路"的目标能否实现,主要取决于中国要实现目标的性质。

尽管中国强调了"一带一路"项目的双赢前景,但从国际政治经济学的现实主义视角来看,这一倡议仍是从中国地缘政治和地缘经济利益中衍生出来的。"一带一路"倡议的终极目标常常被解释为中国将国内过剩产能和资本用于区域基础设施建设,以便一方面继续保持中国工业生产的稳健发展,另一方面通过保持可接受的国内生产总值增长率来维持低失业率。"对外而言,我们的目标是继续为中国商品和服务向新市场的传播铺平道路,并改善与东南亚、中亚和欧洲国家的贸易和其他关系。"一位中国学者探讨了"一带一路"的地缘政治和地缘经济的理论基础和推动"一带一路"倡议背后的动力:

> 根据阿瑞吉的理论框架,"资本逻辑"和"领土逻辑"的结合,给中国政府和中国资本带来了强烈的刺激和压力,它们通过重新配置其地理视野来积极参与所谓的"空间修复",以便在一个更大的空间维度进行资本积累和扩展,这集中体现在包括海上丝绸之路在内的"一带一路"倡议上。

根据历史"教训",西方的现实主义分析家们往往认为,作为一个崛起的经济强国,中国将不可避免地成为一个军事强国。例如,英国的《经济学人》杂志认为,中国非凡的经济增长,促成了"世界上最大的军事建设"。一个拥有大型商船队的国家，即资本和生产向海外扩张，肯定需要一支强大海军的支持，以保证其资本和跨国生产的安全。《金融时报》认为，中国正在扩大其海军陆战队在巴基斯坦的瓜达尔港和非洲之角——吉布提的部署，这被视为帝国扩张的历史重演。为了保护中国的海上生命线及其日益增长的海外利益，这一军事扩张似乎是当务之急。

在许多方面，"一带一路"倡议确实给研究人员、学者、决策者和智囊团带来了许多具有挑战性的问题。"一带一路"倡议是否进一步显示了《共产党宣言》所设想的全球资本主义不间断的强化和扩张？中国所提倡的"多边主义"是否促进了包括"一带一路"倡议在内的发展战略，其目的是否就像现实主义思想家一直相信的那样，即实现"强权政治影响"，并促进其自身的国家利益？或者，"一带一路"倡议是否真的向世界表明，通过对现存的国际秩序规则和制度的整合，中国将自身的成功向外延伸，以造福于其领土以外的地区？现实主义者怀疑，中国的"一带一路"倡议是通过基础设施建设和贸易协定，将其经济和政治影响施加到那些弱小的国家和地区之上。如果在现实主义和自由主义之间采取中间立场，那么"一带一路"倡议是否具有在实现区域增长的市场准入方面采取大战略的双重效应，即在最大限度地扩大了相互依存机会的同时，增加了中国的区域影响力？

从世界体系理论的角度来看，中国制造和资本的对外扩张是世界体系持续向上流动的"节奏循环"中的一部分。因此，中国"一带一路"倡议反映了无休止的系统性积累周期。通过对马克思的"资本主义生产逻辑模型"（M-C-M'，M'必须大于M）的解释，阿瑞吉提出了新的"资本主义逻辑模型"概念。他重点区分了两个对立的权力逻辑模型：T–M–T'和M–T–M'。前者描绘了权力的领土逻辑，即将领土（T）描绘成财富积累的目的，金钱（M）是扩大领土的一种手段，目的是获取额外的领土；而后者则把领土（T）作为一个中间环节，只有在它提供更多的利润的情况下才占领更多领土，其最终目的是为了获取更多的金钱（M'）。

正如《共产党宣言》所述，资本主义世界体系演进的历史表明，在世界不同地区，资本主义的扩张与领土兼并和殖民化齐头并进。在当前中国崛起的背景下，"一带一路"倡议是否充斥着上述的"资本逻辑"和"领土逻辑"？

自由主义认为，中国的"一带一路"倡议的对外扩张必然会被现存制度的价值法则所塑造和改造，"一带一路"仅是中国内部经济、政治和文化结构的对外延伸，它不会改变自由世界体系的核心架构。现实主义则认为，通过"一带一路"倡议，中国理所当然地将结合政治、经济、社会、文化的创新，对外输出"中国特色"的社会主义政治经济。如果在特定的历史背景下理解"世界秩序"(包括政治、体制和思想)，我们是否可以看到新的时代背景的出现？全球化和跨国资本主义是否正在产生新的社会形态？是否在辩证和动态的关系中塑造新的政治力量和政治行动者？中国的崛起及其"一带一路"倡议是否反映了新的葛兰西主义的解读，即思想、机制和物质能力的相互作用将塑造世界秩序的新轮廓？因为新的世界秩序将由各种社会力量、国家政府、思想意识所共同塑造。"一带一路"倡议是否意味着中国开始构筑"新的世界秩序"，或者说一个更有中国特色的世界？

三、关于中国"一带一路"倡议的全球辩论

21世纪第二个十年以来，中国崛起的影响和意义在全球范围内受到了广泛关注。中国将成为什么样的国家？中国的崛起对世界有什么意义和影响？中国能否满足西方的期望？中国的崛起将如何影响现存的世界秩序和游戏规则？实际上，自从19世纪拿破仑警告世界，最好不要吵醒这个东方"沉睡的巨人"，中国一直是魅力和机遇的源泉，也是现存世界秩序的最大不确定性因素和干预变量。

现存世界秩序的创造者和利益攸关者——西方强国，所面临的巨大困难是如何应对和适应中国崛起所带来的冲击。可以说，长期以来，西方在如何理解中国和中国的相关政策方面是失败的，这种失败已被转化为一种慢性综合征，即所谓的"中国综合征"。其特征是心理的焦虑、情绪的歇斯底里和"妖魔化中国"相混合。在过去的几十年间，对中国的迷恋极大地刺激和影响了西方的学术和新闻事业，以至于它们常常产生对华态度的剧变，从过度的认可和乐观的观点——比如声称中国是另一个新兴的"超级大国"，到不必要的反感和悲观——比如预见"中国即将垮台"的论断。如今，西方的各种书籍和媒体报道充斥着对中国未来情景的推测，如"中国机遇论""中国贡献论""中国威胁论"和"中国崩溃论"。西方政界人士、舆论操纵者和学术界人士不时利用中国的成功和失败，有选择地为现存的理论和偏见辩解，以符合他们自己的假设和看法。尽管中国政府一直承诺，要拥抱经济全球化，改善与世界上其他国家的关系，特别是与西方国家的关系，但中国人发现自己仍然是一个"中央王国"，被西方及外部世界的嫉妒、

钦佩、焦虑、担心，甚至怨恨所围困。

从表面来看，在讨论"一带一路"倡议时，国际社会有一个比较一致的看法，那就是中国的目标是"重塑全球贸易"和"重新定义21世纪的全球经济，通过整合欧洲、亚洲和非洲的经济，通过一个空前强大的运输和通信基础设施网络"。然而其中有一个主要的辩论是关于美国主导的世界秩序与中国崛起之间的关系的。更具体地说，这场辩论是关于中国是否应该被视为"维持现状"的力量，还是作为"国家中心主义"的力量。显然，这与现存世界秩序的既定"游戏规则"有关。目前比较普遍的看法是，美国认为中国的许多外交政策取向和运作方式偏向于作为"国家中心主义"的存在，尤其是当涉及国际规则、规范、价值观念和制度的定义方面，美国更加敏感。美国正是根据这些既定的规则、规范、价值观念和制度，来判断中国的外交政策（包括"一带一路"倡议）到底是挑战现有世界秩序，还是积极参与现有秩序。

中国试图通过借鉴千年历史遗留下来的"丝绸之路"贸易路线，来建立一个新的全球经济秩序，通过"一带一路"倡议吸引全球的关注，通过推行中国特色的"国际金融多边主义"，来实现其宏大的经济秩序构想。中国试图建立另类国际金融机构，如金砖国家开发银行、新丝绸之路基金、亚投行等。目前，中国不仅投资于发展中国家，而且还投资在发达经济体上。中国与国际机构的关系问题多年来一直备受关注。对于中国在国际机构中的角色和地位，国际社会的认识一直存在较大分歧。无论是作为"搭便车者"还是作为"利益攸关方"，中国都将成为当前世界秩序中有关"维持现状者"或"国家中心主义者"之争的焦点。在一些西方主流媒体看来，中国既是一种"维持现状"的力量，也是一个"国家中心主义者"。"维持现状"是指，中国政府尊重国际关系的现状，接受现有的国际规范和制度；"国家中心主义者"是指中国为"一带一路"沿线国家提供的财政金融支持机制（如亚洲基础设施开发银行、丝路基金、金砖国家开发银行等），是"北京对布雷顿森林体系的挑战"和"中国与世界接轨的新途径"。此外，在信奉"依附论"的学者看来，发展中国家是外部重商主义势力强加的、不平等交换制度的受害者，而"一带一路"倡议有可能恢复"依附论"的轮回，表现为所谓的"新帝国主义"和"新殖民主义"。

1. 有中国特色的"马歇尔计划"?

自2013年中国宣布"一带一路"倡议以来，全球大多数舆论都集中于关注中国内部发展局限与中国寻求外部空间解决办法之间的关联性。西方国家的一些舆论控制者和研究人员从地缘政治和地缘经济的视角出发，把中国的"一带一路"倡议比作二战后不久出现的美国马歇尔计划。这样的比较出现在不少的报纸头条。例如，彭博社2016年8月7日发表题为"中国的马歇尔计划"的文章，《财新》杂志也于2017年3月17日发表《"一带一路"：中国21世纪的马歇尔计划？》。

对此，中国官方媒体首先拒绝了这样的比喻。新华网2017年5月13日发文指出，中国的拒绝是基于以下论点：第一，欧洲二战后重建是马歇尔计划的一部分，美国领导的马歇尔计划的目的是为了遏制当年苏联的扩张。这种冷战类型的地缘政治和地缘经济前提与当前的"一带一路"倡议没有共鸣。第二，"一带一路"倡议的目的不是为了对抗任何其他国家而形成任何一种以政治为目的的经济联盟。第三，以前的马歇尔计划充满了各种政治条件，而目前的"一带一路"倡议没有任何的政治条件，也没有建立与政治和安全目标相关的联盟。

中国的"一带一路"倡议与美国的"马歇尔计划"是不同的。美国为重建西欧所采取的广泛的发展援助倡议——马歇尔计划是第二次世界大战的直接后果，同时也是美国发起的第一个主要的国际援助计划，通过这个计划，美国成为全球超级大国。根据西蒙2016年的分析，"一带一路"倡议也是由一些政治、经济和安全相关的逻辑所推动的，类似于当年马歇尔计划的启动，表现为以下四个方面：

（1）马歇尔计划旨在促进美国出口，以便通过对西欧的投资和出口来应付产能过剩问题，而"一带一路"的一个理由也是解决类似的中国国内产能过剩的难题，旨在吸收产能过剩。

（2）马歇尔计划有明确的目标，即出口货币，使美元成为稳定全球与区域经济的工具，并用于对外贸易补贴，而"一带一路"也是中国寻求增加人民币国际化的理想渠道。

（3）马歇尔计划的目标是通过协助西欧使其成为制衡苏联的有效力量，使西欧成为苏联的潜在对手，而"一带一路"也是通过扩大中国在区域和全球贸易和投资中的份额，与美国展开竞争，以确保其商品出口和能源进口。

（4）马歇尔计划旨在促成冷战时期西德和东德的战略分离，而"一带一路"象征着中国政府对美国贝拉克·奥巴马总统"亚洲再平衡"政策的回应，是针对美国发起的"跨太平洋伙伴关系协定"（TPP）的替代方案，是要与美国在欧亚和亚太地区的区域和全球层面的经济和安全联盟进行竞争的尝试。

2. 拓展中国特色的"发展模式"？

根据世界银行估计，在过去30年中，约有6亿中国公民摆脱了贫困。联合国世界粮食计划署认为，中国成功地利用本国的扶贫方法，解决了粮食生产安全问题，是对其他发展中国家的巨大鼓舞。在中国人看来，全球不安全、冲突和战争的根源，例如中东和非洲许多地区无休止的冲突，其根本原因都是贫穷、不发达和缺乏足够的经济增长。中国人认为，解决基础设施不足问题是实现经济增长的有效途径，中国自身的经济成就和它给发展中国家，特别是非洲带来的经验就是，基础设施建设是促进经济增长的重要手段。基础设施建设已经成为促进区域经济一体化的"中国解决方案"。中国把基础设施建设作为经济发展的先决条件，其重点可以通俗理解为"如果你想致富，先建一条路"，或者说"想致富、先修路"。如果进一步延伸地说，就是"如果你想迅速致富，就建设高速公路"，"如果你想立即致富，就建立互联网络"。更重要的是，基础设施建设已成为一个中国规范，并被纳入以中国为主导的亚投行的政策框架，亚投行无疑也是"一带一路"倡议的关键组成部分。

对发展中国家而言，中国作为成功的全球经济扩张的合作伙伴似乎是吸引他们的最主要原因。然而我们不可能将物质因素与非物质的吸引力、价值观和世界观分开来讨论。中国所取得的巨大经济成功，迫使人们需要去重新思考一个国家的增长机制，重新理解财产所有权与经济增长之间的相互依存关系，法治与市场经济的相互关系，自由货币流动和经济秩序之间的相互关系，以及更重要的——民主与发展之间的相互关系。在过去，这些规范和价值观只由现存的霸权国家来界定，但现在它们变得越来越"相互依存"——开放、不僵化和不"放之四海而皆准"。

例如，从中国经济成功中吸取的一个重要经验教训是，经济发受专业管理和良好治理的制约，而不是西方自由民主政体的政治架构和自由市场资本主义所垄断。也许中国在这方面的吸引力，与中国独特的政治制度和文化价值观紧密相关。中国的成功是"按适合自己的方式去做"的典型案例，或者说是"实事求是"的典型例子。"一带一路"就是一个最好的具体例子，它说明发展中国家可以做什么，应该做什么。

因此，"一带一路"正向北京提供新兴的"规范性权力"，特别是在发展中世界，使中国政府能够在贸易、投资、商品定价、旅游市场等方面影响其他国家的政策行为和态度。实际上，"一带一路"表明了中国将各种国际行为者社会化为"中国做事方式"，并将其纳入当前国际结构中所做的一种努力。

3. 使"一带一路"国家和地区重新融入中国的积累体系？

随着中国国内实力的增长，"一带一路"标志着中国转向更积极主动的发展战略和对外政策。全球范围内之所以热烈讨论中国"一带一路"倡议，是因为其背后所蕴含的复杂的内外部联系。一些人认为，"一带一路"试图从经济计算模型出发，为中国经济增长寻找一个新的模式，一个新的资本积累体系和超越中国边界的体系结构。

如果从中国的外部积累体系来看，"一带一路"意味着中国将重组其经济部门（主要是生产和贸易部门），这些行业已经面临严重的产能过剩问题。"一带一路"倡议大力倡导国际合作伙伴（特别是同中亚国家）"生产能力合作"（即所谓的"产能合作"），以期解决中国国内生产过剩的问题。"一带一路"试图通过加强国际合作来解决这个问题，将生产过剩和产能过剩转移到邻国的新市场。

"一带一路"通过大规模基础设施建设和贸易、劳动力、资本、人力和信息的自由流动，促进联通性，其根本目标是实现深入的市场整合和扩张，并旨在创建多个跨区域经济合作框架。通过加强欧亚经济联通性，"一带一路"倡议将欧亚大陆定位为中国对外政策与战略的关键中心之一。通过"一带一路"倡议，中国不仅能够将其"历史脆弱性"（与14个国家接壤）转化为战略资产，还能巩固与俄罗斯的战略伙伴关系，并将欧亚大陆纳入中国特色的积累体系。

　　此外，"一带一路"还可以被视为中国的主要政治工程之一，即在贸易、生产和金融的世界秩序中占据霸权地位，并提供金融和基础设施的"公共产品"。正如一份欧洲议会报告所言，"一带一路"将加强中国的"区域和国际形象，作为负责任的全球强国，提供国际公共产品"。"一带一路"有潜力成为国际政治和国际经济中的替代性规则的提供者。

　　然而中国内外进行的另一场辩论是，在这些投资回报很慢或者高风险国家/地区注入如此巨大资金的做法，在经济上是否合理可行？虽然这些计划中的项目，在中国经济格局的重构和重组背后有一个看似稳固的合理性，但作为一个宏伟的有抱负的外交政策，"一带一路"有可能过度消耗中国的战略资源。另外，中国在全球权力发挥上是否过火？"一带一路"会为中国创造一个不确定的未来吗？此外，众所周知，中东、南亚、中亚和南中国海是世界主要大国利益经常发生冲突的地区，政治和安全挑战猖獗；而且从历史上看，中国并没有处理这些地区地缘政治和地缘经济问题的丰富经验。

四、本书写作目的和各章主要内容

本书主编——丹麦奥尔堡大学李形教授，很早就认识到中国的崛起将对现存世界秩序与霸权体系产生重大影响，他在过去八年里出版了一系列围绕中国崛起及其对现存世界秩序影响为主题的著作。他认为，中国对世界的最新影响，或许是最重要的影响就是"一带一路"倡议。本书试图涵盖和探讨全球范围内有关"一带一路"的学术研究和学理辩论。

本书的重要前提是，中国作为一种"结构性力量"，其快速崛起以及"一带一路"倡议必然会"影响"一些现存的"全球关系"和"全球安排"，以及现存的世界秩序。

本书的宗旨是参与有关中国"一带一路"倡议的全球讨论，重点关注"一带一路"倡议对中国本身、中国的邻国，以及世界相关地区的影响。本书各章内容意在涵盖和讨论以下一些问题：如何理解中国的"一带一路"倡议？中国的"一带一路"倡议会影响整个地区的地缘政治和地缘经济环境吗？"一带一路"倡议为沿线国家和地区提供了哪些机会？同时面临哪些安全挑战和限制？可能存在哪些障碍，致使一些国家无法充分参与该倡议？在"一带一路"延展线上，存在着诸如中东动荡和南海争端这样的热点问题，该倡议可以做些什么来解决当前的紧张和冲突了？当"一带一路"不可避免地带来资本竞争时，美国和其他经济强国的反应将是什么？"一带一路"倡议无疑会产生各种机会和替代办法，它们之间的复杂互动，将会形成辩证共存的挑战和矛盾。"一带一路"倡议作为一个将多方权力有机组合在一起的多维战略，它将如何帮助中国增强自身软实力和硬实力？

围绕上述问题，本书各章主要内容如下：

第一章是本书的导论，本章首先将"一带一路"倡议置于国际政治经济学的背景框架下讨论，其中包括不同的国际关系学派在新兴大国之间的辩论。作为一个一般性的背景设置，本章提供历史、国际关系和政治经济学的分析框架，以全面了解中国崛起和"一带一路"倡议。实际上，"一带一路"倡议是世界资本积累的有机组成部分，它处于无休止的、不断扩展的资本主义世界体系的运动中。本章传播的一个重要的信息是，中国崛起和"一带一路"倡议正在改变现有的"全球安排"和保障这些安排的"结构性力量"。因此，本章提出的关键问题，也是本书所有章节的中心问题是："一带一路"倡议是否标志着"具有中国特色的新的世界秩序"的诞生，"一带一路"沿线国家和地区是否承接了中国的资本积累模式。本书认为"一带一路"倡议是中国硬实力的代表，为全世界提供了"公共产品"；同时，它从中国经济的巨大成功中衍生出一种象征力量，而成为外在扩张的中国软实力，而且这个软实力正在中国决策者和知识分子的积极互动中扩散开来。

第二章旨在为更好地理解"一带一路"的多面性提供一个理论框架。首先，这一章认为"一带一路"倡议是中国政府在保持几十年"低调"政策之后，开始转向更积极主动外交的战略性调整。作者认为，中国正在改变自己的立场，从被动的规则追随者和被动地加入区域、全球分工，变成一个积极的规则制定者，通过向外部世界的资本扩张和生产外包，输出中国特色的内部经济结构调整规则。其次，通过新的葛兰西理论与世界体系理论相结合的分析透镜，为进一步理解中国内部资本积累与外部霸权整合之间的联系提供了一个分析框架，并认为中国将不可避免地要向外扩展。同时，作者认为，"一带一路"项目将有效地扩大某些国家的"回旋空间"，增加"一带一路"沿线国家和地区的"向上流动性"，使它们能够抓住这难得的外部"邀请的机会"，通过与中国"一带一路"倡议的战略趋同来提高他们的上行流动性。最后，作者将"一带一路"倡议放在考茨基-列宁关于资本主义和帝国主义的辩论框架中，可以发现中国的角色在两个截然不同的维度上运行：既是外来资本渗透和剥削的历史牺牲品，又是当前资本积累和对外竞争的主导力量。这一章的结论是："一带一路"倡议是北京追求世界主导权的构想，它给中国带来潜在的发展前景的同时，也带来许多限制和风险。

第三章提出了一个更深层次分析"一带一路"倡议的框架，它不同于学界经常讨论的经济和安全的视角。作者认为，"一带一路"倡议是一个参与国之间相互促进的过程，在这个过程中，参与该倡议的国家的规范性矩阵和决定受到中国决策者和中国知识分子思想和实践的互动影响。为了把握这一过程，本章运用了扩散传播理论，讨论了扩散传播理论对"一带一路"倡议主动性的适用程度，以及扩散的客体和逻辑。作者指出，"一带一路"倡议是以"国家自由主义"为基础的非强制性传播政策的媒介。这些都是国家主导下的经济合作原则，即：主权第一、法治、"为了共同目的的灵活手段"，以及增长与稳定的优先次序，但其最终目标是推动世界市场的发展。规范性、功利性和有限度的理性等原则被结合起来，在"一带一路"倡议的相关国家中创造出对这些原则的需求，同时，这也有助于我们理解所谓的扩散传播进程。本章研究结论认为，作为一个累积的结果，"一带一路"倡议是在霸权为主导的自由主义理论的框架内，寻求通过国家主导的合作来促进经济全球化的途径。在尊重各自国家主权和发展道路选择权的同时，"一带一路"倡议促成了政策制定的准则、思想和原则，它们有可能影响他国的行为方式并改变其轨迹，同时有助于中国学者和决策者在"多样化"的全球治理中，探索决策和立法范式。

第四章重点讨论引起全球广泛关注的中国崛起及其成为新霸主的可能性，特别探讨在制度建设方面的可能性。作者认为，"一带一路"倡议是一个重要和全面的项目，涉及中国的国际关系与外交政策的许多方面，包括建立一套新的机构的目标，以支持一套新的想法和规范。通过分析"一带一路"相关国家、亚投行创始成员与中国双边关系和多边制度安排的关系，指出中国正在发展"多层多边主义"，它将成为实现"一带一路"倡议的机构工具。"多层多边主义"意味着中国的双边关系和新成立的多边机构的积极结合，同时强调两层之间的积极互动。这种以中国为首的体制安排在国际关系中是一种创新，标志着北京对其外交政策采取更积极主动的做法。它还表明，中国通过"多层多边主义"对"一带一路"倡议的追求，将巩固中国在规范制定和规范扩散方面的新作用。同时，"多层多边主义"也是一个与区域主义的兴起密切相关的现象，尤其是在中国的周边国家。

第五章通过中国贸易体制与环境的政策和法规的视角来研究"一带一路"倡议，并分析指出中国"一带一路"倡议可能改变"多标量贸易治理"（multi-scalar governance of trade）的未来。为了减少由于沿海城市治理成本上升而导致的区域失衡，再加上其他新兴经济体的激烈竞争，中国正在积极地促进外国对其内部的投资。从某个角度来看，"一带一路"倡议可以被看作鼓励域外公司在中国中西部地区设点发展的良好战略，这将促使内陆地区与沿海城市主要港口之间货物运输的增加，促进中国中西部地区的对外贸易。与此同时，中国正计划与欧洲、中东、中亚和南亚六十多个国家签订自由贸易协定，这是除了现有的自由贸易区之外，"一带一路"倡议促进国际贸易发展的重要举措。作者认为，"一带一路"倡议通过影响对外贸易政策，将中国经济的区域平衡从拥挤的沿海地区转向内陆地区。本章从正式和非正式研究机构的概念出发，从"多标量贸易治理"的制度视角，阐述了中国的国际贸易政策。本章的实证分析基于多种数据源，包括公司调查和访谈，以及中国监管环境的回顾和指标，其分析讨论的重点是当前五年计划和"一带一路"倡议的区域发展目标、外国公司在华贸易的体制环境，并以中国四川成都作为外商投资的重点城市进行案例研究。本研究结果为了解中国国际贸易政策的区域重点及其前瞻性变化提供了一定依据，也为进一步了解影响中国和其他地区跨境贸易的变化提供了理论框架。

第六章尝试在中国崛起的背景下，探讨"一带一路"倡议所涉及的安全问题。本章在诠释学分析的基础上，通过哥本哈根学派的概念透镜，分析了"一带一路"倡议所固有的"证券化"（Securitization）逻辑。本章的基本假设是，"一带一路"倡议可以被认为是一个完善的证券化工具，其主要目的是扩大中国的全球利益。作者认为，"一带一路"倡议及其项目均被嵌入了中国利益的三重"证券化"逻辑：经济实力、军事实力和软实力。而在政治层面上，"一带一路"倡议可视为一个旨在减轻国际社会对中国崛起担忧的宏大叙事。此外，作者还看到了"一带一路"倡议中的软实力成分，旨在确保中国经济持续发展，外交上更有利于北京。而在金融方面，"一带一路"倡议打算为人民币与美元的竞争提供动力。"一带一路"倡议的部分目标被认为是重新使欧洲靠近"麦金德的中心地带",从而削弱大西洋两岸的长期地缘优势。而在军事层面,主要附加于"一带一路"倡议的运输项目上,它们可为北京提供非凡的软硬军力的增长。例如,可以动员解放军同时为几个战区可能发生的武装冲突或战争做好准备。在海运方面,中国租用瓜达尔和吉布提两个海港,这可以看作为海军运营提供后勤枢纽的一项主动行动,目的在于保护中国商船队,并试图打破美国主导的第一、第二岛链对中国的围堵。另外,"一带一路"倡议还可视为一个务实而怀旧的中国为保持国内稳定和应对经济低迷所做的不懈努力。与此同时,它还为北京在其东部面临许多不确定因素甚至是紧张局势的背景下实现战略西移提供了可能。

第七章意在探索"一带一路"倡议背后的地缘政治动因。众所周知,"一带一路"倡议首先是作为一项经济倡议提出来的,是一个贸易和基础设施网络,将促进区域经济繁荣,特别是面对全球经济增长迟缓的情况。虽然它的真实性质仍然难以捉摸,各种猜想也很普遍,但作者认为,"一带一路"倡议代表着全球化和地缘政治的孪生互动关系。中国试图通过推动联通性来扩大价值链,是因为它参与了全球经济,并希望在这方面发挥更大的作用。与此同时,预计中国将通过这一经济议程寻求地缘政治利益。本章试图解开"一带一路"倡议如何在经济贸易议程中嵌入了地缘政治动机。考虑到相关的经济数据比较完备,这一章主要集中于研究快速扩展中的丝绸之路经济带。同样,考虑到"一带一路"涉及的广度和影响主要是正在建立的有形连接和基础设施的商业价值,作者重点探讨了三个方面内容:①钢铁丝绸之路——西伯利亚大铁路将会产生何种商业收益;②相对于当前全球经济形势和全球化的新变化,"一带一路"倡议作为一项政策将在多大程度上推动中国经济的"新常态";③如何为"一带一路"项目提供可行的财务解决方案,如何为合资企业提供资金。总之,通过对"一带一路"倡议的经济学评估将有助于确定其地缘政治动因的起点。

第八章首先采用历史地理唯物主义的方法,阐明中国的"一带一路"倡议如何成为"政府—企业—媒体"复合体(GBM)积累体系的一部分。通过GBM的视角,作者重点分析了中国"一带一路"倡议如何处理区域和跨国关系,尤其是如何处理在非洲和中东地区的关系。因此,本章试图为中国政治经济的另类理解打下一个新的基础。作者认为,中国"一带一路"倡议提供了中国特色的公共产品,为非洲和中东重新融入中国为主导的积累体系提供了机会,该积累体系可视为一种替代西方的制度设计。

第九章首先引用一句中国谚语——"一山不容二虎"来描述一个更加强大的中国不断参与地区秩序演变的情况。半个多世纪以来,美国在东亚和东南亚的霸权依然不容挑战,而日本则一直扮演着一个经济投资者、援助提供者和区域合作者的角色。进入21世纪以来,尤其是中共十八大以来,中国一直在寻求通过开展区域规则制定和国际机构建设,来扩大中国对国际区域的影响力。通过设立新的多边投资银行,特别是亚投行,"一带一路"倡议在海外基础设施项目建设中发挥了积极作用,提升了中国对区域外交的影响力水平。本章以泰国高铁项目作为一个经典案例,试图分析区域大国在基础设施建设方面的竞争如何影响区域秩序的变化。中国和日本,作为东亚地区大国竞相争取亚洲的海外基础设施项目,两国都在为吸引订单而部署大量的财政资源。铁路建设,尤其是高速铁路建设是中日两国竞争的重点,两国都把这个地区视为自己的后院。本章作者重点考察了中国和日本在该地区的高铁项目竞争背后的深层动机，以及在泰国高铁项目中，区域秩序主导权之争是如何发生的。

第十章重点考察了"一带一路"倡议是如何扩大中国对亚欧大陆国家的影响力。本章通过考察中国与中欧和东欧国家在"一带一路"倡议方面的最新互动关系后指出，中国在该地区的参与，正引起广泛的关注，北京正在积累对该地区各国的影响力，并试图对该地区的重要力量——欧盟产生影响，并可能与欧盟竞争对该地区的影响力。然后通过欧盟的视角，本章重点探讨了中国如何参与该地区的经济、政治、安全规范的建设。然而通过研究后发现，中国还不具备大幅度改变中欧和东欧国家的战略力量和政策选择的杠杆能力，不会削弱欧盟在该地区的主导地位。即使中国与该地区国家关系在"一带一路"框架下有实质性的深化，北京也缺乏与欧盟竞争的动机和手段。

第十一章是全书的结论部分。作者在总结了每章有关中国"一带一路"倡议的各种评论后发现，"一带一路"倡议既使人产生希望，也使个别人感到疑惑，但它终究是利他主义的，也是实用主义的，是让中国的国家利益和外交政策适应国内和国际现实的需要。中国正在成为一个重要的全球角色扮演者，这个国家不想成为国际事务的旁观者。这本书想传递两个方面的信息：一方面，尽管"一带一路"倡议将受到相关国家内部地缘经济和地缘政治复杂性的制约，但中国对适应国际体系越来越感兴趣。另一方面，"一带一路"倡议是一个新兴的世界新秩序的一部分，其特点是"中国制造"和人民币的作用日益增长，以及由此产生一个受规范性权力影响的新发展模式。因此，可以说，"一带一路"倡议反映了中国与世界其他国家之间在现实主义、自由主义、建构主义、利他主义、希望和恐惧等方面的相互作用，以及由此产生的各种挑战和问题。这本书也许不能提供理想的问题答案，但可以为那些渴望了解一个极其复杂并同西方异构的宏伟项目的读者提供一个新的视角。毕竟，崛起的中国和现存世界秩序的主要力量将不得不经历一段相当长时期的斗争、调整和关系的紧张状态。

参考文献

1.Arrighi,Giovanni. 1994. *The Long Twentieth Century: Money, Power, and the Origins of Our Times.* New York: Verso.

2.Bloomberg. 2016. *China's Marshall Plan,August 6.* Available at https://www.bloomberg.com/news/articles/2016-08-07/china-s-marshall-plan

3.Breslin,Shaun. 2011. *The Soft Notion of China's "Soft Power."* Asia Programme Paper: ASP PP 2011/03. Available at https://www.google.dk/url?sa=t&rct=j&q=&esrc=s&source=web&cd= 2&ved=0ahUKEwjA3_KMsuXVAhVDUlAKHVyLCmkQFggtMAE&url=https% 3A% 2F% 2Fwww.chatham house.org% 2Fsites% 2Ffiles% 2Fchathamhouse% 2Fpublic% 2FResearch% 2FAsia% 2F0211pp_breslin.pdf&usg=AFQjCNGyVgw-DXaYtjBDds86vmbon5exKQ

4.CaiXin. 2017. *Opinion:One Belt,One Road:China's 21st Century Marshall Plan?* March 17. Available at http://www.caixinglobal.com/2017-05-17/101091483.html

5.Chang,Gordon G. 2001. *The Coming Collapse of China.* New York: Random House Inc.

6.Christensen,Steen F.,and Xing Li. 2016. *Emerging Powers, Emerging Markets, Emerging Societies:Global Responses.* London:Palgrave Macmillan.

7.Clarke, Michael. 2015. *Understanding China's Eurasian Pivot.* The Diplomat, September 10. Available at http://thediplomat.com/2015/09/under standing-chinas-eurasian-pivot/

8.CNN. 2017. *China's New World Order.* Available at http://edition.cnn. com/interactive/2017/05/world/chinas-new-world-order/

9.Cox, Robert W. 1981. Social Forces, States and World Orders: Beyond International Relations Theory. Millennium: *Journal of International Studies,* 10(2):126-155.

10.———.1983. Gramsci, Hegemony and International Relations: An Essay in Method. Millennium: *Journal of International Studies,* 12 (2): 162-175.

11.Economist. 2012. *China's Military Rise: The Dragon's New Teeth.* April 7. Available at http://www.economist.com/node/21552193

12.Economy, Elizabeth. 2010. *The End of the "Peaceful Rise".* Foreign Policy, November 28. Available at http://foreignpolicy.com/2010/11/28/the-endof-the-peaceful-rise/

13.Feng, Bing. 2016. *The Belt and Road: Interworking Upgrade of Global Economy.* Beijing: Chinese Democratic Legal System Press.

14.Financial Times. 2017. *How China Rules the Waves.* January 12. Available at https://ig.ft.com/sites/china-ports/

15.Global Times. 2017. *Misleading Views of Intent Behind Belt and Road Still Common in Western Media.* May 7. Available at http://www.globaltimes. cn/content/1045739.shtml

16.Grieger, Gisela. 2016. *One Belt, One Road(OBOR): China's Regional*

Integration Initiative. Brussel: European Parliament Briefing.

17. Holslag, Jonathan. 2004. China's Roads to Influence. *Asian Survey*, 50(4): 641–662.

18. Ikenberry, John. 2008. The Rise of China and the Future of the West. *Foreign Affairs*, 87(1): 23–37.

19. ———.2013. The Rise of China, the United States, and the Future of the Liberal International Order. In *Tangled Titans: The United States and China*, ed. David Shambaugh. New York: Rowman and Littlefield Publishers.

20. Kennan, George. 1976. Review of Current Trends, U.S. Foreign Policy, Policy Planning Staff. PPS No.23. *Foreign Relations of the United States*, 1948, 1(2): 509–529.

21. Keohane, Robert O., and Joseph S. Nye Jr. 2012. *Power and Interdependence.* 4th ed. Boston: Longman.

22. Krauthammer, Charles. 1995. Why We Must Contain China. *Time Magazine*, 146(5): 72.

23. Li, Xing. 2010. *The Rise of China and the Capitalist World Order.* Surrey: Ashgate Publisher.

24. ———.2014. *The Rise of the BRICS and Beyond: The Political Economy of the Emergence of a New World Order?* Farnham: Ashgate Publisher.

25. ———.2016. From "Hegemony and World Order" to "Interdependent Hegemony and World Reorder". In *Emerging Powers, Emerging Markets, Emerging Societies: Global Responses*, ed. Steen F. Christensen and Xing Li. London: Palgrave Macmillan.

26. Li, Xing, and Steen Fryba Christensen, eds. 2012. *The Rise of China*

and the Impact on Semi-Periphery and Periphery Countries. Aalborg:Aalborg University Press.

27.Li,Xing,and Osman Farah,eds. 2013. *China-Africa Relations in an Era of Great Transformation.* Surrey:Ashgate Publisher.

28.Li,Xing,and Jacques Hersh. 2004. The Genesis of Capitalism:The Nexus Between"Politics in Command"and Social Engineering. *American Review of Political Economy*, 2(2):100-144.

29.Masoud,Fahim. 2014. *The Coming Collapse of China.* International Policy Digest,February 2. Available at https://intpolicydigest.org/2014/02/02/coming-collapse-china/.

30.McKinsey & Company. 2017. *China's One Belt, One Road: Will It Reshape Global Trade?* Available at http://www.mckinsey.com/global-themes/china/chinas-one-belt-one-road-will-it-reshape-global-trade.

31.Mearsheimer,John. 2006. China's Unpeaceful Rise. *Current History*, 105(690):160-162.

32.———.2010. The Gathering Storm:China's Challenge to US Power in Asia. *Chinese Journal of International Politics*,3(4):381-396.

33.Moore,Thomas G. 2008. Racing to Integrate,or Cooperating to Compete? Liberal and Realist Interpretations of China's New Multilateralism. In *China Turns to Multilateralism: Foreign Policy and Regional Security*, ed. Guoguang Wu and Helen Lansdowne. London/New York:Routledge.

34.Peng,Zhongzhou,and Sow Keat Tok. 2016. The AIIB and China's Normative Power in International Financial Governance Structure. *Chinese Political Science Review*, 1(4):736-753.

35.Scissors, Derek, and Arvind Subramanian. 2012. The Great China Debate Will Beijing Rule the World? *Foreign Affairs*, January/February Issue. Available at https://www.foreignaffairs.com/articles/china/2011–01–01/great–chinadebate.

36.Shambaugh, David. 2015. The Coming Chinese Crackup. *Wall Street Journal*, March 6. Available at http://www.wsj.com/articles/the–coming–chines ecrack–up–1425659198.

37.Shen, Simon. 2016. *How China's 'Belt and Road' Compares to the Marshall Plan?* The Diplomat, February 6. Available at http://thediplomat. com/2016/02/how–chinas–belt–and–road–compares–to–the–marshall–plan/.

38.Strange, Susan. 1988. *States and Markets*. Santa Barbara: University of California.

39.Subramanian, Arvind. 2011. The Inevitable Superpower: Why China's Dominance Is a SureThing. *Foreign Affairs*, September/October Issue. Available at https://www.foreignaffairs.com/articles/china/2011–08–19/inevitable–superpower.

40.Wallerstein, Immanuel. 1976. *The Modern World System I: Capitalist Agriculture and the Origins of the European World–Economy in the Sixteenth Century*. New York: Academic.

41.———.1979. *The Capitalist World–Economy*. New York: Cambridge University Press.

42.———.2004. *World–Systems Analysis: An Introduction*. Durham: Duke University Press.

43.Wang, Yiwei. 2015. *One Belt One Road: Opportunities and Challenges.*

Beijing: People's Press.

44.————.2016. *The Belt and Road Initiative: What Will China Offer the World in Its Rise.* Beijing: New World Press.

45.————.2017a. *Belt and Road Initiative: China's Responsibilites in Its Rise.* Beijing: People's Press.

46.————.2017b. *China Connects the World: What Behind the Belt and Road Initiative.* Beijing: China Intercontinental Press.

47.————.2017c. *The World Is Connected: The Logic of Belt and Road Initiative.* Beijing: The Commercial Press.

48.Weber, Max. 1958. *The Protestant Ethic and the Spirit of Capitalism.* New York: Scribner's Press.

49.White, Hugh. 2017. *China's One Belt, One Road to Challenge US-led Order.* The Straitstimes, April 25. Available at http://www.straitstimes.com/opinion/chinas-one-belt-one-road-to-challenge-us-led-order.

50.Wood, Ellen. 1997. Back to Marx. *Monthly Review*, 49(2):1–9.

51.Xinhuanet. 2017. *Commentary: Can We Equate Marshall Plan with Belt and Road Initiative?* May 13. Available at http://news.xinhuanet.com/english/2017–05/13/c_136279009.htm.

52.Zhang, Xin. 2017. Chinese Capitalism and the Maritime Silk Road: A WorldSystems Perspective. *Geopolitics*, 22(2):310–331.

53.Zhao, Lei. 2015. *One Belt One Road: China's Civilizational Rise.* Beijing: China Citic Press.

54.Zou, Lei. 2015. *Political Economy of China's One Belt One Road Strategy.* Shanghai: Shanghai People's Press.

第二章　中国"一带一路"倡议的多维解读

一、引言

在过去的四十年，中国从一个贫穷的农业国成长为全球制造业大国。依靠立足于国内基础设施投资，结合对外出口促进国内生产的"中国模式"，中国成为世界第二大经济体和世界最大贸易国之一。但近年来，"中国模式"正面临着经济增长放缓、债务负担过重、产能过剩、资源环境约束、增长新动力不足等挑战和制约。

目前，中国的领导层正在寻找新的途径来维持经济可持续增长。中国发展方向最重要的转变之一，就是试图从出口导向型增长转向消费和对外投资拉动型增长的新模式。"一带一路"倡议涵盖全球约65%的人口和1/3的国内生产总值，其核心理念是打造充满活力的经济带。其中，陆上经济带包括中国的周边国家，特别是那些在早期"丝绸之路"上的国家，经中亚、西亚、中东和欧洲；海上经济带连接中国东南部港口城市与非洲海岸，通过苏伊士运河进入地中海。"一带一路"似乎让古老的丝绸之路在21世纪实现了闪亮复兴。

"一带一路"倡议是一个雄心勃勃的项目，旨在连接新丝绸之路沿线区域内六十多个亚洲和欧洲国家的贸易。这是中国最重要、最宏大的一项倡议，也是习近平对外政策与战略的重要组成部分。鉴于以往的霸权传统，都是通过"大西洋棱镜"（the prism of the Atlantic）来看待这个世界的，这一棱镜的一面是美国，另一面是欧洲。"一带一路"倡议则试图提供一个新的棱镜，将让我们从一个新的视角，将中国及其周边地区联系起来去看待世界经济和全球力量的平衡。

随着"一带一路"倡议的发展，其势头越来越大，世界范围内的国际关系、国际政治经济学学者以及政策制定者都在热烈讨论这一倡议是否具有重塑世界秩序的潜力。回顾历史，新兴大国不断努力重新定义全球经济和政治秩序，均势的每一次转变都伴随着冲突和战争。多年来，关于中国崛起及其与美国主导的现有世界秩序之间关系的全球性辩论一直存在着争议，并导致了现实主义学者和自由主义学者之间的观点分歧。早期对于中国在国际机构中是"搭便车者"（free-rider）还是"利益攸关方"（stake-holder）的角色和地位的分歧，现在变成了一场关于中国在当前世界秩序中是"维持现状的国家"（Status quo Power）还是"国家中心主义国家"的争论。一方面，"维持现状的国家"一词是指中国尊重现有的国际关系规则和准则，愿意作为一个"守规矩"的国家。另一方面，"国家中心主义国家"则是从传统权力转移理论中衍生出来的概念，该理论自然而然地将正在崛起的国家假定为国家中心主义者。虽然将中国归入这两类并不妥当，但中国仍然被认为具有"国家中心主义倾向"。

中国的国家中心主义倾向已经同其对金融"小多边主义"的积极参与紧密联系在一起了，这种积极参与是一种创建具有全球替代性金融机构的尝试，例如金砖银行、亚投行和新丝路基金等。一些西方主流媒体认为，中国领导的小型多边金融机构是中国走向国家中心主义国家的一个很好的例证。它们象征着"中国的伟大游戏：通往新帝国之路"（英国《金融时报》，2015年10月12日）。同样，"一带一路"倡议也被视为中国在构建"后美国经济秩序"过程中，提供新的全球"公共产品"努力的一部分。

围绕中国"一带一路"倡议的另一场激烈辩论，与"依附论"学派的复兴有关。这场辩论涉及中国与发展中国家经济关系中最重要的问题："南南合作"还是"南北依附"。依附论认为，发展中国家的不发达是由外部重商主义势力施加的不平等交换造成的，也是帝国主义、殖民主义驱动的结果。因此，许多研究都关注的是中国的对外贸易关系，并借鉴了依附理论中"不平等交换"这一命题。本书的论点是，"某些国家的经济受其他国家经济发展和扩张的制约，（在这一过程中）前者处于从属地位"，因此，"一些国家（主导国）可以扩张，实现自给自足，而其他国家（依附国）只能作为这种扩张的反映"。因而便由此断定，中国与发展中国家的经济关系重复了南北依附的历史，且中国政府的战略目标主要是对资源和原材料供应的追求。非洲和拉丁美洲都被视为"依附经济"很好的例证，即它们都依附于对中国市场的商品出口。在全球层面，中国被认为是在"通过创建一个以中国为中心的新周边结构，为潜在地维护地区霸权奠定基础"，这将最终导致其全球霸权目标的实现。

二、客观和理性的思考

本章旨在提供一个概念和理论上的框架，以理解中国"一带一路"倡议背后的多方面因素与逻辑。

首先，"一带一路"倡议被视为是一种从"韬光养晦"外交政策到更为积极主动的"有所作为"外交政策的转变。"一带一路"倡议也被认为是通过其积极的全球金融角色、海外资本扩张和生产外包，将中国从加入地区和全球分工的"规则追随者"转变为"规则制定者"。同时，这一倡议也反映了中国"十三五"规划（2016—2020年）所塑造的国内经济结构调整。

其次，通过新葛兰西国际关系理论与世界体系理论相结合的视角，"一带一路"倡议可以被理解为是中国内部成就（或主导权）的积累和巩固，与其不可避免的对外扩张之间的逻辑联结关系（logical nexus）。这一倡议也可以被解释为资本主义世界体系持续周期律动的一部分，这种周期律动总是导致（资本）积累和权力在不改变基本生产方式和体系内部不平等关系的前提下，发生有规律、缓慢但意义重大的地缘转移。每一轮新的资本和生产转移都辩证地扩大或缩小各国和地区的"回旋余地"，并增加或减少各国和地区的"向上流动"。"一带一路"倡议是当代世界体系中，（资本）积累和权力的最新一轮周期性律动和地缘转移，并且它鼓励"一带一路"沿线国家和地区要抓住这一外部的"转型升级邀请"（promotion by invitation）所带来的机遇，通过与中国"一带一路"倡议实现战略对接，从而促进自身向上的流动。

最后，受考茨基超帝国主义理论和列宁帝国主义意识形态间争论的启发，本章就"一带一路"倡议具有的双重特征进行了解释：一方面，根据考茨基的解读，它可以被看作中国与国际资本结成伙伴关系"卡特尔"共同"开发"世界的例证。另一方面，它也可以用列宁的观点进行概念化，即核心资本主义国家之间竞争的扩大和加剧导致长期的冲突，甚至是战争。将"一带一路"倡议置于考茨基-列宁之辩的背景下，本章认为，中国正面临着一个矛盾的局面：一个自称为"发展中国家"的大国正在与国际资本进行合作，同时又作为一个强大的力量谋求资本积累和外在竞争，而这将可能导致复发性的危机和同资本主义主要大国之间的冲突。

三、"一带一路"倡议的内外战略联系

后毛泽东时代的发展战略采用的是20世纪70年代开始的经济改革中邓小平的格言——冷静观察、稳住阵脚、沉着应付、韬光养晦、有所作为。邓小平的格言体现了一种战略，即专注于国内的发展，等待中国在国际舞台上确立自己地位并取得成就的适当时机。在这样的口号下，中国选择的计划发展目标在近几十年来一直是"和平崛起"或"和平发展"。

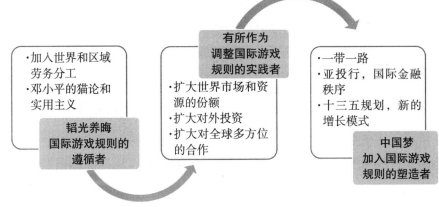

图2-1 中国发展战略（1980—2010）的内外联系

图2-1显示了中国经济发展战略在过去四十年不同时期的内外部联系，在这四十年中，中国逐渐从作为被动的"规则跟随者"和国际制度规则接受者的"韬光养晦"政策转变为了"有所作为"战略。在"有所作为"的战略下，中国成为世界经济增长不可或缺的贡献者和全球治理规则的积极塑造者。在国内，"一带一路"倡议是中国"走出去"和"走向全球"战略的进一步延伸，旨在提高经济增长的质量和公平性，而不是不惜任何代价地追求数量上的增长。除了经济方面的考虑，"一带一路"倡议还是中国塑造其国际领导力、发挥其在基础设施建设、金融实力和制造能力等方面的比较优势，成为中国产业和资本扩张提供内外通道的外交政策工具。

1. 加入区域和全球分工

中国经济改革初期的"韬光养晦"战略，反映了中国愿意接受区域性的分工，愿意成为基于动态比较优势的"区域雁行经济秩序"的一部分。东亚区域经济一体化中"雁行"模型（见图2-2）的概念是日本经济学家赤松在20世纪30年代提出的。赤松发展了多层次的"雁行"模型理论，这一理论认为，随着发达国家工业化成本的上升，工业化可以从发达国家被推广到发展中国家。雁行模型的假设是，这一地区的一群国家按照不同层次在一起飞行，其中日本飞在最前面。这些层次代表了不同国家经济发展的不同阶段。区域经济一体化的雁行模型意味着行业的生命周期，在这一生命周期中，较旧的技术和专业知识被传递给下一代发展中的经济体。它还包含了贸易和投资的产品周期理论。

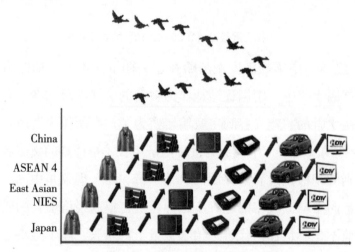

图2-2　东亚劳动分工的雁行模型

中国在20世纪80年代初进行经济改革后，其在区域内的生产和分工反映了雁行模型。然而中国的独特之处在于，在区域发展雁行模型中，中国所扮演的角色是一个有着巨大规模且其内部地区间发展不平衡的一个国家，这意味着中国经济正同时飞行在不同的层次，并且与许多国家有着多个生产和劳动关系。一方面，中国过去四十年的国内发展具有一定的雁行特征，表现为沿海与内陆的经济互动，并且其经济的成功是区域内雁行动力整合的结果。另一方面，中国巨大的规模及其地区间发展的不平衡，使中国在高新技术产业和劳动密集型产业方面都能够同地区乃至全世界的其他国家——中心国家、半边缘国家和边缘国家——进行合作和竞争。中国沿海地区经济带在高科技产业方面有着同西方以及日本等东亚新兴经济体竞争的能力，而其他省份和地区则能够吸收全球劳动力密集型产业的外包。随着沿海地区劳动密集型产品向内陆地区的转移，在中国内部也出现了工业生产外包。

2. 以中国为中心的区域经济秩序的出现

2010年以来，东亚地区经历了从雁行模式向区域经济一体化新模式的逐步转变，在这一过程中，"有所作为"战略发挥了重要作用。中国作为新地区经济霸主的崛起，改变了传统的雁行经济关系动态。近年来，中国总体经济实力，特别是其不断增强的国内市场，成为东亚经济增长的重要引擎，推动了地区贸易增长和经济一体化。中国现在是大多数东亚和东南亚国家最重要的贸易伙伴，直到2013年美国才取代中国成为日本最大的贸易伙伴（由于中日领土争端危机）。

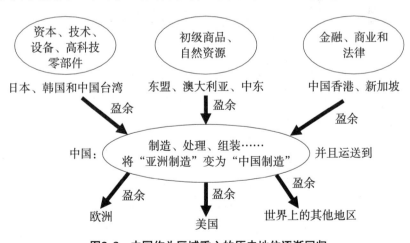

图2-3 中国作为区域重心的历史地位逐渐回归

图2-3展示了中国发展模式下各种经济关系的相互作用，将外部技术、资源、投资以及市场同中国制造业的产出结合起来。这表明多年来，中国一直被视为本地区经济增长和发展的火车头。当分析视角扩展到包含区域"经济秩序"时，近期的研究表明，中国经济扮演着举足轻重的角色，不仅是东亚和东南亚地区增长的引擎，也是区域经济一体化的枢纽。

事实上，中国通过其众多的全球和地区生产网络已经成为一个重要的区域"整合者"（integrator）。中国的出口（50%以上为加工贸易）包含着来自亚洲不同经济体的原材料、零部件、技术和设备、金融和经济服务，将"亚洲制造"转化为"中国制造"，面向世界市场。

今天，几乎所有东亚国家都将中国视为最大的贸易伙伴和市场（图2-4）。

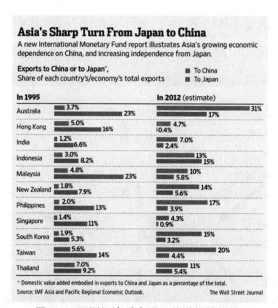

图2-4　亚洲经济对中国日益增长的依赖

数据来源：《华尔街日报》，2014年5月12日

3. "一带一路"倡议与中国内部经济结构调整

在"一带一路"倡议的背后，中国政府正在寻找一种新的增长模式，这种模式以消费和服务为动力，而不是以固定资产投资为动力。中国过去几十年的高速经济增长，一直建立在政府主导的大规模财政刺激项目的基础上，这些项目也旨在保护中国免受全球金融危机的破坏性影响。然而采用这种投资驱动的增长模式也加剧了经济失衡和浪费性的支出。此外，中国的一些生产部门自2006年以来一直面临着产能过剩的问题，"一带一路"倡议就旨在将过剩产出和过剩产能转移到邻国的新兴市场。

"一带一路"倡议的关键伟大目标之一，就是将中国国内过剩的产能和资本转向区域基础设施建设，以保持中国工业和生产的增长强劲，通过保持良好的国内生产总值增长率来降低失业率。该倡议的一个具体目标是，通过向铁路、港口、公路、机场等境外基础设施建设项目出口钢铁、水泥和铝等产品，解决中国国内的投资过剩问题。为此，"一带一路"项目将帮助中国商品和服务进入新的市场，并将改善与东南亚、中亚和欧洲国家的贸易和关系。这是提升中国地区影响力和领导力的有效途径。

"一带一路"倡议将为中国欠发达边境地区的发展提供更多机遇。中国还计划探索新的投资选择，以保护和提高过去几十年积累的资本的价值。"一带一路"项目有潜力成长为国际政治中替代西方规则制定者的角色，并可能成为创建新的全球经济和政治秩序的工具。

"一带一路"倡议也与中国"十三五"规划有着密不可分的联系。新的五年规划将成为这一阶段全国发展和投资战略的指导方针。这标志着中国经济增长模式的重大转变，即由资本积累型增长转为城乡一体化发展和绿色发展结合在一起的创新驱动增长。该规划呼应了"一带一路"倡议，敦促产能过剩的钢铁和重型机械企业（尤其是国内需求下降的企业）寻找海外市场。从"一带一路"倡议的角度来看，五年规划的地区层面涵盖的是一个长期的经济战略，以促进"一带一路"沿线国家和地区的经济一体化。

四、"一带一路"倡议和新葛兰西视角

一方面，国家内部实力积累同霸权的巩固相关联；另一方面，对于投射到外部且具有塑造地区和全球秩序的权力，可以通过国际关系理论中新葛兰西学派的视角进行概念化，这一理论的主要倡导者——罗伯特·考克斯这样认为。考克斯将霸权概念的层次从国家层面提升到国际层面，认为全球霸权的形成是内部（国家）霸权的对外扩张。他提出了一种批判性的理论来探讨霸权主义、世界秩序和历史变化之间的关系。这种联系解释了在民族国家内部统治阶级和社会力量的驱动下，国内霸权是如何在世界范围内扩展和投射，从而形成国际秩序的。比勒尔和莫顿在2003年对观念、物质能力和制度之间的国内-国际相互作用进行了如下的描述：

> 然而一旦霸权在国内得到了巩固，它就可能超越特定的社会秩序，通过一种特殊社会生产关系模式的国际扩展，在世界范围内向外扩张。这可以进一步得到国际组织机制的支持。最后，在这三个主要领域的每一个领域内，三个更深一层的要素相互结合

构成了一个历史的结构：被理解为世界秩序主体间意义和集体形象的观念、作为一种积累资源的物质能力、作为前两种要素的混合体和稳固特定秩序的手段的制度。（比勒尔和莫顿，2003）

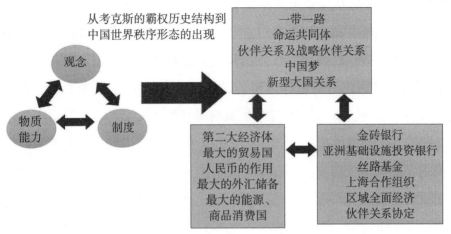

图2-5 从考克斯霸权的历史结构下反映的"一带一路"倡议

图2-5将中国的内部权力的集合和外部扩张（右）置于考克斯霸权历史结构的背景中（左）。中国的崛起和"一带一路"倡议清楚地揭示了物质能力（积累的资源）、观念（社会、世界秩序的集体形象）和制度（维持特定秩序的手段）之间的结构性联系。这意味着改变可能来自这三个领域中的任何一个；例如，竞争性社会政治和社会经济力量的崛起可能与生产的变化有关，并导致国家和世界秩序的转变。

考克斯的霸权理论最初的目的是解释美国如何在国内权力关系和社会力量的驱动下，塑造和领导二战后的世界秩序。考克斯的实证基础是，他研究了美国霸权是如何通过美国主导的国际组织（布雷顿森林体系）在制度性基础上得以维持的，这些组织使美国及其盟国的政权得以在世界秩序中维持它们的有利地位，并塑造了整个体系的发展。

多边国际机构是表达全球霸权准则和价值的重要工具。它们是霸权秩序的合法调解者，是构成国际秩序基本准则的体现。这些由美国主导的多边国际机构本身是由西方霸权主义准则支撑的，它们也被称为是"普遍准则"，为机构和国家界定了行为准则。

在葛兰西主义的新语境中，"一带一路"倡议可以被视为试图创建一个具有替代性的历史性集团以挑战现有秩序。中国似乎在努力僭取观念上和物质上的领导地位。"一带一路"倡议体现了葛兰西的"阵地之战"概念，中国正在发展具有替代性的"多边主义"（中国主导的国际金融机构），以此作为实现"一带一路"倡议的制度工具。中国主导的这一机制安排，在国际关系上具有创新性，标志着中国在外交政策上向更加积极主动的方向调整。这也表明，中国通过多边主义推动"一带一路"倡议，将巩固中国在规范制定和规范扩散博弈中的新角色地位。

1. 中国资本扩张与金融霸权

根据考克斯的分析方法，理解和衡量霸权国家在全球范围内行使和维持主导性霸权的方式，就是考察国际组织是如何以反映霸权国家内部意识形态、利益和目标的方式发挥作用的。世界体系理论大多会意识到国际组织，特别是国际经济和金融机构的重要性，因为资本主义世界体系的核心特征就是在这些组织中产生或复制、维持和扩大的。

中国早期的改革是在"韬光养晦"战略驱动下进行的，目标是在各种处理经济、政治、安全、文化和环境等问题的国际组织中，成为一个"好公民"和"忠诚的成员"。在2001年加入世界贸易组织（WTO）后，中国进一步将自己融入了全球经济之中，并受益于既有的国际经济和金融机构。中国已经学会更有效地利用国际组织来实现其国家利益，并从这些机构中获取它的需求。一位中国学者指出："中国在各类国际组织中扮演日益重要的角色是中国崛起的一部分。"正如另一位学者所言："……全球化之所以有效，正是因为制度和法律之间的高度依赖，而中国的日益繁荣有赖于这些纽带的紧密联系以及对这些全球和地区机构的参与。"

然而自全球金融危机的毁灭性影响和多哈回合谈判陷入僵局以来，美国主导的机构——世界银行(WB)、国际货币基金组织(IMF)和世界贸易组织——的权威、能力和合法性一直以来都在受到批评和质疑。更广泛地说，以这些经济机构为支柱的现有世界秩序正在经历四个综合维度的危机：功能性、范围性、合法性和权威性的危机。具有讽刺意味的是，在美国和欧洲大部分国家陷入严重衰退的同时，中国却逐渐成为全球经济强国，成为国际经济和金融机构的重要利益攸关方，这表现为：①中国是世界上大多数国家最大的贸易国和最大的贸易伙伴；②中国是重要的经济援助和发展援助来源国；③中国发展模式成为具有重要意义的、有吸引力的经济发展模式。

中国的表现和作用正日益得到国际社会的承认和赞赏。中国引人注目的经济增长经验，以及由于全球金融危机而相对增强的国际地位，中国不能不对其参与的国际机构的构成和运作产生深刻影响。而这些机构都在传统上反映了美国的世界观。经济危机之后，中国要求在世界银行和国际货币基金组织等国际经济机构增加代表权的呼声越来越高，而包括西方发达国家在内的其他国家，似乎对这一主张表现出了更大的接受度。中国人现在能够在各种国际经济机构中树立的道德权威和国际信誉比以往任何时候都要大。

近年来，中国对金融小多边主义的参与引起了全球的关注。中国与国际金融机构的关系一直存在争议。对于中国在国际机构中的角色和地位是"搭便车者"还是"利益攸关方"，这一早期的分歧正演变为一场关于中国在当前世界秩序中是"维持现状国家"还是"国家中心主义国家"的争论。就北京将国际关系视为一种基于对准则接受的体系而言，中国是一个"维持现状"的大国。如果从其相反的做法而言，中国就是一个"国家中心主义者"。中国主导的小型多边金融机构被视为"北京挑战布雷顿森林体系"。

2. "一带一路"倡议的软实力组成

"一带一路"倡议被认为是中国影响力的向外扩展，这种影响力的主要驱动力是经济实力，但其在秩序塑造、规范制定、议程设置和政策制度等方面最终都将被系统化或内化为软实力。"一带一路"倡议应该有助于提升中国的软实力，它向欧亚大陆各国表明中国是一个正在崛起的良性大国、一个可靠的伙伴以及一个不同以往类型的全球主导国家。"一带一路"倡议被认为是为欧亚大陆创造"双赢"局面的有效途径，描绘了中国引领"命运共同体"的繁荣未来。

"命运共同体"一词是由中国国家主席习近平推广开来的，他希望构建一种区域共享的平台，并特别强调"让命运共同体意识在中国周边国家扎根"。"命运共同体"概念是精心设计和精心构建的习近平新时代中国外交战略的三个核心组成部分之一，它包括：①维护国内团结稳定的"中国梦"；②寻求与世界其他大国和平共处的"新型大国关系"；③保障周边国际环境和平稳定的"命运共同体"，而这一国际环境正是中国保持持续崛起的根本原因所在。

软实力是一种承载价值的身份认同，这种身份认同可以将国内规范外化并投射到国外，具有设定社会和政治行为标准的能力。从这个角度来看，"一带一路"倡议输出的是中国经济成功的模式。中国经济的成功正在引发全球反思这样一个问题：是西方民主政治框架有利于经济发展，还是中国政府的专业管理更有利于经济发展。中国的经济成功作为一种替代性的发展模式，似乎成了吸引发展中国家的主要原因。将硬性的物质因素同软性的价值观和世界观因素区分开来是不可能的。中国的发展经验引发了众多的解释或解读，这些解释和解读涉及国家经济增长的机制，涉及产权和经济增长的关系、法治和市场经济的关系、自由货币流通和经济秩序的关系，以及最重要的民主和发展之间的相互依赖关系。这些准则和价值不应仅由现有的霸权国家来界定，它们正变得"相互依赖"——开放、更灵活和非普遍性。

有很多被强调的价值观都是从"中国模式"中传播出去的，如坚持民族自决、党和国家的主导作用、渐进式改革、创新以实现经济增长，以及不干涉内政等。这些价值观已被规范化为"北京共识"，而这一共识"已开始重塑国际发展的整体格局，包括经济、社会，以及推而广之的政治"。"一带一路"倡议被认为是将"中国梦"概念普及的一个重要测试案例。这一概念作为一个和平、发展、合作以及所有国家间互利的梦想，被认为具有普遍的意义。它与欧亚地区人民的梦想和愿望紧密相连，在这些地区，"一带一路"倡议旨在增加经济财富，并通过复兴古丝绸之路时期的遗产来加强合作关系。"一带一路"倡议被认为是实现"中国梦"的一个关键工具，即通过恢复和合法化作为世界大国——中国的重新崛起，一劳永逸地摆脱19世纪鸦片战争以来欧洲殖民列强给中国所造成的耻辱与梦魇。

五、世界体系视角下的"一带一路"倡议

沃勒斯坦根据世界体系的变化，提出并不断修正他的世界体系理论（1974、1979、1997、2004），为现代资本主义世界体系兴起所涉及的历史演进和变化提供了一个广阔的理论视角。这一体系的扩展经历了一个漫长的历史时期，它将世界的不同部分带入了它的劳动分工之中，形成了经济中心-边缘关系的永恒状态。在同一世界市场内的这种单一劳动分工背景下，包括主权国家和多种文化体系在内的政治结构，在国家间存在着积极的互动关系。世界体系被概念化为一种动态系统，在这一系统的结构形态中，利用全球资本流动和生产要素的重新安排，使得国家改变国际地位成为可能。历史上，资本主义世界经济内部的劳动分工，通过生产、交换和投资链条促进了商品、劳动力和资本要素在不同区域之间的流动。中国和印度曾被视为世界经济的最后保留地（未开发地区），也已被纳入了资本主义世界体系之中。

世界体系理论试图解释体系中这种内在的不平等性，在这样一个看似整体的世界经济中，各民族国家却有着十分不同的发展阶段和国际地位。根据这一理论，全球分工中地位的变化以及竞争和竞争模式的变化，从一开始就在体系中埋下了矛盾，这导致了发达与不发达国家之间的永恒对立。

根据世界体系理论，资本主义世界系统具有一系列的周期性律动，也具有诸如经济繁荣或危机、向上或向下流动等重复出现的特征。更重要的是，在这一系列的周期性律动的背后，是世界体系的新担保人（新霸权国家）的兴起和衰落，每个担保人都有着自身独特的控制模

式。中国的崛起可以被视为该体系周期性律动中的一部分，而这一部分正是随着中国对世界资本主义体系核心特征的继续遵循，即中国的向上流动而体现出来。因此，由于中国的经济融合及其对该系统生产方式和资本积累的市场依赖，中国被视为一个新政治和经济系统的动力或推动因素，而成为该系统的保障者。

然而新兴大国也被描述为该体系现有主要担保人和其他核心大国的挑战者，因为它们拥有不同的政治和经济的治理文化。中国目前就被认为有意建立一个"中国化"的世界秩序——一个具有"中国特色"的秩序。然而按照世界体系理论的思维，即使未来的世界秩序被注入中国特色，它也只是中国内部经济、政治和文化结构的反映和延伸，而不会改变世界资本主义体系的核心架构。

因此，与保守现实主义的悲观观点相反，世界体系理论并不认为新担保人（或后来者）的崛起是一种威胁，只要它们保持了该体系的基本核心特征——生产方式和资本积累的逻辑。这是因为后来者的发展在很大程度上得益于它们对国际劳动分工的融入程度，以及在资本和财富积累过程中的积极参与。因此，中国的崛起及其"一带一路"倡议被理解为该体系周期性律动中的一部分。这反映了世界体系的力量，以及它在不改变体系内不平等基本关系的情况下，成功地将相对"未开发"的部分世界引入了资本主义逻辑中。世界体系理论的论点很清楚：尽管中国正在成功地走向世界经济中心，但它仍需要边缘国家的支持。最近关于拉丁美洲对中国日益增长的商品依赖的研究进一步证实了这一观点。从这一角度来看，"一带一路"倡议和中国主导的金融秩序的出现并没有对原体系造成威胁；相反地，它们反映了中国内部的经济要求，并在不改变资本主义世界体系核心架构的情况下向外部延伸。换句话说，"一带一路"倡议项目虽然得到了"中国特色"的金融新秩序的辅助，但它仍在体系价值规律下运行。它将在"向上流动"和扩大"机动空间"的过程中恢复世界体系的连续、有节奏的循环。通过世界体系理论的视角，我们可以了解到"一带一路"倡议可以给中国和世界带来的多方面的作用和好处。

下面重点分析一下关于"机动空间""邀请式提升"的"向上的流动性"问题。

"机动空间"是指世界资本主义经济中有利于（国家）内部发展的"向上流动"的外部条件。从长期的历史角度来看，世界体系理论所定义的"全球中心—半边缘—边缘"的结构，几个世纪以来一直是一个相对稳定的结构。体系的规律性周期律动以及霸权国家的兴衰为体系内各国提供了向上和向下的流动性。二战后的美国为世界带来了"向上流动性"，中国自20世纪80年代以来也是如此。向上流动的积极作用体现在"邀请式提升"（外部力量）与"把握机遇"（内部反应）的结合。

所谓的"邀请式提升"，指的是处于半边缘或边缘的国家所享有的"向上流动"的方式。这些国家或是在全球大国竞争时期处于一个关键的地缘政治位置，或是其内部条件有利于全球资本的流动和生产转移。而且这种向上流动是由现有霸权国或一些中心国家，为了自身地缘政治和地缘经济利益而创造有利外部环境所推动的。例如，在东亚地区，日本和东亚新兴工业化经济体（NIE）正是利用这种外部推动而实现向上流动的很好历史例证。所谓的"把握机遇"，是指一国在国际政治经济中利用新形势或新条件（如中国的"一带一路"倡议）相应调整其内部流动性的内在能力。

在世界体系理论的分析框架中，"一带一路"倡议似乎代表了一个新主导国崛起的另一个规律性周期。这是对"一带一路"沿线国家发出的强烈"邀请"，使它们在公路、铁路、网络枢纽、智慧型城市和工业园区（建设上）紧密地联系在一起。这是对欧亚国家用以扩大"机动空间"、实现"向上流动"的宝贵"邀请"。

六、"考茨基–列宁之辩"视角下的"一带一路"两面观

卡尔·考茨基1914年在其《超级帝国主义》一书中提出，核心资本主义国家能够找到一条摆脱帝国主义列强间恶性竞争和破坏性战争的道路。考茨基认为，新阶段的出现，即他所称的"超级帝国主义"，表明垄断已达到如此之高的阶段，以致"国际金融资本联合对世界进行共同开发"。正如他所写道："恰恰相反，资本主义经济正受到国家间矛盾的严重威胁。今天每一个有远见的资本家都必须号召他的同胞们：所有国家的资本家团结起来！"根据考茨基的分析，核心资本主义国家维持其剥削体系基本收益，同时又避免停滞的唯一途径就是组成一个"卡特尔"，以维持其出口市场和超级剥削率，并将世界一分为二。由于这种资本联盟，帝国主义战争的经济必要性就不会从资本主义体系内部产生。他假定战争和军国主义不一定是资本主义的固有特征，和平的"超级资本主义"（或帝国主义）是可能的。在这个极端的帝国主义阶段，世界核心大国们会认识到结盟与合作的重要性，同时也将认识到将经济上的矛盾和对立纳入协调体系的必要性，从而它们将会共同开发尚不发达的世界。

然而列宁的"帝国主义是资本主义的最高阶段"的理论，强烈批

评考茨基的"超级帝国主义"，认为这是一种假定的世界秩序。列宁认为，资本主义正在从自由竞争阶段向垄断阶段过渡。他指出，资本主义已经从马克思时代以国家为基础的竞争体系转变为帝国主义竞争为标志的高级资本主义，其现有的特征是巨大的垄断企业集团或寡头垄断企业。列宁对帝国主义的定义是"资本主义的垄断阶段"，他认为在这个阶段，考茨基的超级帝国主义联合是不可能的。列宁的观点与1902年约翰·霍布森的《帝国主义》一书的看法相似，列宁认为，对边缘国家的殖民剥削是资本主义的自然结果，殖民主义是由中心国家之间的经济竞争驱动的。根据这一理解，列宁认为世界经济存在着一种形成单一托拉斯的大趋势，这种托拉斯是超越民族国家框架的，是在生产力和金融资本主义的推动下扩展的。如今，这些熟悉的现象被称为是全球化和全球资本主义。随着核心资本主义国家竞相扩大在海外市场和资源上的资本积累和剥削范围，它们的利益会产生交叉和冲突，从而不可避免地导致战争。

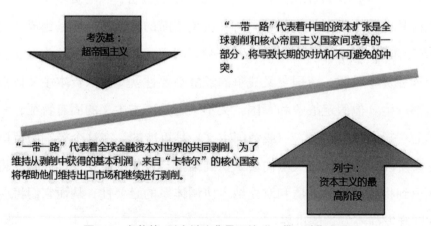

图2-6　考茨基-列宁辩论背景下的"一带一路"倡议

将中国的"一带一路"倡议置于"考茨基-列宁之辩"的背景下（图2-6），我们可以看到关于中国的两个方面。一方面，中国的资本积累和经济发展的许多方面，都同19世纪资本主义的大多数发展中国家有着很多相似的历史经验：外国的渗透或关键行业的主导、不均衡分散的工业化"飞地模式"、庞大的农村迁移、农村发展的停滞和城市是过度拥挤、环境和生态退化、严重的不平等和剥削，以及无处不在的腐败。中国经济的崛起，源于其在美国主导的资本主义世界体系中对全球分工和市场竞争的参与，也源于其对该体系生产方式和价值规律的适应。很长时间以来，中国都是核心西方帝国主义国家（美国、欧盟）和日本资本转移和生产外包基地。外国在华的直接投资从中国廉价的资源和劳动力中已经获得了巨大的超额利润。从历史上看，尽管中国从对中心国家的商品出口中获得了贸易顺差，但由于其处于全球供应链的低端，中国在总利润中所占比例一直是非常小的。长期以来，中国一直是核心资本主义国家生产外包和资本转移的首选目的地。如果从列宁的观点来看，中国是核心资本主义国家资本剥削以及它们之间激烈竞争的"受害者"。

同时，从另一方面来看，中国经济成就的许多指标，都可让其处于核心资本主义国家的范畴之中：①中国是世界第二大经济体；②中国是世界上最大的贸易国（进出口）和最大的高科技出口国；③中国是最大的能源和商品消费国；④2016年7月中国外汇储备被估计为3.2万亿美元；⑤中国拥有1.24万亿美元的美国国债，同时为美国的进口和支出提供资金；⑥人民币已成为国际货币基金组织特别提款权（SDR）的主要货币之一。由此，中国作为全球资本"卡特尔"重要组成部分的强大地位得到稳固确立。在这些联系中，"一带一路"倡议旨在提供新的平台，以促进中国成为资本主义世界体系中生产转移和资本流动的新引擎。这种发展必然会加剧全球在生产转移、资本扩张和市场份额方面的竞争，特别是在核心资本主义国家之间的竞争。

中国"一带一路"倡议蓝图得到北京主导的诸如亚投行和新丝路基金等金融机构的支持。这一情况正好反映了考茨基的"超级帝国主义"理论：中国与全球资本以合并资金的形式相互交织和融合，以共同开发世界其他地区。对此，一位学者甚至有说服力地辩称，中国或金砖国家的崛起不会导致世界秩序发生实质性变化；相反，世界正在经历的是新兴大国（尤其是其经济精英）被传统核心大国和领先的跨国经济所塑造的过程。然而中国资本的融入及其全球扩张正将世界带入一个寡头的帝国主义的阶段，这一阶段包括中国在内的核心资本主义国家在利润分配、市场份额和资源安全上的冲突正在加剧。面临着两难选择，即到底是要与美国等核心资本主义国家保持结盟合作关系呢，还是要与这些国家发生竞争和冲突。

七、结语：前景和限制

"一带一路"倡议是一个巨大的跨洲项目，必将对全球地缘政治和地缘经济产生重大影响。它是一项依托经济倡议将中国置于地区舞台中心的强有力的政策战略。这标志着中国新一轮经济外交的开始，中国正着手成为一个世界经济发展的驱动者，并开始决定地区和全球经济的发展方向。中国新的发展战略和政策取向，不仅对中心国家，而且对半边缘国家和边缘国家都具有深远的影响。

通过对各种理论视角的分析，笔者认为，"一带一路"倡议可以被看作中国过去四十多年发展轨迹的"意外结果"。面对国内生产过剩、投资过剩以及与美国主导霸权的外部竞争带来的新挑战和新制约，中国正在向更加积极主动的发展战略和外交政策转变。这清楚地反映出，中国越来越需要更深入地参与到周边地区（事务）中。中国正从被动的资本和生产接受国向主动输出国转变，从被动规则的追随者向主动规则的制定者转变；从遭受外资剥削的边缘国家向和平崛起、争夺全球资本积累的中心国家转变。"一带一路"倡议带来的另一个后果是，中国经济的成功将最终导致北京在新世界秩序中的地位发生微妙变化，在贸易、生产、金融、资本和基础设施等"公共产品"供给方面，开始向主导国家转变。

同时，中国的"一带一路"倡议也存在着重大的安全风险。"一带一路"沿线国家和地区仍存在着很多不稳定性和不可预测性，特别是在南亚（印度和巴基斯坦）、中亚和中东地区，这些地区的大国利益经常产生冲突，政治和安全挑战也十分突出。尽管中国打算将"一带一路"界定为一个经济项目，但其影响不太可能仅局限于经济领域。它必须符合北京根本的地缘政治和地缘经济利益。例如，"一带一路"不能也不可能为所有国家提供平等的机会，巴基斯坦得到的投资显然要多过印度。中国在处理东道国宗教、社会政治、社会文化和安全等问题，特别是宗教、文化、环境和民族问题上，仍缺乏成熟的国际经验和敏感性。尽管在中国国内取得了巨大成功，但北京主导的发展模式可能难以在其他地方被复制，并有可能会妨碍其与其他社会制度与意识形态不同的国家开展有效合作。

参考文献

1.Åberg,John H.S. 2014. China's Revisionist Orientation. *The Diplomat*, September 18. Available at http://thediplomat.com/2014/09/chinas-revisionist-orientation/

2.Agnew,John. 2010. Emerging China and Critical Geopolitics:Between World Politics and Chinese Particularity. *Eurasian Geography and Economics*, 51(5):569–582.

3.Akamatsu,Kaname. 1935. Wagakuni yomo kogyohin no susei[Trend of Japanese Trade in Woollen Goods]. *Shogyo Keizai Ronso [Journal of Nagoya Higher Commercial School]*,13:129–212.

4.Bieler,Andreas,and Adam David Morton. 2003. *Theoretical and Methodological Challenges of Neo-Gramscian Perspectives in International Political Economy.* International Gramsci Society. Available at http://www.internationalgramscisociety.org/resources/online_articles/main/main.html

5.Breslin,Shaun. 2011. *The Soft Notion of China's "Soft Power".* Asia Programme Paper:ASP PP 2011/03. London:Chatham House. https://www.chathamhouse.org/sites/files/chathamhouse/public/Research/Asia/0211pp_breslin.pdf

6.BRICS. 2014. *Sixth BRICS Summit – Fortaleza Declaration.* Available at http://brics.itamaraty.gov.br/media2/press-releases/214-sixth-brics-summit-fortaleza-declaration

7.Cox,Robert W. 1981. Social Forces,States and World Orders:Beyond

International Relations Theory. *Millennium: Journal of International Studies*, 10(2):126–155.

8.————.1983. Gramsci,Hegemony and International Relations:An Essay in Method. *Millennium: Journal of International Studies*, 12(2):162–175.

9.Durani,Luis. 2016. The New Silk Road:Plan for Chinese Hegemony. *Modern Diplomacy*,February 25. Available at http://moderndiplomacy.eu/index.php?option=com_k2&view=item&id=1238:the-new-silk-road-plan-for-chinese-hegemony&Itemid=868

10.Ferchen,Matt,Alicia Garcia-Herrero,and Mario Nigrinis. 2013. *Evaluating Latin America's Commodity Dependence on China*. Hong Kong:BBVAResearch International Finance Centre.

11.Financial Times. 2014. *Beijing's Challenge to the World of Bretton Woods*. October 30. Available at http://www.ft.com/intl/cms/s/0/db2dcaf8-6042-11e4-88d1-00144feabdc0.html#axzz3lVvm7RvR

12.————.2015. *China's Great Game: Road to a New Empire*. October 12.Available at http://www.ft.com/cms/s/2/6e098274-587a-11e5-a28b-50226830d644.html#axzz4Lj1yi8tI

13.Flockhart,Trine,and Xing Li. 2010. *Riding the Tiger:China's Rise and the Liberal World Order*. DIIS Policy Brief – December,Danish Institute for International Studies,Copenhagen.

14.Gilpin,Robert. 1981. *War and Change in International Relations*. Cambridge:Cambridge University Press.

15.Gramsci,Antonio. 1971. In *Selections from the Prison Notebooks*, ed. Quintin Hoare and Geoffrey Nowell Smith. London:Lawrence & Wishart.

16.Hobson,John. 1902. *Imperialism: A Study*. New York:James Pott Company.

17.Ikenberry,John G. 2008. The Rise of China and the Future of the West. *Foreign Affairs*, 87(1):23–37.

18.Jin,Kai. 2013. Can China Build a Community of Common Destiny? *The Diplomat*,November 28. Available at http://thediplomat.com/2013/11/can-chinabuild-a-community-of-common-destiny/

19.Kautsky,Karl. 1914. *Ultra-imperialism*. Available at https://www.marxists.org/archive/kautsky/1914/09/ultra-imp.htm

20.Lenin,Vladimir. 1948[1917]. *Imperialism, the Highest Stage of Capitalism*. London:Lawrence and Wishart.

21.Li,Xing. 2007. *East Asian Regional Integration: From Japan-led "Flying-geese"to China-centred "Bamboo Capitalism"*. Working Paper of Center for Comparativ Integration Studies,Aalborg University.

22.Li,Minqi. 2008. *The Rise of China and The Demise of The Capitalist World Economy*. New York:Pluto Press.

23.Li,Xing. 2015. Interpreting and Understanding "the Chinese Dream" in a Holistic Nexus. *Special issue, Fudan Journal of the Humanities and Social Sciences*,8(4):505–520.

24.————.2016a. Conceptualizing the Dialectics of China's Presence in Africa. In *Emerging Powers in Africa:A New Wave in the Relationship?* ed. Alexandra Arkhangelskaya and Justin van der Merwe. London:Palgrave Macmillan.

25.————.2016b. From "Hegemony and World Order" to "Interdependent Hegemony and World Reorder". In *Emerging Powers Emerging Markets, Emerging Societies: Global Responses, ed.* Steen F. Christensen and Xing Li. London: Palgrave Macmillan.

26.Mearsheimer, John. 2006. China's Unpeaceful Rise. *Current History,* 105(690): 160–162.

27.Müller–Markus, Christina. 2016. *ONE BELT, ONE ROAD: The Chinese Dream and Its impact on Europe.* Notes internacionals CIDOB 148. Available at http://www.cidob.org/en/publications/publication_series/notes_internacionals/n1_148_one_belt_one_road_el_sueno_chino_y_su_impacto_sobre_europa/one_belt_one_road_the_chinese_dream_and_its_impact_on_europe

28.Olson, Stephen, and Clyde Prestowitz. 2011. *The Evolving Role of China in International Institutions.* A Research Report Prepared for the US–China Economic and Security Review Commission. Available at http://origin.www.uscc.gov/sites/default/files/Research/TheEvolvingRoleofChinainInternationalInstitutions.pdf

29.Organski, Abramo Fimo Kenneth, and Jacek Kugler. 1980. *The War Ledger.* Chicago: University of Chicago Press.

30.Pereira, Carlos, and Joao Neves. 2011. *Brazil and China: South–South Partnership or North–South Competition?* Foreign Policy at Brookings, Policy paper number 26:4. Available at http://www.brookings.edu/~/media/research/files/papers/2011/4/03–brazil–china–pereira/03_brazil_china_pereira.pdf

31.Ramo, Joshua C. 2004. *The Beijing Consensus. London: The Foreign Policy Centre.* Available at http://fpc.org.uk/fsblob/244.pdf

32.Reuters. 2016. *China's July Forex Reserves Fall to $3.20 Trillion.*

August 7. Available at http://www.reuters.com/article/us-china-economy-reservesidUSKCN10I04G

33.Santos,Theotonio Dos. 1970. The Structure of Dependence. *The American Economic Review*,60(2):231–236.

34.Schlesinger,Jacob M. 2014. *How China Is Eclipsing Japan in Asia—An IMF Snapshot*. The Wall Street Journal,May 12. Available at https://blogs.wsj.com/economics/2014/05/12/how-china-is-eclipsing-japan-in-asia-an-imfsnapshot/

35.Taylor,Ian. 2016. BRICS in Africa and Underdevelopment:How Different? In *Emerging Powers,Emerging Markets,Emerging Societies:Global Responses,ed.* F. Christensen Steen and Xing Li. London:Palgrave Macmillan.

36.Wallerstein,Immanuel. 1974. The Rise and Future Demise of the World-Capitalist System:*Concepts for Comparative Analysis. Comparative Studies in Society and History*,16:387–415.

37.———.1979. *The Capitalist World-Economy*. New York:Cambridge University Press.

38.———.1997. *The Rise of East Asia,or The World-System in the Twenty-First Century*. Available at http://www.binghamton.edu/fbc/archive/iwrise.htm

39.———.2004. *World-Systems Analysis: An Introduction*. Durham:Duke University Press.

40.Wang,Hongying. 2014. *From "Taoguang Yanghui"to "Yousuo Zuowei"*: *China's Engagement in Financial Minilateralism*. CIGI PAPERS NO.52. Available at https://www.google.dk/url?sa=t&rct=j&q=&esrc=s&source=web&

cd=1&cad=rja&uact=8&ved=0ahUKEwiCl4mMperVAhXEK1AKHaV5B0YQ

FgglMAA&url=https%3A%2F%2Fwww.cigionline.org%2Fsites%2Fdefault%

2Ffiles%2Fcigi_paper_no52.pdf&usg=AFQjCNHiB4kA-4Ttbalty0uOve3FND

w1_A

41.Wong,John. 2013. A China-Centric Economic Order in East Asia. *Asia Pacific Business Review*,19(2):286-296.

42.Worldatlas. 2017. *Global High Tech Exports By Country*. Available at http://www.worldatlas.com/articles/countries-with-the-most-high-tech-exports.html

43.Xie,Zhihai. 2011. The Rise of China and Its Growing Role in International Organizations. *ICCS Journal of Modern Chinese Studies*,4(1):85-96 Available at http://iccs.aichi-u.ac.jp/archives/report/038/5099f0477e37a.pdf.

44.Xinhuanet. 2017. *Full Text of President Xi's Speech at Opening of Belt and Road forum*. May 14. Available at http://news.xinhuanet.com/english/2017-05/14/c_136282982.htm

45.Yilmaz,Serafettin. 2014. China,Historical Blocs and International Relations. *Issues & Studies*, 50(4):191-222.

46.Yue,Qu,et al. 2012. *Flying Geese in China*. East Asia Forum, November 22. Available at http://www.eastasiaforum.org/2012/11/22/flying-geese-inchina/

47.Zhang,Junhua. 2016. What's Driving China's One Belt,One Road Initiative?*East Asian Forum*,September 2. Available at http://www.eastasiaforum.org/2016/09/02/whats-driving-chinas-one-belt-one-road-initiative/

48.Zhao,Suisheng,and Josef Korbel. 2016. China and the Evolving World

Order:A Stakeholder or a Revolutionary Power? *The Asian Forum*,5 (5). Available at http://www.theasanforum.org/china–and–the–evolving–world–order–a–stakeholder–or–a–revolutionary–power/.

第三章 "一带一路"倡议的
另一种研究框架：扩散传播的视角

一、引言

自中共十八大以来，中国的决策者们重新定义了北京在全球的角色，并在国际舞台上采取了更主动的作为方式。在2012年领导班子换届之前，很多人曾认为由于受内政的牵绊，以习近平总书记为核心的中共中央不会采取"激进"的外交政策与措施。但在中共十九大之后，这种猜测就停止了。用中国著名国关学者阎学通教授的话来说就是，中国近几年来开始由"保持低调"转向"有所作为"。中国在国际舞台上的主动态势业已形成，当然这也是为了应对变换的世界形势和新出现的国际矛盾。而当中国的国际角色发生转换之时，多数发达国家正苦于应对其各自发展模式的局限与挑战、竞争力的缺乏和大众的不满情绪。

对于中国这样一个超级大国，关于其未来发展轨迹的一个核心问题就是，中国是否能够成功推行它的价值准则，并被更多的国家所接受。正如有学者所言，中国在当今世界扮演的角色日益主动和重要，没有中国的参与和合作，全球治理甚至仅仅是地区治理层面都不可能实现。美国和欧洲本是自由民主霸权规范的主要宣扬者，但随着其所面临的国内问题越来越多，它们也已放松了在国际上推行其价值规范的努力。世界形势因此而扭转，使得很多非西方、非自由民主的发展合作观念开始涌现出来，并且在此过程中给中国打开了巨大的操作空间。中国当前外交政策的一个明显特征，就是主动"给多元世界提供一个非西方的、新的思维和实践方案"；而且这个特征是非常具体而非抽象的：北京在建立新的以中国为核心的国际/地区合作以及全球治理的组织体系，以完善现有的国际秩序，而中国外交政策的核心观念就是"有所作为"。

今天，"一带一路"倡议成了中国新外交的核心标志性概念。它综合并系统化了许多已有的以及新的外交内政政策，而成为中国的资源、制度、思维的焦点。随着"一带一路"国际合作高峰论坛在北京的召开，其全球视野已非常明确，不仅覆盖亚洲、欧洲、非洲，还包括大洋洲和美洲。

"一带一路"倡议具有明显的政治经济考量，能显著影响全球经济及大国关系，而本章将着重于研究其可能对规范标准产生的巨大影响。中国强调，古代丝绸之路的重要意义不仅在于它是贸易通道，更在于它是历史上不同文明之间对话和思想交流的平台。值得注意的是，古代丝绸之路的概念本身也是一个构想，可以追溯到19世纪西欧学者的研究。基于这个认识，以及对过往历史经验教训的总结，中国逐步将对外策略转变为国家层面的合作，从"一般交易"或者"无绑定关系"的约定方式转变到有规范标准的合作，其目的在于通过"一带一路"改变政策框架和治理原则。这些规范标准根植于中国化的马克思主义，围绕着国家主导经济合作的主张和民族主权的神圣不可侵犯而演化。

这些"一带一路"包含的规范标准能否超越国界，被中国以外的其他国家所接受和采纳？实际上根据文献显示，中国已经在改变其他国家的思维和行为，这一点大家是普遍认同的。近年来，中国在经济、政治、软实力等方面的持续增长，引发了全世界对中国是否在治理、政策、立法等方面具有潜在影响力的大讨论。这些讨论用大量笔墨描述了所谓的"中国模式""北京共识"、全球治理的"天下观念"、中国的世界秩序概念，以及规范强权的中国。

本章建议，要洞察了解全球大环境下的中国，一个有效方式就是利用传播理论来分析"一带一路"倡议。传播即人们接受和适应来自他人的看法和实践的过程。从传播学的观点来看，某一政治主体的规范矩阵和决策模式是会基于其他政治主体早前做出的选择而不断做出更新的。本章论述的前提是"一带一路"倡议的提出，为政策原则的输出传播设立了条件，使得涉及其中的国家的规范矩阵和决策模式均受到中国政策制定者和知识分子的思考及实践的互动影响。

通过对"一带一路"倡议的规范设定的严格分析，本章提出了"一带一路"研究的另一种分析框架。即"一带一路"倡议是传播规范原则的载体，而这些规范原则是在主导国家的自由民主蓝图之外发展起来的，是新的治理原则、政策和立法的思考和实践活动的必要基础。"一带一路"倡议中的许多关系是不对等的，中国在政治、经济及其相关实力方面都有优势。因而在传播过程中，中国是主要的规范供给方，而传播本身同样也受到需求方、误识误判、有限理性的驱动。换言之，"一带一路"倡议影响力的关键，不仅在于中国的"供应"，也在于地区参与者如何应对。

在中国的官方文件（比如国家发展和改革委员会2015年文件）中，对"一带一路"的描述具有两个重要元素："政策协同"和"相互学习"，这构成了传播的外表层面。与此同时，"一带一路"的政治实践，即创造新的互动机会，交流思想和达成交易等，则构成了该传播在过程的实质层面。

"一带一路"倡议下的传播在很大程度上是一个自愿的过程，主要取决于互动中的需求方。"一带一路"的愿景和执行方案是由与中国合作的国家中的政治和知识分子精英阶层解读的，他们的政治倾向和逻辑决定了传播过程的广度和特征。由于各路政治和知识分子精英有不同的规范性、功利性，特别是有限理性，这就导致了传播的不同过程和结果，本章以分类的方法对这些不同加以分析。

扩散传播理论研究中的一个关键问题是："目标是促进对传播本身的了解，还是利用传播研究来解释另外一个问题。"本章的研究项目属于后者——要运用传播概念来帮助理解"一带一路"倡议以及支撑它的各种复杂观念。为达到这个目的，本章先简要概括了"一带一路"倡议的背景和主要特点。而后，将"一带一路"的主要特点与基本的传播理论相联系。然后再探讨扩散传播理论的一些特别之处，以回答"一带一路"倡议传播什么内容，以及传播哪些原则的问题。本章最后概括总结了"一带一路"传播的逻辑变化。实际上，本章是对后面研究的概念化引导。除传播学的理论文献和"一带一路"的二次文献之外，本书分析的主要数据来源于中国政府公布的信息、媒体资源，以及"1.5轨"论坛和其他一些对"一带一路"进行分析和定位的学术性论坛。

二、"一带一路"倡议的概念解读

"一带一路"，也就是中国的新丝绸之路，是中国国家主席习近平提出并关注推进的具有绝对优先等级的标志性项目。"一带一路"概念于2013年正式宣布，有两个构成元素——"丝绸之路经济带"和"21世纪海上丝绸之路"。"一带一路"是逐步发展形成的具有中国特色的概念，它着眼未来，将各种外交政策策略与国内发展做了有机的结合。"一带一路"有不同的叫法，有人称之为"愿景"，也有人叫它"学说""战略""框架""项目""计划""政策"，或者"中国政府内政外交的政策总括"。中国政府在发布的《推动共建丝绸之路经济带和21世纪海上丝绸之路的愿景与行动计划》文件中，使用的官方用语是"倡议"。这个选择不无道理："一带一路"的提出是中国的"建议"或者"贡献"，所以作为正式用语，"倡议"比"战略"更妥当。这正如一位中国学者谢韬所言：

> 倡议，其简单含义就是为谋求公共福利而发起某种行动。倡议是一种单边行为，要求能从公共福利中获益的其他各方的自愿合作……相反，战略是为了实现某种特定目标而制定的全面行动计划，而这些目标通常是独立和排他的（如安全、自由贸易），这显然与具有包容性的公众福利目标是不一样的。

此外，还存在其他概念层面的讨论。如有的学者认为，虽然"一带一路"的提出是受古代丝绸之路的启发，但"一带一路"的核心既不是丝绸，也不是一条实际的路，它实质上是思想和创新在不同文明之间进行传播的载体。这个特点对于新丝绸之路创意尤为重要，它首先是思想、创新和灵感传播的载体。此外，王义桅在2016年提出，建议参考汉语中"道路"一词的含义来理解"一带一路"。汉语中，"路"指实际的、物理的路，而"道"可以指实践的方式（这里即谋求发展的实践）；在"一带一路"的框架下，"路是实现道的方法"，意指推动基础设施建设是推动"一带一路"倡议发展实践的核心。

"一带一路"倡议尽管源于中国自身的经验，却被定义为一个开放和包容的倡议，任何人只要接受此愿景就会成为它的一部分。"一带一路"是全球性的倡议，其早期发展阶段聚焦于亚洲、非洲北部和东部、欧洲。推动"一带一路"的过程中，中国的决策者们不仅运用了中国发展的特有经验，还逐步应用自己的分类法、思维图，并且按照自己国家的信念和便利观念来构建（重建）地区。

以全球视角来看，"一带一路"倡议的成型是在国际金融危机后的全球复苏背景下发生的，是中国尝试缓解危机负面影响的努力。然而随着全球政治经济的变化，特别是反全球化力量在美英这两个一直倡导"自由民主全球化"进程的国家中泛起，中国已经逐渐承担了倡导经济全球化的主导角色。具有象征意义的是，习近平主席在达沃斯世界经济论坛上的讲话明确地表明了这一转变，而他的讲话就发生在美国新任总统、强硬的反全球化者唐纳德·特朗普的就职典礼前的几天。习近平展现了一个追求经济全球化的视野，而这也主要得力于中国的经验与成就。

这些发展也使中国得以对"一带一路"的表述做出进一步微调，将之描述成通过对经济全球化的关键原则进行调整和重塑来推动全球合作的倡议。毕竟，"一带一路"倡议是基于国家主导的主权国家合作的规范性假设。中国新的外交政策逐步侧重于有意识地处理那些现有国际组织和多边安排无法解决的问题及政策差异，"一带一路"的发展正是顺应了这一趋势，经常被称为全球化的替代道路，或者全球化的中国视野。笔者称之为"包容的全球化"蓝图，这一概念由前联合国秘书长科菲·安南首先提出，他强调需要建立能为发展中国家提供更好机会的平等的国际秩序。"一带一路"的全球化视野还体现于一个不那么精巧但更加富于象征意义的方面，即"一带一路"倡议几乎全部关乎高速铁路、高速公路、桥梁、海港等大型基础设施项目，这些项目遍布欧洲和亚洲，由中国建设、策划或购买，象征着中国的经济增长，也成为目前中国经济外交政策的著名名片。基础设施建设是"一带一路"倡议的重要内容，然而它本身并不是目标，而是中国基于自身经验教训总结而成的更广泛的发展目标的组成部分（即所谓的"要想富，先修路"）。

作为国际合作的一个正式制度平台，"一带一路"倡议基于五个优先原则或主要目标：政策沟通、道路连通、贸易畅通、货币流通、民心相通。"一带一路"倡议是重塑国际合作、协调新丝绸之路沿线地区发展的一套综合措施，它以减轻始自2008年的国际金融危机的影响为目标，以消除全球发展不平衡和地区间不平等为重点，它旨在推动一种全新的、包容的合作方式，这就是为什么一些学者甚至将它称为一个"新型全球化"的倡议。

"一带一路"以政策沟通为首要目标，因而是一个值得从标准化的角度，特别是从标准化的传播的角度，来审视的概念。中国国家发改委发布的行动计划指出：

> 加强政策沟通是"一带一路"建设的重要保障。加强政府间合作，积极构建多层次政府间宏观政策沟通交流机制，深化利益融合，促进政治互信，达成合作新的共识。沿线国家可以就经济发展战略和对策进行充分交流对接，共同制定推进区域合作的规划和措施，协商解决合作中的问题，共同为务实合作和大型项目实施提供政策支持。

国家间的政策沟通是指"在国际系统中的利益、目标和集体行动者的行为的相互协调"，是全球治理概念及其研究的关键。因而传播是一种协调治理、政策和立法的模式。正如两位学者布什和乔根（Busch & Jörgens）所论述的：

> 政策沟通的达成是基于这样一个事实，即各国政府都在观察其他政府的决策后做出单边反应，在此过程中，没有人预期对方会有同样的行为，没有需要遵守的集中规定，也没有为整体系统的发展设定的目标。政策沟通很大程度上符合"党派相互调整"的基本逻辑，但其仅包含模仿行为，属于一个特例。而传播则包含了所有那些显示同质化影响的"适应性调整"。

作为互动的一个阶段，传播经常被视为经济合作的一个产物；然而传播的发生需要经济独立作为必要但不充分条件。从这个视角来看，

"一带一路"倡议的意义更为重大，它将与伙伴国家的关系从单一的经济合作转向实质性的标准化性质的关系。而这也正符合中国全球角色演化的一般逻辑，正如阎学通所描述的：中国过去曾主要专注于本国的经济利益而避免展示其真正实力，自2012年以来，中国不仅展示其实力，且依靠它来实现希望的政治目标。但本章还要补充说明：这些并不是传统的政治目标，而是包含了政治和经济的政策目标。

在实践中，"一带一路"倡议通过几种机制来执行：中国与合作伙伴国家之间的双边合作；通过"多层次和多渠道沟通及磋商"（包括创新机制，如与中欧、东欧、东南欧的合作平台"16+1"）进行的双边合作，现有的国际组织（如上海合作组织、亚欧会议），以及中国领导的新老国际金融机构（如进出口银行、亚投行、金砖国家开发银行、丝路基金等）。智库机构，比如中国社会科学院以及由它所建立的智库网络，也为"一带一路"倡议的发展提供了至关重要的智力支持。通过上述这些机制，为组织、政策以及法规的创新找到了一个坚实协调的平台，能够比一般的双边或多边合作提供更加有利于其传播的条件。虽然这些创新也可以独立传播，但"一带一路"倡议的提出能使该传播过程更加便捷、高效，更具影响力。

三、传播的概念

对传播进行研究，其核心在于政治发展轨迹与相互依存的理念；它明确否认国家政府可以不受相互影响而独立决策的观点，认为这会影响对于政策和政治演变的正确充分理解。当涉及思想流动和治理实践、政策制定和法律订立时，与传播相似的概念包括"转让""移植"

"转化"和宣传。此外，还有许多种机制被与传播研究关联了起来，"从贝叶斯学习到理性竞争，从霸权统治到对领导者不假思索的模仿"。在"一带一路"相关的官方正式文件中，倡议的核心概念被称为"政策沟通"，如前文论述，"政策沟通"具有传播的性质，两种表达有时可互换使用。而本章之所以选择"传播"一词，是因为这是一个与所有其他概念等距的概念，有利于发展不同分类研究，因而可以作为一个具有不同表现形式和机制的"伞式概念"来被使用。

传播是一个以特定创新（信息）为核心的动态互动的过程，其实质是各个参与者之间的互动过程。被传播的是新的世界观和思想、治理和政策制定、立法的新方法，以及重塑旧思想使其合理可行的新方法。这些创新主要通过政治和智库精英的智力劳动而创造，而通常创新的过程本身就是一个与其他参与者互动的过程。特定的机构、组织或者类似组织的设置（如"一带一路"）在促进传播方面起到了平台、渠道或者媒介的作用。传播过程中的核心是新创意，但这个新创意并不代表被传播的信息本身一定是新的，它可能只是现在被另外一方接受是正当可取的了，或者是现在该信息的沟通是以一种可传播的方式进行了。例如，影响中国经济政策的许多思想多年来一直大致未变，但在"一带一路"倡议下，它们的展现方式更加易于被理解，它们与中国发展的成功故事和全球视野联系起来，被称作是惠及所有人的。

在塑造（重塑）标准化的蓝图和方向的过程中，政治和知识分子精英所扮演的角色以及精英组织所发挥的跨国影响是传播中的核心。基于李维斯基（Levitsky）和卢康（Lucan）2006年关于外部影响对国内政治变革所起作用的开创性研究，托楚普（Tolstrup）于2014年提出，国家层面的政治精英和其他精英扮演着特殊的"守门员"角色，他们可以为了达到引导国家向特定方向发展的目的，而调整与全球事务参与者的链接水平和程度。基于冷战结束后的"历史终结论"的假设，不同学科文献的作者都将关注点放在了美国和欧盟，视其为推动自由民主的主要外部角色，然而我们这里采取的是一个开放性的视角：可以存在不同的外部影响，不同的意识形态，以及不同的标准化变革的方向。国家精英们有能力协调外部思想的传播，尤其是在挑选"模范榜样"、选择具体想法，以及掌控标准化变革方向等方面，他们具有双重经纪人角色。他们一方面将政策实践变成在非决策环境中（即智库或者大众传媒）介绍和讨论的想法，另一方面，又将内部或外部思想转化为政策。

然而我们必须要意识到这种方式的另一个可能性，即不同的国家精英（例如现任者）可能做出不同的选择。这是由于他们拥有不同的物质资源、不同的知识和思想特征，以及在国际和国家的各个层面的不同的结构性倾向造成的。这种框架也与其他的传播研究理论一致，比如威兰德（Weyland）2007年所做的有关决策者和专家认知的传播分析。它们在分析国际政治时，强调符号影响力、象征支配作用以及潜意识的作用，试图以此推动国际规范的建设。

所以从属关系中特定的、明显的和隐蔽的因素通过特殊参照系包含在了制度化关系中。通过重复实践，有关合作的世界观和语言逐渐正规化和自然化，对于参与其中的各方都变成了习以为常的一个部分。这实质上就是象征性统治的发生方式。它们构成了传播过程的准备阶段，即在构建权力关系中，一旦从属角色开始以统治方的语言来对话，那么他们很快就会接纳统治方的规范和思想。

四、传播学方法对于"一带一路"研究的适用性

传播学的方法扎根于学术文献，强调传播的参与者及其相互关系，符合"一带一路"的发展实践。"一带一路"倡议的初衷是协调发展议程和实现政策沟通，这主要通过中国与伙伴国家之间签署双边备忘录来实现。中国政府计划推动"一带一路"的首要的和最重要的方式，就是发挥国家精英们的引领作用，在高层面提供指导和促进。发展政府间的关系，是中国发展全球关系的核心，且在中国的国际秩序理念中起重要作用，而中国与外国的官员、学者之间的交流经常使得政府间关系带上个性化色彩。这种基于关系的逻辑不同于那种去个性化的、基于规则的规范逻辑，而这恰恰是欧盟等国际要角们采用的典型方式。这里最重要的启示就是，即使存在某些普世通则，中国决策者依然努力尝试从另一方的客观条件以及与之相互关系的角度出发，来定制独特的方法，这本身也是一个值得全球奉行的方法。

向决策者们谏言的政治精英和智库精英们，影响了"一带一路"的意识形态基础，并对推进中国提出的"民心相通"方面发挥了显著作用。推动"1.5轨外交"，加强由政府和智库（通常是官方国办的智库）混合参加的代表团之间的交流，都是创建所谓"接触区"（contact zone），以促进思想传播的方法。事实上，智库对中国的外交政策的制定发挥着重要的作用，并且这一作用自2012年以来被放大了。今天的智库被看作融合了中国的政治精英和知识精英的机构。近年来，又出现了新的诸如丝绸之路智库协会和"16+1"智库网这样的智库和专家协会，以促进思想的交流。由于在"一带一路"框架中，智库精

英（或知识精英）有特定场所来讨论现有的想法和构想新的理念，同时，他们通过与决策者互动来对其施加潜在影响（或者被其影响），担当了双重经纪人的角色，所以说智库精英的重大参与对于传播过程也至关重要。

作为一个新型的制度化、类组织的国际平台，"一带一路"推行的是一种相对松散的自愿型的合作。合作伙伴国家均认可共同的愿景和"一带一路"的承诺；但总的说来，它们与中国的互动程度会由于上面所提到的逻辑关系而有所不同。另一方面，由于"一带一路"主要是由中国通过许多国内/国际的新老金融机构而进行的融资，这使得中国从理论上来讲拥有了"压制"其他国家的手段。尽管如此，"一带一路"并没有任何明确的附加条件或强制机制，以确保合作伙伴国家实施特定的规划蓝图。这就是为什么传播特定世界观的概念比强制或强加世界观的概念更有吸引力的原因。

扩散与传播是一个同时出现在国家和国际领域交叉点的过程。我们要知道，"一带一路"是中国西部发展战略的延伸，是连接中国西部区域和省份的方法，它带动了中国部分产能向更复杂的经济结构转型。但是从关注传播需求侧的角度看，合作伙伴国家的国情背景也十分重要。目前已参与"一带一路"的国家，有着不同的经济发展水平和复杂程度，不同的政治体系和政治稳定性，不同的国土面积、人口数量和经济体量。诚然，对于许多国家来说存在着一些普遍假设的共同利益，诸如资本流动、基础设施改善、国际地位提升，等等；但是也存在着很多区域和国家特定的差异性。一些可能被特定的政治行为体看作政治利益的特征，却不被同一国家，甚至是同一政党/机构的其他人所接受，这就构成了政治对话的基础。同样的，从关注地方合作的角度看，政府的不同级别和部门对"一带一路"也可能有不同的看法。中国方面依照自己的意愿和做法进行互动，而那些"一带一路"倡议的参与国的代表们，则需要持续地直接面对中国主导的话语权和对话逻辑。结构倾向性（如特定时刻的不对称性）、关联度和杠杆水平、政治意愿程度，以及潜在采纳者的个人特点，这些因素都决定了互动在多大程度上可以转化为实际的传播扩散过程。

把中国作为"一带一路"倡议的主要灵感来源和主要协调者，放在传播过程的核心位置，这就意味着互动的出现主要是由于中国对其他国家的影响。然而参与"一带一路"合作的其他国家的精英也可以相互影响，并且各自促进传播与扩散的过程。那么同样的，其他国家也可以反过来影响中国，从而激发反向的传播过程。事实上，对于中国来说，借鉴国外的实践和经验教训对于推动中国共产党的改革至关重要。"相互学习"作为中国政府官方文件里经常出现的关键词之一，这也就意味着外部向中国进行传播的可能性。而"一带一路"正是要在这些可能性中发挥作用。然而尽管存在诸多的潜在情况，主要的传播扩散过程的方向还是从中国走向世界其他国家。

五、"一带一路"倡议和规范原则传播

本章以上内容明确了"一带一路"倡议传播过程中的角色和方向，这一部分将重点讨论传播的对象。不管在国内还是国外，传播都可以作为意识形态争论、政策建议、立法和政治结果的副产品出现。如果进行更详细地划分，传播的对象还可以包括：政策、制度体系、意识形态和道义、政治立场和思想、负面教训。

从传播内容来看，可划分为两类：模式传播和规范原则传播。这里的"模式"一词并不是指一种国家发展模式，而是指由某个政府所倡导的、之后又被传播给其他国家的具体政策。2007年威兰德（Weyland）指出，模式传播是一整套政策模型的波浪式扩散的过程，仿效方输入的是简洁、具体、定义明确的蓝图，其结果是对原始模型的很大程度的复制。创新的传播犹如冲击波般快速横扫世界各地。尽管模式传播在现实中发生的可能性相对更小，但它却在各种文献中吸引了大量的关注，且几乎所有的政策传播研究都离不开对某些模型传播的研究。另一方面，规范传播则是随着对新准则的模拟仿效而发生，它以各种具体的形式进行，其产物是可见的改革浪潮，但是其中具体的设计特征和制度特点则各有不同，改变的模式没有那么深刻和统一。这种传播在现实中更为常见，但在研究文献却较少出现。

有必要指出，这样一种区分模式传播和规范传播的方法，超越了所谓"中国模式"的说法。人们在研究中国时，将其作为传播的源头，并且普遍假设被传播的是所谓的"中国模式"，其对象是一套完整的国家发展模式。许多学者都在讨论中国模式的传播可能性，2016年福山（Francis Fukuyama）甚至认为"一带一路"构成了"中国模式输出"的平台。然而一些来自中国的对话者却指出：第一，定义"中国模式"非常困难；第二，即使我们想当然地认同"中国模式"的说法，它也只能是中国特定的历史、文化和社会背景的产物，因而无法复制。由此得出的推断是，他国的政策制定者们应该寻求适合自己国家国情的模式，而不是照搬中国或其他任何国家的模式。

"一带一路"倡议传播的是原则规范和思想基础，而非具体的方法，因而规范传播的研究方法在这里更加适用。它更加契合中国的最初逻辑，即强调不能照搬具体政策和设计蓝图，并鼓励量身定制的解决方案。在"一带一路"这样一种松散的、不对称的组织逻辑中，互动关系的重要性甚至超过法律规则和体系流程。正如威兰德所指出的，在这个意义上，原则规范是一种推理结构，它"为项目和制度设计提供总体指导"以及"为面临多个不同设计选择的决策者提供大方向"，而并非提供"具体行动措施"。而且在现实国际交往中，"规范原则"（比如"主权第一"原则）要比"模式"（比如，"中国外交改革"或者"中华人民共和国对外贸易法"）更容易传播。当然，这里有关两种传播方式的讨论是出于方法论的研究需要，并不意味着可能的类似政策模式完全不能通过"一带一路"进行传播。

描绘完"一带一路"作为规范原则传播媒介的轮廓，我们现在要转向具体问题："一带一路"传播的规范原则属于哪个标准体系？具体是什么规范原则？

1. 什么是规范原则？

不管是在"一带一路"倡议的核心文件里，还是在实现、实施和推广"一带一路"的实践中，"一带一路"所传播的规范原则都有清晰的表述，这些规范原则反映了中国最重要的决策和设计思想。但是一旦作为传播对象，这些原则就带上了一定程度的普遍性，而不再是中国独有的了，它们甚至可以在传播过程中逐渐演化而适应当地的国情、文化和实践。这就比生硬地将这些原则与所谓的"中国模式"或"北京共识"扯上关系，来得更容易理解。一般来说，规范原则存在于一个特殊的层面上，有自己的特殊逻辑和分类，并且具有超越实践的民族性和文化背景。

"一带一路"是中国的新外交政策方向的产物，本章在尝试构建其与特定规范矩阵的过程中，借鉴了"国家新自由主义"（state neoliberalism）的概念。"国家新自由主义"一词解释了市场和国家之间的辩证关系，有助于对"中国特色社会主义"概念的更深度解读。"国家新自由主义"的核心，是矛盾的运动，是发展日程的新自由化与政治精英在国家经济生活中的互补作用，是"市场导向与政府主导之间波动起落的进程"。

　　作为一个特定的规范矩阵，"国家新自由主义"不像"国家资本主义"那样定义模糊，相反，它是一个具体的概念，它不仅包含了生产和分配模式，还将特定的新自由主义的治理方法，或者叫政治技术，涵盖进了法律、政策和官方话语体系中。政府不仅让市场服从国家指导，还在其间起着切实的积极作用。"国家新自由主义"和"市场新自由主义"的主要区别在于，对于后者而言，所谓的"新自由"是资本家用来对抗沉重的税收、法规和再分配的手段，资本家还通过"由国家统治到市场统治的转变"来反抗对资本的国界束缚，因而它是一个西方发达世界意识形态的产物。而在"国家新自由主义"中，掌控经济的是政治精英，他们利用新自由主义议程来确立合法性，并通过经济业绩和将外国参与者变为自己生存中的利益相关者的方式来维护他们的规则。同样，"国家新自由主义"也不同于1989年以后出现在中东欧的后社会主义国家的新自由主义（这些国家的改革轨迹经常被与中国做对比）。这些国家致力于遵循"华盛顿共识"，而中国却在很大程度上拒绝该共识。对于中国，特别是在邓小平南行之后，新自由主义的目的却是要巩固和强化党对国家的领导，并且促进中国与其他国家的链接，让他国从一个稳定的中国中受益。

国家新自由主义实质上是一个国家主义、主权主义的概念。它假设一个强大的国家,将政治稳定性排在首位,并且抵制社会经济改革的外部压力。在政治发展方面,其特点是执政党对国家和监管机构的有效控制。在国家经济和社会政策立法方面,新自由化的进程经常由于言论和实践上的模糊、矛盾和反复而变得十分复杂。而复杂化其实是有其用处的,比如它可以阻止或稀释可能损害政治现状的社会矛盾,它还可以帮助执政党和政府在不削弱自身地位的前提下与全球资本主义的潮流保持一致。在外交政策方面,国家新自由主义的特点是坚持国家主权,并且寻求重新谈判设定国家在国际事务中的责任,这是鉴于不断变化的国家利益,本着国际关系民主化的名义进行的,它奉行经济上的民族主义贸易政策,该政策由于国情不同,可能倾向于自由贸易或保护主义。

在中国外部,国家新自由主义的元素在亚洲新兴经济体中也能看到,特别是在新加坡(曾被中国决策者视为榜样)。它同样也存在于很多亚洲和欧洲的后社会主义国家,比如俄罗斯,以及中东欧和南欧的一些经常被称为"不自由民主"或"混合政体"的国家。这些国家成为传播国家新自由主义规范原则的沃土。国家新自由主义的产生是源于对市场新自由主义的强烈反对,然而这种模式也正在西方扎根,一个明显的例子就是特朗普领导下的新一届美国政府。

2. 规范原则有哪些?

就像"中国模式"不能作为一套完整的发展模式进行传播一样,"国家新自由主义"也不能作为一整套思想体系进行传播。规范原则传播需要依次逐步展开,一些原则先行,之后其他原则跟上。通过"一带一路"倡议，某些构成倡议基础的国家新自由主义的原则走在最前面，它们比其他原则更容易被传播。

第一个规范原则是"国家主权第一"。"一带一路"倡议最基本的规范点就是坚持和平共处五项原则。这是对中国外交政策的整体概括，中国多年来一直重申其与世界各国和平共处的承诺。北京认为，有些国家具有不同的、非自由的民主观，其差异的合法性应当被承认和接受。北京的做法一直在捍卫这种世界秩序。所以"国家主权第一"的规范原则，其核心意味着认可每个国家有权利选择自己的"国家发展道路"和践行自己的国家"决策权力"。这也伴随着对西方所谓的"普世价值"的一种含蓄的、有时是明确的拒绝。并且，"国家主权第一"原则既符合一些对话者所认为的"政治体系多元化"，也迎合了那些宣扬自己本国发展"模式"的国家。这也可以与民族主义者、本土主义者和反殖民主义者的言论并驾齐驱，目的是宣告没有哪个国家在道德上优于其他国家。

第二个规范原则是"不干涉别国内政"。与主权第一原则紧密相关的是不干涉别国内政原则。这包含以下内容：首先，体现在官方层面，即特别重视官方的、政府控制的渠道（及政府定调的言论）的沟通，以及在"一带一路"框架下的"文化合作"和"人心相通"领域的沟通。其次，"不干涉"原则意味着要发展合作，特别是经济和文化交流领域的合作，可以不用顾及各国的国内情况。换言之，决定是否与其合作不需受道德因素的制约，判断一个主权国家是否能成为潜在合作伙伴的唯一标准，是合作本身，而无论其政治制度，无关其道德价值标准。这背后的逻辑有关经济，而非政治。"一带一路"是一个政府主导的经济合作的倡议。在今天全球治理的主流模式中，政府在国内经济和国际经济合作中的角色被大大限制了。政府要在经济中扮演关键角色，要主导平衡市场力量，就必须拥有高度主权，使其在行动中不受其他国家和国际组织的干扰。

第三个规范原则是"法治"。"一带一路"倡议涉及了法律的实施，以及投资者的合法权益，但并未涉及法治或者法律框架。这可能反映了对法律的一个功能理解，即法律是由政府当局掌握的实现治理的手段。从这个意义上讲，法律一词近似于法制，是政权的道德表达。在国际大环境中，法治是一种务实的、逐案进行的方法。在与国际伙伴打交道、规划设计经济合作时，法治的质量还视与不同国家之间关系的质量而定。实际上，文化背景、政治倾向，以及物质利益，在促进伙伴合作关系时都比法律来得重要。如果存在法律障碍，那就修改法律，这对发展"一带一路"合作起着促进作用。"一带一路"倡议的推进需要依靠特殊立法，特别是在那些现有法律框架不适合政府主导经济合作的国家。为了批准通过经济或其他合作，议会或行政机构会以国家利益或其他特殊优先权的名义，使用特殊法律文书。截至目前，中国在世界各地资助的很多项目都遵循这样的运作方式。

第四个规范原则是"方式灵活（或共同目标）"。这个原则紧接着"法治"原则之后，该原则最初出现在对"北京共识"原则的描述上，是指推行务实、灵活、逐步渐进的改革实践，在实践中打破常规，进行大量大胆的试验和临时做法。该原则的目标是实现经济繁荣这一共同愿景，而从不是形成某个具体政治模式。这一原则反映了"国家新自由主义"中的"新自由主义"成分，以及"积极寻求为创业活动创造最佳条件的特殊政治技术"或者特殊心态。这里起作用的原理是"特殊化"或"例外"。即在某个时刻，一个执政精英可以解除对某些经济领域的管制，而规范和管制（或重新规范）其他领域；他可以全面管控多个地区，之后再建立经济特区作为例外空间；他还可以突然撤销自己的政策，或者中断政策连续性。在政策制定和立法过程中唯一保持不变的，是政府的强力主导作用，它可以无视特定时点的改革方向，坚持自己的意志、创建各种特例。这个原则在"一带一路"倡议中被广泛应用，它在很大程度上促进了例外逻辑和追求共同愿景的灵活手段，并且它也推进了经济特区的建立。各种经济特区将"方式灵活"原则和"法治"原则结合起来，为解决和克服因对立的法律框架和文化分歧提供了途径。

第五个规范原则是"增长和稳定压倒一切"。在国家新自由主义政体中，保持"经济绩效"、克服"经济危机"等是建立政治强权、维护统治合法性，以及获取公众赞同的一条重要途径。为了掌控经济发展以迈向经济成功，不管政治竞争是否被允许，一个执政的精英都需要获得政治舞台上的无可争议的主导地位。因而，各种形式的负面言论，不管是在政治领域还是经济领域，都不仅被视为对当权者的威胁，同时也被看作对经济增长前景和整个社会福祉的威胁。所以在中国以及包括后苏联国家的亚洲大部分政体中，政权和统治精英的合法性战略经常要围绕着对政治权利和经济安全的权衡而建立。换言之，由于以经济业绩和政治稳定为首要目标，国家新自由主义的项目倾向于拥护"独裁主义"或者"有条件的民主"。这并不是说国家新自由主义从实质上反对民主思想，但是不同于市场新自由主义的是，它可以为了保证稳定而牺牲民主。

"一带一路"倡议作为一个平台，不重视西方世界定义并奉为指导原则的民主和民主化的问题，甚至以很多间接的方式挑战它。例如，上海合作组织作为一个重要国际合作机制，为"一带一路"倡议提供了协作平台，在其实施中被充分利用，以防范外部（及内部）变更政权的企图，以及对欧亚的非西方的政治秩序进行合法化。有些学者尽管探讨了"一带一路"和所谓的"促进独裁"二者之间的内在联系，但是他们也认为不管"一带一路"倡议所倡导和传播的是什么价值观，其主要特征还是创新。

六、"一带一路"倡议的传播逻辑

"一带一路"不属于由上而下的等级结构，但它也不是水平结构，因为它并没有出现于平等关系或分散网络。其他参与国与中国对比，无论在体量、影响力，还是资源上，都存在着明显的弱势，因此"一带一路"背景下的各方关系并不对称。"一带一路"核心的一个不对称就是在象征性力量方面，或者说是认可的力量，这也提供了塑造话语体系和设定范式的能力。中国利用其资源对许多不对称关系进行了组织制度化，将"一带一路"建立具有结构能力的组织，可以无声地创造一套支配沟通和实践的准则。中国的决策者和专家们是"一带一路"唯一合法的"发言人"，且"一带一路"倡议只能通过他们自己的言论和实践来发展；通过他们来展现中国的象征性力量。"一带一路"的传播反映的是不对称的、多向的、特殊类型的关系，参与者都围绕在中国这个核心周围。

因而"一带一路"传播的驱动力是中国的全球化视野，它是激励他国参与其中，而非强迫他国参加，同时，它也为国际合作提供了体制基础。如上所述，参与平台是自愿的，一个国家可以任何经济理由拒绝中国的提议。传播过程虽不对称，但也并非强迫，因为中国并不向他国强加任何条件。这就是为什么"一带一路"的传播不同于其他合作形式下的传播，比如国际货币基金组织、世界银行，或者作为欧盟成员国或候选国。然而我们在做更深入的探讨之前，需要回答一个问题，即如果不是靠"胡萝卜加大棒"的威权行为，那么"一带一路"的传播靠什么来激励？回答这个问题时，我们必须考虑到这样一个事实，并不是所有参与国都拥有一样的政策倾向、决策动机和对策做法。

2009年，博泽尔和莱斯在传播逻辑方面的研究提出重要见解，他们探讨了传播创新的两个维度："认知维度"和"规范维度"。认知维度指有关世界运转的因果信念和知识；而规范维度则指"原则性信念或规范"，它为某个特定实践的共同体所共有，并以假定的认同为基础。基于此定义，传播对象与传播过程的逻辑互相依存，也与传播过程的参与者及其倾向性互相依存。"认知维度"指政治和政策方面的务实或理性的选择，可能是因为它应对挑战很有效或者在其他方面被证明很成功，也可能是因为某些外部推动（激励或条件）。而"规范维度"是指被提倡和被认为是合法的观念。

与此相类似，2011年海因策（Heinze）提出了双重解释理论，即"理性主义"和"工具主义"。这个视角可以作为理解传播的一种方式，它认为政策制定者是追求效用最大化、以目标为导向的代理人，他们做出一些务实的政策选择，以更好地服务于自己的预定目标。另一种分析传播的方式是通过建构主义的视角，假设社会期望、价值和规则驱动的行为构成了参与者的利益诉求，那么参与者关注的关键变量是环境、合理性，以及意识形态，而较少关注实际结果。

遵循这种方法，有人认为，"一带一路"所传播的国家新自由主义，其规范原则对那些正考虑替代西方的治理方法的政治精英们具有特别吸引力，那些人从根本上就认为市场新自由主义是无效的和不道德的。而西方的治理危机和经济下滑也激励那些转型国家，在西方世界之外寻求机会和灵感。这实质上是"一带一路"传播的规范建构主义的逻辑。但是决策者们最终还是必须回答一个具体的问题：哪种政策方式最为有效？如果目标是增长、稳定和主权，那么答案就可以在中国的实践中找到。这构成了"一带一路"传播的理性主义基础。

这两个传播的维度都假设参与方以理想的方式行事（聪明、见多识广，并且勇于负责，等等），而且他们还拥有足够的资源以支持他们做出明智的决定。规范建构主义的逻辑前提是：参与方都拥有并遵循一套相当可靠的规范性信念；而理性–工具主义的逻辑前提是：对政策的有效性具有充分的、全面的、非常理性务实的推理。

这两种方法的一个共同盲点是决策过程以权力为中心，以利益为驱动，经常容易滋生腐败。但那些寻求创造财富和微观管理市场的政治领袖们会对中国"一带一路"所激励的政策创新特别感兴趣。从某种意义上来说，这是理性–工具主义逻辑下的一个分类，因为在这里衡量政策的有效性并不能给普通公众带来利益，而只是让精英们获利，所以它具有明显的功利主义成分。

这两种方法的另一个盲点是参与者身上那些偶然的、不专业的、个人人性的缺陷因素。威兰德认为，在面对可能引发传播扩散的外部刺激时，精英们通常既不理性，也没有足够的资源，还没有强大的规范信念做支撑。这就是说，精英们在与外部的互动中可能倾向于自我满足（不主动寻找灵感来源，而仅仅是在相关刺激出现时做被动反应），他们有时对所涉问题有着不完善的和不加批判的理解（有时明显是因为资源和知识不足），又或者通过在特定框架下的反复互动实践，他们下意识地认同了具有特殊象征力量的参与者提供给他们的主流言论。其结果是，他们倾向于将复杂的事务简单化，可能从小样本结果中进行片面归纳，随波逐流，随遇而安。这样的解读更接近于政治和社会模拟理论的假设。在发生无意识的，甚至是潜意识的内化时，传播的逻辑近似于"有限理性"以及符号支配的概念。

七、结语

若干矛盾塑造了当代中国的国际角色。在过去的四十年中，中国成为经济巨人，其经济增长被许多人视为奇迹。然而同时，中国必须做出调整以适应新环境（即分析家们口中的"新常态"），因为中国也面临着经济减缓的问题，这使得决策者们更加努力地寻求新的保持持续增长的道路。中国之所以取得成功，在很大程度上是因为它能够从西方主导的市场新自由主义全球秩序中获益，而中国同时又一直在积极致力于更改这一使其受益的秩序。中国一方面支持国际贸易，呼吁建立命运共同体，认为自身命运与世界其他国家的命运相互联系、相互依存；但另一方面又坚持维护国家主权，否定所谓的西方普世价值体系和普世发展蓝图的存在。中国在严格坚持不干涉原则的同时，也在大力推行以身作则的言论，并且称中国特色社会主义道路不仅为解决中国的问题提供了智慧和方案，也有助于其他国家问题的解决。总体说来，尽管中国在过去的几年里一直被认为处于国内困境，但人们认为，在很多国际领域里，中国在其边界之外都发挥着越来越重要的影响力。

矛盾可能导致不同结果——当不同的社会力量相互矛盾时，它们可以放大或者消除影响。对于中国的外交政策来说，以上所提及的以及其他的一些矛盾影响限制了中国国际作用的发挥。然而在今天，这些矛盾却产生了不同的后果，它们不再是约束，而成为实现国家复兴目标而取得关键进展的机会。

实质上，"一带一路"倡议的理念是上述矛盾的直接产物：这一努力既充分利用了中国长达四十年经济增长的成果，又为新一轮改革开放特供了必要的动力。作为一种传播原则的媒介，"一带一路"倡议也是现行的市场新自由主义内外的一个自我矛盾的概念，它探求推动国家主导的合作，但其最终目标却是促进世界市场的发展。"一带一路"尊重国家主权以及发展道路的选择，促进了政策制定的规范、思想和原则，而这些规范、思想和原则有可能影响他人的行为并且改变其轨迹。

在谈及"一带一路"改变全球格局的潜力时，著名学者福山认为，"一带一路"将在下一代促使从印度尼西亚到波兰的整个欧亚发生转变。他进一步指出："中国模式将在中国之外生根开花……从而对全世界产生极大影响。"作为传播"国家新自由主义"规范原则的平台，"一带一路"倡议不仅能为中国及其伙伴国家带来直接的经济和政治利益，同时也在以微妙的、不引人注目的方式重塑世界秩序。中国没有在现有机制和机构内进行国际规范的较量，而是以平行机制和合作机制的形式，与实力较弱的国家建立联系的方式，以此绕过"大国"的政治冲突区，在这其中，"一带一路"的作用至关重要。

尽管这么说，但我们还一定要注意福山所预测的包含着双曲线的元素。即使"国家新自由主义"的原则能够通过"一带一路"迅猛传播，但这也并不意味着有一天西方式的自由民主将彻底被取代或边缘化。规范原则的传播并不一定是场零和游戏，非要以中国取代西方（或被西方排挤出局）而成为新的主导规范大国来收场。而且"一带一路"倡议具有双重甚至有些矛盾的性质：一方面，它的目标与美国和欧盟等主要全球行为体所采取的举措相同，即促进国际化市场（"一带一路"被官方界定为"一个雄心勃勃的沿线国家的开放和合作的经济愿景"）；而另一方面，作为中国领导层的智慧结晶，它所处的环境不仅与众不同，而且其规范基础在许多方面与西方霸权的基础相矛盾。"一带一路"所处的模糊且矛盾的环境正是中国在当今世界上所扮演角色的反映，即对霸权秩序既不支持也不破坏。因而本章提出一个更为温和的表述，即"一带一路"仅仅是"改变正在变更的轨迹"，它促成了一个中国学者称之为治理、政策制定和立法范式"多元化"的过程。但是这确实假定了一个前提条件，即西方愿景在"一带一路"沿线及更远地区的影响力和吸引力有所减弱，以及在治理、政策制定和立法方面出现全球多元化。

重要的是，要通过"一带一路"传播某一思想，中国并不是总要花大力气去宣扬它。中国可能对于将"国家新自由主义"传播到国外没有直接的兴趣，但在一个需要新思想的世界中，中国获得了合法性，并抵消了外部规范的影响。然而归根结底，那些伙伴国家的政治和知识分子精英们，他们的信念、理性、（自身）利益、对国外环境的看法（和误解），以及他们对于"一带一路"倡议合作形式的精深解读，都是传播过程中被忽略的一些驱动力量。

如果中国持续保持当前推进"一带一路"倡议的速度，那么未来几年的全球治理将会是怎样？首先，所谓的"华盛顿共识"肯定会被削弱，国家主导的各种经济模式将会涌现出来，这其中的许多模式是源于"国家新自由主义"的矩阵。受政治意愿和地缘经济规划的推动，经济发展不仅将在"一带一路"涉及的地区，也将在参与者希望达成中国愿景的地方蓬勃进行，将会涌现大量超越法律框架的项目和合作模式，比如各种经济特区，或是特别立法实施项目的形式。最后但同样重要的是，经济发展理想将获得优先地位，它将成为合法性的主要来源和政治动员的主要依据，从而大大压制关于自由民主和治理的争论。

参考文献

1.Adler-Nissen,Rebecca,ed. 2013. *Bourdieu in International Relations: Rethinking Key Concepts in IR.* New York:Routledge.

2.Ahrens,Joachim,Martin Brusis,and Martin Schulze Wessel. 2015. *Politics and Legitimacy in Post-soviet Eurasia.* London:Palgrave Macmillan.

3.Ambrosio,Thomas. 2008. Catching the "Shanghai Spirit":How the Shanghai Cooperation Organization Promotes Authoritarian Norms in Central Asia. *Europe-Asia Studies*, 60(8):1321-1344.

4.———.2010. Constructing a Framework of Authoritarian Diffusion: Concepts,Dynamics,and Future Research. *International Studies Perspectives*, 11(4):375-392.

5.———.2012. The Rise of the "China Model" and "Beijing Consensus": Evidence of Authoritarian Diffusion? *Contemporary Politics*,18(4):381-399.

6.Beeson,Mark,and Fujian Li. 2016. China's Place in Regional and GlobalGovernance:A New World Comes into View. *Global Policy*,7 (4):

491–499.

7.Berzina–Cerenkova,Una–Aleksandra. 2016. *BRI Instead of OBOR– China Edits the English Name of Its Most Ambitious International Project*. Latvian Institute of International Affairs. Available at:http://liia.lv/en/analysis/briinstead–of–obor–china–edits–the–english–name–of–its–most–ambitious–international–project–532

8.Bigo,Didier. 2011. Pierre Bourdieu and International Relations:Power of Practices,Practices of Power:Pierre Bourdieu and International Relations. *International Political Sociology*, 5(3):225–258.

9.Bör.zel,Tanja,and Thomas Risse. 2009. *The Transformative Power of Europe: The European Union and the Diffusion of Ideas*. Working Paper 1, KFG Working Paper Series,Kolleg–Forschergruppe,Freie Universität Berlin. Available at : http : //userpage . fu–berlin . de/kfgeu/kfgwp/wpseries/Working–Pa perKFG_1.pdf

10.Bourdieu,Pierre. 1989. Social Space and Symbolic Power. *Sociological Theory*, 7(1):14–25.

11.———.2000. Pascalian Meditations. Stanford:Stanford University Press.

12.Bradford,Anu,and Eric A. Posner. 2011. Universal Exceptionalism in International Law. *Harvard International Law Journal*,52:1–40.

13.Breger Bush,Sasha. 2016. *Trump and National Neoliberalism*. Dollars & Sense,December 18. Available at:http://www.dollarsandsense.org/archives/2016/1216bregerbush.html

14.Bremmer,Ian. 2013. China's Limited Influence. *The New York*

Times, November 27. Available at: http://www.nytimes.com/2013/11/28/opinion/chinaslimited-influence.html

15. Breslin, Shaun. 2011. The "China Model" and the Global Crisis: From Friedrich List to a Chinese Mode of Governance? *International Affairs*, 87(6): 1323–1343.

16. Bryant, Octavia, and Mark Chou. 2016. China's New Silk Road: Autocracy Promotion in the New Asian Order? *Democratic Theory*, 3 (2): 114–124.

17. Burnay, Matthieu, Kolja Raube, and Jan Wouters. 2015. *China's Foreign Policy and External Relations*. European Parliament. DG for External Policies. Available at http://www.europarl.europa.eu/thinktank/hu/document.html?reference=EXPO_STU(2015)549057

18. Busch, Peter Olof, and Helge Jögens. 2012. Governance by Diffusion: Exploring a New Mechanism of International Policy Coordination. In *Governance, Democracy and Sustainable Development: Moving Beyond the Impasse*, ed. James Meadowcroft, Oluf Langhelle, and Audun Ruud, 221–248. Cheltenham/Northampton: Edward Elgar.

19. Carothers, Thomas. 2015. Democracy Aid at 25: Time to Choose. *Journal of Democracy*, 26(1): 59–73.

20. Castellucci, Ignazio. 2007. Rule of Law with Chinese Characteristics. *Annual Survey of International & Comparative Law*, 13(1). Available at: http://digitalcommons.law.ggu.edu/annlsurvey/vol13/iss1/4/

21. Chen, Xin. 2016. Connectivity in China and Europe: What Lessons Can Be Learned. In *Afterthoughts: Riga 2016 International Forum of China*

andCentral and Eastern European Countries, ed. Maris Andzans, 40–42. Riga: Latvian Institute of International Affairs.

22. Chu, Yin-wah, and Alvin Y. So. 2010. State Neoliberalism: The Chinese Road to Capitalism. In *Chinese Capitalisms,* ed. Yin-wah Chu, 46–72. Basingstoke: Palgrave Macmillan.

23. Clarke, John, Dave Bainton, Noemi Lendvai, and Paul Stubbs, eds. 2015. *Making Policy Move: Towards a Politics of Translation and Assemblage.* Bristol: Policy Press.

24. Collet, Francois. 2009. Does Habitus Matter? A Comparative Review of Bourdieu's Habitus and Simon's Bounded Rationality with Some Implications for Economic Sociology. *Sociological Theory*, 27(4): 419–434.

25. Cooley, Alexander. 2009. *The League of Authoritarian Gentlemen.* Foreign Policy. Available at: http://foreignpolicy.com/2013/01/30/the-league-of-authoritarian-gentlemen/

26. ———. 2015. Countering Democratic Norms. *Journal of Democracy*, 26(3): 49–63.

27. Dezalay, Yves, and Bryant G. Garth. 2002. *The Internationalization of Palace Wars: Lawyers, Economists, and the Contest to Transform Latin American States.* 1st ed. Chicago: University Of Chicago Press.

28. Emirbayer, Mustafa, and Victoria Johnson. 2008. Bourdieu and Organizational Analysis. *Theory and Society*, 37(1): 1–44.

29. Fukuyama, Francis. 2016. *Exporting the Chinese Model.* Project Syndicate. Available at: https://www.project-syndicate.org/commentary/china-onebelt-one-road-strategy-by-francis-fukuyama-2016-01

30.Gilardi,Fabrizio. 2003. *Spurious and Symbolic Diffusion of Independent Regulatory Agencies in Western Europe*. Conference Paper:The Internationalization of Regulatory Reforms. Available at:http://poli.haifa.ac.il/~levi/res/GilardiB.pdf

31.————.2010. Who Learns from What in Policy Diffusion Processes? *American Journal of Political Science*, 54(3):650–666.

32.————.2013. Chapter 18:Transnational Diffusion:Norms,Ideas,and Policies. In *Handbook of International Relations,ed.* Walter Carlsnaes, Thomas Risse,and Beth A. Simmons. London:Sage.

33.————.2016. Four Ways We Can Improve Policy Diffusion Research. *State Politics & Policy Quarterly*,16(1):8–21.

34.Godehardt,Nadine. 2016. *No End of History. A Chinese Alternative Concept of International Order?* SWP Research Paper. Berlin:German Insti tute for International and Security Affairs. Available at:https://www.swp-berlin.org/en/publication/no-end-of-history/

35.Heilmann,Sebastian. 2008. Policy Experimentation in China's Economic Rise. *Studies in Comparative International Development*,43(1):1–26.

36.Heilmann,Sebastian,Rudolf Moritz,Mikko Houtari,and Johannes Buckow. 2014. *China's Shadow Foreign Policy:Parallel Structures Challenge the Established International Order*. China Monitor. Available at:http://www.merics. org/fileadmin/user_upload/downloads/China-Monitor/China_Monitor_No_18_en.pdf

37.Heinze,Torben. 2011. Mechanism-Based Thinking on Policy Diffusion. *A Review of Current Approaches in Political Science*. Working Paper

1,KFG Working Paper Series,Kolleg-Forschergruppe,Freie Universität Berlin. Available at:http://www.polsoz.fu-berlin.de/en/v/transformeurope/pub-lications/ working_paper/wp/wp34/index.html

38.Ignatieff,Michael. 2014. Are the Authoritarians Winning? *The New York Review of Books*,July 10. Available at http://www.nybooks.com/arti-cles/2014/07/10/are-authoritarians-winning/

39.Jakobson,Linda,and Dean Knox. 2010. *New Foreign Policy Actors in China.* Stockholm:SIPRI. Available at http://books.sipri.org/files/PP/SIPRIPP 26.pdf

40.Kavalski,Emilian. 2013. The Struggle for Recognition of Normative Powers:Normative Power Europe and Normative Power China in Context. *Co-operation and Conflict*, 48(2):247-267.

41.———.2014. The Shadows of Normative Power in Asia:Framing the International Agency of China,India,and Japan:Normative Powers in Asia. *Pacific Focus*, 29(3):303-328.

42.Lagerkvist,Johan. 2016. *Deng,Trump and the Rise of Authoritarian-ism.* China Policy Institute:Analysis. Available at:https://cpianalysis.org/ 2016/11/07/deng-trump-and-the-rise-of-authoritarianism/

43.Levitsky,Steven,and Lucan A. Way. 2006. Linkage Versus Leverage. Rethinking the International Dimension of Regime Change. *Comparative Poli-tics*,38(4):379-400.

44.Li,Xin,Kjeld Erik Brøsgaard,and Michael Jacobsen. 2010. Redefin-ing Beijing Consensus:Ten Economic Principles. *China Economic Journal*, 2 (3):297-311.

45.Liu, Weidong, and Michael Dunford. 2016. Inclusive Globalization: Unpacking China's Belt and Road Initiative. *Area Development and Policy*, 1 (3):323–340.

46.Liu, Zuokui. 2015. *China's "One Belt One Road" Strategy: A Successful Story that the Think Tank Has Done*. ThinkIN China Chengdu Lecture.

47.Ma, Junjie. 2015. The New Silk Road and the Power of Ideas. *The Diplomat*, February 10. Available at: http://thediplomat.com/2015/02/the-new-silkroad-and-the-power-of-ideas/

48.Menegazzi, Silvia. 2014. Building Think Tanks with Chinese Characteristics: Current Debates and Changing Trends. *China Brief*, 24(14). Available at: https://jamestown.org/program/building-think-tanks-with-chinese-characteristics-current-debates-and-changing-trends/

49.Micklethwait, John, and Adrian Wooldridge. 2014. *The Fourth Revolution: The Global Race to Reinvent the State*. New York: Penguin Press.

50.Nathan, Andrew J. 2015. China's Challenge. *Journal of Democracy*, 26(1):156–170.

51.National Development and Research Commission. 2015. *Vision and Actions on Jointly Building Silk Road Economic Belt and 21st -Century Maritime Silk Road*. Available at: http://en.ndrc.gov.cn/newsrelease/201503/t20150330_669367.html

52.Ong, Aihwa. 2012. Neoliberal as Political Technology. In *The Wiley-Blackwell Encyclopedia of Globalization*. Wiley. Available at http://onlinelibrary.wiley.com/doi/10.1002/9780470670590.wbeog421/abstract

53.Panda, Ankit. 2016. Reflecting on China's Five Principles, 60 Years Later. *The Diplomat*. Available at http://thediplomat.com/2014/06/reflecting-on-chinas-five-principles-60-years-later/

54.Pantucci, Raffaello. 2016. How New Is the 'Belt and Road'? *China Policy Institute: Analysis*. Available at https://cpianalysis.org/2016/10/07/how-new-is-thebelt-and-road/

55.Peerenboom, R. 2013. Toward a Methodology for Successful Legal Transplants. *The Chinese Journal of Comparative Law*, 1(1):4–20.

56.Pratt, Mary Louise. 1991. Arts of the Contact Zone. *Profession*, 33–40. Available at https://www.google.dk/url?sa=t&rct=j&q=&esrc=s&source=web&cd=1&ved=0ahUKEwid6_aD49TWAhUHExoKHf7hDHUQFgglMAA&url=https%3A%2F%2Fserendip.brynmawr.edu%2Foneworld%2Fsystem%2Ffiles%2FPrattContactZone.pdf&usg=AOvVaw3ANM1R-4U3zW6Nl9RSM26Z

57.Qiu, Zhibo. 2015. From "Game Player" to "Game Maker": News Features of China's Foreign Policy. *China Brief*, 15(14). Available at http://www.jamestown.org/programs/chinabrief/single/?tx_ttnews%5Btt_news%5D=44174&cHash=5953f99bd5b663abf2bf57f8e823b7e3

58.Ramo, Joshua Cooper. 2007. *Brand China*. London: Foreign Policy Centre.

59.Rogers, Everett M. 2003. *Diffusion of Innovations*. New York/London/Toronto/Sydney: Free Press.

60.Shambaugh, David. 2002. China's International Relations Think Tanks: Evolving Structure and Process. *The China Quarterly*, 171:575–596.

61.———.2009. *China's Communist Party: Atrophy and Adaptation*.

Washington, DC/Berkeley: University of California Press.

62.Sim, Soek-Fang. 2006. Hegemonic Authoritarianism and Singapore: Economics, Ideology and the Asian Economic Crisis. *Journal of Contemporary Asia*, 36(2): 143-159.

63.Simmons, Beth A., Frank Dobbin, and Geoffrey Garrett. 2008. *The Global Diffusion of Markets and Democracy*. Cambridge: Cambridge University Press.

64.So, Alvin Y., and Yin-wah Chu. 2012. The Transition from Neoliberalism to State Neoliberalism in China at the Turn of the Twenty-First Century. In *Developmental Politics in Transition, ed.* Chang Kyung-Sup, Ben Fine, and Linda Weiss, 166-187. London: Palgrave Macmillan.

65.———.2015. *The Global Rise of China*. Cambridge/Malden: Polity Press.

66.Starke, Peter. 2013. Qualitative Methods for the Study of Policy Diffusion: Challenges and Available Solutions: Qualitative Methods for the Study of Policy Diffusion. *Policy Studies Journal*, 41(4): 561-582.

67.Stone, Diane. 2001. *Learning Lessons, Policy Transfer and the International Diffusion of Policy Ideas*. CSGR Working Paper No. 69/01. Available at: http://wrap.warwick.ac.uk/2056/1/WRAP_Stone_wp6901.pdf

68.Szelenyi, Ivan. 2015. Varieties of Social Structure During and After Socialism. *Chinese Sociological Review*, 46(2): 3-31.

69.Szelenyi, Ivan, and Tamás Csillag. 2015. Drifting from Liberal Democracy. Neoconservative Ideology of Managed Illiberal Democratic Capitalism in Postcommunist Europe. Intersections. *East European Journal of*

Society and Politics, 1(1). http://intersections.tk.mta.hu/index.php/intersec-
tions/article/view/28.

70.Tarrow,Sydney. 2010. Dynamics of Diffusion:Mechanisms,Institu-
tions,and Scale Shift. In *The diffusion of social movements:Actors,mecha-
nisms,and politicaleffects,ed.* Rebecca Kolins Givan,Kenneth M. Roberts,
and Sarah Anne Soule. Cambridge/New York:Cambridge University Press.

71.Tolstrup,Jakob. 2013. When Can External Actors Influence Democra-
tization? Leverage,Linkages,and Gatekeeper Elites. *Democratization*,20(4):
716–742.

72.————.2014. Gatekeepers and Linkages. *Journal of Democracy*,25
(4):126–138.

73.Vangeli,Anastas. 2017. China's Engagement with the Sixteen Coun-
tries of Central,East and Southeast Europe Under the Belt and Road Initiative.
China & World Economy,25(5):101–124.

74.————.2018a. Global China and Symbolic Power:The Case of 16+1
Cooperation. *Journal of Contemporary China(ahead of print).*

75.————.2018b. Normative Foundations of the Belt and Road Initiative.
In *Normative Readings of the Belt and Road Initiative,ed.* Wenhua Shan,
Kimmo Nuotio,and Kangle Zhang,59–83. Cham:Springer.

76.Vasiliev,Ilyia A.,and Nadezda A. Shmigelskaia. 2016. *The Revival of
the Silk Road:Brief Review of the 4th China–Eurasia Legal Forum.* Vestnik
of Saint Petersburg University. Law(2):94–101.

77.Wang,Yiwei. 2016. *The Belt and Road:What Will China Offer the
World in Its Rise.* 1st ed. Beijing:New World Press.

78.Weyland, Kurt. 2007. *Bounded Rationality and Policy Diffusion: Social Sector Reform in Latin America.* Princeton: Princeton University Press.

79.Williams, Michael. 2013. Culture: Towards an Understanding of Charisma in International Relations. In *Bourdieu in International Relations: Rethinking Key Concepts in IR, ed.* Rebecca Adler–Nissen. New York: Routledge.

80.Womack, Brantly. 2008. *China as a Normative Foreign Policy Actor.* CEPS Working Documents, Brussels: Centre for European Policy Studies. Availableat: http://aei.pitt.edu/11662/1/1607.pdf

81.Wu, Xinbo. 2001. Four Contradictions Constraining China's Foreign Policy Behavior. *Journal of Contemporary China*, 10(27): 293–301.

82.Xie, Tao. 2015. Is China's "Belt and Road" a Strategy? *The Diplomat.* Available at: http://thediplomat.com/2015/12/is–chinas–belt–and–road–a–strategy/

83.Yan, Xuetong. 2014. From Keeping a Low Profile to Striving for Achievement. *The Chinese Journal of International Politics*, 7(2): 153–184.

84.Yang, Jiemian. 2015. China's "New Diplomacy" Under the Xi Jinping Administration. *China Quarterly of International Strategic Studies*, 1 (1): 1–17.

85.Zhang, Jian. 2015. China's New Foreign Policy Under Xi Jinping: Towards 'Peaceful Rise 2.0'? *Global Change, Peace & Security*, 27(1): 5–19.

86.Zhao, Suisheng. 2010. The China Model: Can It Replace the Western Model of Modernization? *Journal of Contemporary China*, 19(65): 419–436.

第四章 "一带一路"倡议与中国的多层次多边主义

一、引言

21世纪的第二个十年似乎见证了世界秩序变化的加速。唐纳德·特朗普成功当选美国总统和民粹主义的兴起，使冷战后的世界秩序变得更加不确定。随着中国的崛起及其成为新主导国家可能性的增加，不同行为体之间的冲突出现在国际社会的许多方面，特别是在制度建设方面。

正如本书第一章中所指出的，"一带一路"倡议代表了资本主义世界体系新一轮的资本和生产变迁，将辩证地扩大国家身份变迁的"空间"，增加或减少"一带一路"相关国家和地区的"向上流动性"。从这个意义上说，自习近平成为中国国家主席以来，"一带一路"倡议一直是中国最重要的外交政策与战略之一。中国为推动这一举措部署了许多政治和经济资源。在新当选的美国总统决定放弃跨太平洋伙伴关系协定（TPP）的背景下，美国领导的地区经济秩序进程目前处于停滞状态。而在这方面，"一带一路"倡议可能获得更多的支持机会和发展空间。然而其最关键的职能之一是建立一套新的机构或秩序，为中国可能成为的新主导国家贡献一套新的想法和规范。这使得"一带一路"倡议成为有关中国外交政策的更有价值的研究课题。中国将如何实现"一带一路"倡议很值得关注。

本章想讨论一下在中国推进"一带一路"倡议的过程中出现的多层次多边主义问题。这是一个十分值得关注的现象，因为它是中国外交政策的新模式。本章将要讨论的相关分析材料，包括中国政府的外交政策和中国政府领导人的言论。本章还将利用一些有关中国贸易和国际关系的数据来促进这一讨论。

二、"一带一路"倡议的背景

中国"一带一路"倡议由两个部分组成，其中"丝绸之路经济带"是习近平在2013年9月访问哈萨克斯坦期间提出的一项新的经济增长倡议。这是一项雄心勃勃的举措，旨在促进该区域经济持续增长。在此倡议中，中国提出了促进中亚国家"本币结算"的主张，以提高它们防范金融风险、抵御全球金融危机的能力。

与"丝绸之路经济带"一样，"21世纪海上丝绸之路"也是习近平2013年10月访问中国东南亚国家提出的一个全新命题。该项目涵盖了一个与"丝绸之路经济带"完全不同的领域：它与东盟国家接触，旨在与东盟在海事问题上提供更深入、更系统的合作，使中国能够管理和开发有争议的海洋领土。

由于中国拥有广泛的战略伙伴关系网和众多的多边国际机构的支持，在"一带一路"倡议方面，中国在经济和政治上都享有较大优势。"丝绸之路经济带"和"21世纪海上丝绸之路"旨在重新安排中国在亚洲的经济利益，努力连接与世界其他国家的联系。正如第一章所指出的，"一带一路"倡议被理解为中国内部资本积累与霸权整合及其必然的对外扩张之间的联系。因此，中国的"一带一路"倡议既有国内背景，也有国际背景。本章将首先讨论国际背景。

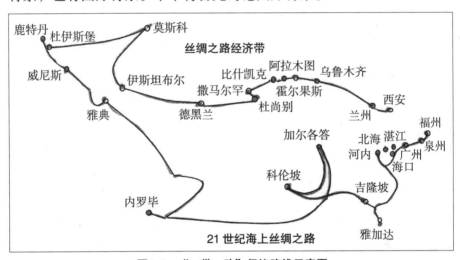

图4-1 "一带一路"倡议路线示意图

图4-1概述了为"一带一路"设计的路线。这可以理解为从中国邻近地区向"泛外围"地区的延伸，从而建立以中国为中心的经济联系。显而易见，与中国的合作伙伴网络相比，这两条航线都经过中国的伙伴关系国家。在以下各节中，将介绍"一带一路"倡议的国际和国内背景。

1. "一带一路"倡议的国际背景

一方面，"一带一路"倡议与中国日益转向关注邻国的对外政策有关。自习近平上台以来，中国已将许多外交资源用于邻国。可以看到，中国为加强邻国在其外交政策中的重要性而采取的一系列举措。从习近平下令与邻国外交官会晤开始，将"中国梦"的理念延伸到亚洲梦中，并提出了共同体的新概念，随后是各种各样的宏大词汇，如命运共同体或责任共同体。

根据这些试图总结亚洲共同归属感的想法，习近平已经开始设计旨在加强中国在亚洲影响力和决策权的新机构。第一个举措是提出加强"东盟–中国自贸协定"的建议；第二个举措是提出建立"亚太自由贸易区"的建议，以便从美国主导的TPP谈判桌中赢得亚洲国家的支持；第三个举措是将大型的经济项目与中国的国家实力建构结合起来；第四个举措是建立亚投行，以应对国际货币基金组织和亚洲开发银行的影响。

另一方面，"一带一路"倡议加强了中国巩固和整合该地区多边国际机构的能力。从中国的角度来看，"一带一路"相关项目在支持上海合作组织发展、加强中国与东盟合作方面发挥着突出作用。本章将详细阐述这两个方面内容：第一，这一举措证明中国在中亚的存在是合理的。由于中亚地区在近代史上曾很长一段时间被苏联和俄罗斯所统治，曾被高度"俄罗斯化"。因此，中国认为有必要在历史和文化层面证明中国一如既往地与这一地区的利益拥有者有着密切的联系。"丝绸之路经济带"的提出，其所涵盖的具体经济项目将会在更大领域冲淡俄罗斯人对中国控制该地区的担忧："一带一路"倡议表达了中国的合作愿景，超越了单纯的竞争。而且，"一带一路"倡议也是一个可以很容易从文化角度来解读的概念，具备有利于培养相互融合和联系的特性。这一概念很容易让人想起中国所积极倡导的友好、和平、互利的世界秩序。这也符合习近平关于"命运共同体"的理念，即呼吁国际社会对世界面临的共同问题进行更深层次的相互理解和关注。

第二，该倡议保证了中国在促进中亚经济一体化方面的主导作用。习近平的"丝绸之路经济带"项目与美国的对外战略在本质上是不同的。它的目标是扩大中国与俄罗斯同中亚之间的合作，但将阿富汗放在一边。另一方面，习近平还邀请欧盟作为一个独立的国际组织参加这一项目的合作。

第三，该项目旨在通过广泛的基础设施建设来推动整体倡议进程，同时，整合上海合作组织已经开展的多边协作举措。该项目本身的目标不是建立新的国际机构，但要加强和落实上海合作组织现有的机构职能。上海合作组织是一个重要的体制工具，因为它是包括俄罗斯和中国在内的中亚地区唯一的多边安排机制，其职能正在从安全合作逐步扩大到经济合作。作为中国发起的第一个多边机构，上海合作组织可为规范中国、俄罗斯和中亚国家之间的多边关系，以及"一带一路"倡议服务。

第四，"一带一路"倡议对于促进区域间合作十分重要。在此基础上，中国将有可能与中亚、东亚和南亚以及欧洲和非洲的伙伴再协调全球一级的合作项目。这将为在双边和多边机制中动员这些伙伴提供机会。

另外，"一带一路"倡议的实施，促进了中国所推崇的规范和原则的新多边机构的形成。"21世纪海上丝绸之路"与"丝绸之路经济带"和旨在为其提供资金的亚洲基础设施投资银行相结合，这是一个旨在建立区域经济秩序的雄心勃勃的项目。作为世界第二大经济体，中国试图通过重塑地区机构及其经济秩序，将经济实力转化为政治优势。

东亚经济秩序的重塑过程，是中国建立经济秩序的机会，有助于补充全球经济秩序特别是世界贸易组织的缺陷和不令人满意的因素。特朗普当选美国新总统后，美国决定退出TPP。美国的退出表明，美国认为双边谈判比多边谈判更有利于保护其利益。美国外交政策的这一变化对世界秩序，特别是亚太秩序产生了诸多影响。一个直接的影响是，它使中国有可能成为这一地区最强大的行为体，能够在这一地区重建多边秩序。

2. "一带一路"倡议的国内背景

除国际背景外，"一带一路"倡议也是对许多国内要求的回应。以下是"一带一路"倡议的国内背景的主要方面：

第一，安排"过剩产能"。中国在电解铝、铁和钢方面拥有过剩的生产能力；同时，中国也有丰富的外汇储备。通过"一带一路"倡议，中国可以建立适当的方式，使其多余的生产能力和外汇储备的消费成为可能，这些资源将有助于中国对中亚基础设施的投资。

第二，人民币国际化。为了支持"一带一路"倡议的发展，中国发起成立了亚投行。亚投行将与金砖国家开发银行合作，共同为中国提供国际合作的资金支持。通过亚投行，中国一方面可以用其所推崇的国际规范来规范区域经济发展，另一方面把人民币推广作为地区国际货币，部分取代美元的功能。我们可以看到中国努力在邻国之间实现人民币国际化，其中上海合作组织的成员国、观察员国和对话伙伴也参与其中。最重要的是，俄罗斯和中国在2014年APEC会议上完成了人民币（元）与卢布的清算协议。表4-1列出了与中国签署双边货币互换协议（SWAP协议）的国家。这张表格显示，上海合作组织及其战略伙伴网络在促进人民币国际化方面发挥了重要作用。

表4-1 与中国签署SWAP协议的国家和地区及国际组织

伙伴国家	第一次协议签署的规模（单位：十亿）	第一次协议的签署日期	更新协议的规模（单位：十亿）	更新协议的签署日期
韩国	180人民币/38000韩元	2008年12月12日	360人民币/64000韩元	2009年4月20日
			360人民币/64000韩元	2011年10月26日
			360人民币/64000韩元	2014年10月11日
中国香港	200人民币/227港币	2009年1月20日	400人民币/490港币	2011年11月22日
			400人民币/505港币	2014年11月22日
马来西亚	80人民币/40林吉特	2009年2月8日	180人民币/90林吉特	2012年2月28日
			180人民币/90马币	2015年4月17日
白俄罗斯	20人民币8000白俄罗斯卢布	2009年3月11日	7人民币/16000白俄罗斯卢布	2015年5月10日
印度尼西亚	100人民币/175000印尼盾	2009年3月23日	100人民币/175000印尼盾	2013年10月1日
阿根廷	70人民币/38阿根廷比索	2010年4月2日	70人民币/90阿根廷比索	2014年7月18日
冰岛	3.5人民币/66冰岛克朗	2010年6月9日	3.5人民币/66冰岛克朗	2013年9月11日
			3.5人民币/66冰岛克朗	2016年12月21日
新加坡	150人民币/30新加坡元	2010年7月23日	300人民币/60新加坡元	2013年3月7日

伙伴国家	第一次协议签署的规模（单位：十亿）	第一次协议的签署日期	更新协议的规模（单位：十亿）	更新协议的签署日期
			300 人民币 / 60 新加坡元	2016 年 3 月 7 日
新西兰	25 人民币 / 5 新西兰元	2011 年 4 月 18 日	25 人民币 / 5 新西兰元	2014 年 4 月 25 日
（乌兹别克斯坦）	0.7 人民币 / 167 乌兹别克斯坦苏姆		无信息	无信息
蒙古	5 人民币 / 10000 蒙古图格里克	2011 年 5 月 6 日	10 人民币 / 2000 蒙古图格里克	2012 年 3 月 20 日
			15 人民币 / 45000 蒙古图格里克	2014 年 8 月 21 日
			15 人民币 / 45000 蒙古图格里克	2017 年 2 月 22 日
（哈萨克斯坦）	7 人民币 / 150 哈萨克斯坦坚戈	2012 年 6 月 13 日	7 人民币 / 200 哈萨克斯坦坚戈	2014 年 12 月 14 日
泰国	70 人民币 / 320 泰国铢	2012 年 12 月 22 日	70 人民币 / 370 泰国铢	2014 年 12 月 22 日
（巴基斯坦）	10 人民币 / 140 巴基斯坦卢比	2012 年 12 月 23 日	10 人民币 / 165 巴基斯坦卢比	2014 年 12 月 23 日
阿联酋	35 人民币 / 20 迪拉姆	2012 年 1 月 17 日	35 人民币 / 20 迪拉姆	2015 年 12 月 14 日
土耳其	10 人民币 / 3 土耳其里拉	2012 年 2 月 21 日	12 人民币 / 5 土耳其里拉	2015 年 9 月 26 日
澳大利亚	200 人民币 / 30 澳元	2012 年 3 月 22 日	200 人民币 / 40 澳元	2015 年 3 月 30 日

伙伴国家	第一次协议签署的规模（单位:十亿）	第一次协议的签署日期	更新协议的规模（单位:十亿）	更新协议的签署日期
乌克兰	15 人民币 / 19 乌克兰格里夫纳	2012 年 6 月 26 日	15 人民币 / 54 乌克兰格里夫纳	2015 年 5 月 15 日
巴西	190 人民币 / 60 巴西雷亚尔	2013 年 3 月 26 日		
英国	200 人民币 / 20 英镑	2013 年 6 月 22 日	350 人民币 / 35 英镑	2015 年 10 月 20 日
匈牙利	10 人民币 / 3750 福林	2013 年 9 月 9 日	10 人民币 / 4160 福林	2016 年 9 月 21 日
阿尔巴尼亚	2 人民币 / 35.8 列克	2013 年 9 月 12 日		
欧洲央行	350 人民币 / 45 欧元	2013 年 10 月 9 日	350 人民币 / 45 欧元	2016 年 9 月 27 日
瑞士	150 人民币 / 21 瑞郎	2014 年 7 月 21 日		
斯里兰卡	10 人民币 / 225 斯里兰卡卢比	2014 年 9 月 16 日		
（俄罗斯）	150 人民币 / 815 卢布	2014 年 10 月 13 日		
卡塔尔	35 人民币 / 20.8 卡塔尔里亚尔	2014 年 11 月 3 日		
加拿大	200 人民币 / 30 加元	2014 年 11 月 8 日		
苏里南	1 人民币 / 0.52 苏里南元	2015 年 3 月 18 日		
亚美尼亚	1 人民币 / 77 亚美尼亚德拉姆	2015 年 3 月 25 日		

伙伴国家	第一次协议签署的规模（单位：十亿）	第一次协议的签署日期	更新协议的规模（单位：十亿）	更新协议的签署日期
南非	30 人民币 / 54 南非兰特	2015 年 4 月 10 日		
智利	22 人民币 / 2200 智利比索	2015 年 5 月 25 日		
（塔吉克斯坦）	3 人民币 / 3 索莫尼	2016 年 9 月 3 日		
格鲁吉亚	无信息	2016 年 9 月 27 日		
摩洛哥	10 人民币 / 15 摩洛哥迪拉姆	2016 年 5 月 11 日		
塞尔维亚	1.5 人民币 / 27 塞尔维亚第纳尔	2016 年 6 月 17 日		
埃及	18 人民币 / 47 埃及镑	2016 年 12 月 6 日		

表4-1列出了到2016年与中国签署SWAP协议的37个国家和地区及国际组织。其中，有30个国家与中国签署了战略伙伴关系协定。其他一些国家和地区及国际组织，如亚美尼亚，目前与中国分享"伙伴关系协定"，今后可能会升级为战略伙伴关系协定。如表所示，许多上海合作组织成员国还与中国签署了双边货币互换协议。这表明，中国的双边和多边网络正在为中国的国内优先事项服务。

第三，保障中国能源供应。由于中国需要进口60%的石油，其能源安全被认为非常脆弱。由于中国严重依赖海湾地区国家提供石油，大部分进口石油通过霍尔木兹海峡和马六甲海峡运往中国，许多中国学者认为，这些通道不稳定、不安全，尤其在受到美国因素和海盗、恐怖分子等新出现的安全问题的影响之下，其安全性更让人堪忧。同时，中国认为，为了保障国家的能源安全，一条新的石油运输管道是远远不够的，可以借鉴美国等传统海洋大国的经验，加强中国的海上力量建设将是长期战略。正如习近平所提议的，中华民族作为海上大国的伟大复兴与中华民族的全面复兴密切相关，这是中华民族向全球大国转变的关键。同时，中国与外国的主要战略冲突都涉及海洋问题，例如，中日、中菲、中越都存在海洋领土争端。同时，美国的"重返亚洲"战略也让中国几乎没有选择的余地，只能尽快发展其海上力量；另外悬而未决的台湾问题也是与中国海上强国有关的关键问题。这就迫使中国积极寻求与海上通道相关的国家开展合作，尤其是与被称为"第二波斯湾"——南海相关国家的合作。

3. 多层次多边主义：双边伙伴关系与多边倡议的结合

从以前的介绍和分析中，可以明显看出，"一带一路"倡议是一个雄心勃勃的项目，其实现需要大量的政治和财政资源。本章的核心问题是探讨中国需要使用哪些工具来使这个项目发挥作用？本文认为，多层次的多边主义正在形成。所谓的多层次多边主义，是指中国的双边国家关系（特别是伙伴关系网络）和多边国家关系的结合。

（1）中国的伙伴关系网络

正如《经济学人》杂志所指出的，2014年以来中国一直在努力建立一个新的秩序，这个秩序从亚洲开始。那么中国是通过什么手段构建这个新秩序的呢？自习近平执政以来，中国的战略伙伴关系的数量激增，而且新的伙伴大多是中国的邻国。

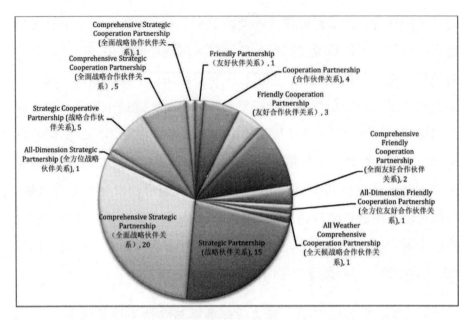

(Illustrated by the Author)

图4-2 中国各种伙伴关系的比例图

图4-2显示了每种类型的中国合作伙伴的百分比。这些伙伴关系类型由中国政府确定，同时中国政府强调，不同的合作伙伴关系中不存在排名。然而某些类型的伙伴关系肯定比其他类型的伙伴关系更重要些。该图显示，其中大多数是全面战略伙伴关系和战略伙伴关系。拥有战略伙伴关系名称的国家往往是最杰出的伙伴，这59个国家几乎包括"一带一路"倡议中的所有国家。

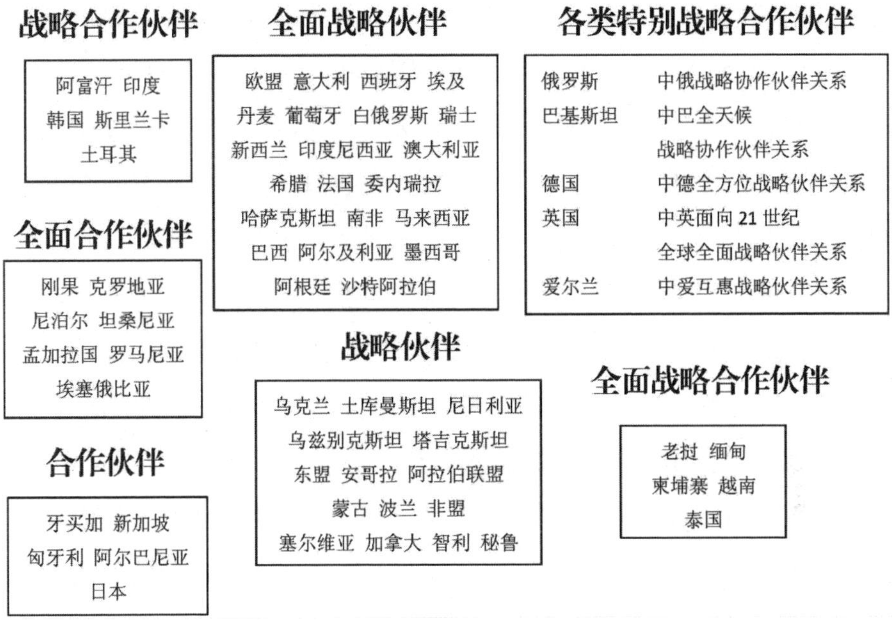

战略合作伙伴

> 阿富汗 印度
> 韩国 斯里兰卡
> 土耳其

全面战略伙伴

> 欧盟 意大利 西班牙 埃及
> 丹麦 葡萄牙 白俄罗斯 瑞士
> 新西兰 印度尼西亚 澳大利亚
> 希腊 法国 委内瑞拉
> 哈萨克斯坦 南非 马来西亚
> 巴西 阿尔及利亚 墨西哥
> 阿根廷 沙特阿拉伯

各类特别战略合作伙伴

> 俄罗斯　　中俄战略协作伙伴关系
> 巴基斯坦　中巴全天候
> 　　　　　战略协作伙伴关系
> 德国　　　中德全方位战略伙伴关系
> 英国　　　中英面向 21 世纪
> 　　　　　全球全面战略伙伴关系
> 爱尔兰　　中爱互惠战略伙伴关系

全面合作伙伴

> 刚果 克罗地亚
> 尼泊尔 坦桑尼亚
> 孟加拉国 罗马尼亚
> 埃塞俄比亚

战略伙伴

> 乌克兰 土库曼斯坦 尼日利亚
> 乌兹别克斯坦 塔吉克斯坦
> 东盟 安哥拉 阿拉伯联盟
> 蒙古 波兰 非盟
> 塞尔维亚 加拿大 智利 秘鲁

全面战略合作伙伴

> 老挝 缅甸
> 柬埔寨 越南
> 泰国

合作伙伴

> 牙买加 新加坡
> 匈牙利 阿尔巴尼亚
> 日本

图4-3　中国不同类型伙伴关系的国家、地区及国际组织（截至2016年5月）

图4-3显示了每种类别的国家。这些加强的双边关系已与该区域现有的多边机制结合起来，预计将支持更多的项目。中国在这一网络的基础上建立了庞大的战略伙伴关系网络和多边机制（其中最重要的网络是上海合作组织和东盟与中日韩10+3机制），这使得中国在经济和政治方面都享有独特的优势。经济外交对中国实现"大国"目标越来越重要，在实施经济外交时，中国会选择在战略伙伴关系的基础上，以多边机制的方式启动大型经济合作项目。"丝绸之路经济带"和"21世纪海上丝绸之路"就是这方面的典型例子。

（2）　多边关系机制

自1978年改革开放以来，中国逐渐倾向于多边主义外交，尤其自2002年以来，"多边主义作为平台"被正式纳入了中国外交战略，多边主义进程进一步加速。这一现象与中国关注制度建设作为新时期的关键竞争因素有关。正如约翰·鲁格（John Ruggie）早在1993年所指出的，国际社会之所以对多边机制"有需求"，是因为它们在经济和安全事务中有"强大的适应性"。当前国际体制秩序的一个核心特征是其多边形式的机制似乎更受欢迎，具有提高国际合作耐用性和适应性的特点。多边主义已日益被接受为世界政治的重要工作方式，因为各国逐渐认识到，当国际问题同时对几个国家构成挑战时，就要求开展多边合作来应对这些问题。此外，许多问题也与人类活动的不同方面有关，这也需要多边合作提供全面的解决办法。

基欧汉（Keohane）将"多边主义"定义为"由一组具有包容性的独立国家采取的制度化集体行动"和"限制活动、塑造期望和规定作用的持续规则"。而鲁格（Ruggie）则将"多边主义"定义为"在普遍行为原则的基础上协调三个或三个以上国家之间关系的一种体制形式"。多边主义的发展经历了三个不同的阶段：19世纪的多边主义是在大国均衡协调的多极化背景下形成的；20世纪的多边主义是在第二次世界大战后美国霸权主导下，在政治和经济层面建立了制度化的多边体系形成的；冷战结束后进入多边主义的第三个阶段，即21世纪多极世界内多边合作的异质和不确定发展状态。许多学者认为，霸权是形成多边合作的决定性因素，因为霸权国家负有提供公共产品的责任。然而在《霸权之后》一书中，基欧汉预言，在没有霸权大国协调的情况下，多边合作依然是可能的。他指出，"国际合作机制有助于实现各国政治的共同利益，利益互补使得某些形式的国际合作具有潜在收益"。随着新的区域主义崛起的新兴多边合作机制证实了基欧汉的说法。

本章认为，当今多边主义正在发展成为具有以下特点的多元多边主义。首先，事实证明，权力下移的多极化与多边合作是兼容的，其条件是权力平衡和安全联盟不再是优先事项。多边合作不需要霸权国家，但需要主导国家作为集体推动力；其次，具体互惠向分散互惠转变，在这种情况下，任何交流都是以问题为导向进行的，通过加强互信，在更大的时间范围内获得收益是有可能的。

同时，另一个重要现象是区域主义的兴起。这主要是由于中国对外关系的重心转移到了邻国。区域主义的发展，特别是与多边主义相结合的发展，是一个需要讨论的重要问题。冷战后新一轮的区域主义已成为国际关系研究的重要现象。新区域主义是以多边主义的形式发展起来的，其目的是反对单边主义，限制老式的权力平衡逻辑，防止地区冲突和碎片化。多边合作的区域和全球层面之间的平衡是发展多边主义的一个重要动力。

因此，随着后霸权时代和多元多边主义的发展，加上区域主义，为中国利用多边主义工具发展对外关系提供了空间。中国的崛起和中国对多边主义的参与正在齐头并进。这意味着中国选择多边主义作为融入国际事务的途径。随着冷战后中国越来越多地参与重塑世界秩序，制度的重要性越来越受到中国学者的关注。中国早就意识到，其真正的挑战和机遇在于它可以在美国霸权之后影响新制度的形成。中国已经认识到，要建立一套新的国际机构，就需要各国政府在这一新的框架内重新界定自己的国家利益。因此，如何为中国界定新的世界秩序提供思想支撑和合法化因素，成为一个重要问题。有中国学者认为，国际机构的根本价值仍然在于其民族性，尤其是当它们代表着人类对共同利益和共同正义的追求，并为实现这些价值观提供了一个平台时。从这个角度来看，中国从一开始就以强烈的规范取向参与国际机制建设，努力与其他国家一起就一套新的价值观达成共识。换一句话说，中国正在建设一个新的国际机制，以传达其规范和价值观，中国可以通过这个机制与其他愿意加入的国家达成共识，接受中国提出的规范和价值观。

4. 多层次多边主义的动力

中国的多层次多边主义是由中国参与的双边的伙伴关系网络和多边机制构成的多边关系的结合。"双边"和"多边"各方没有分歧，而是分享了积极的互动。如上所述，界定中国双边关系的"伙伴关系"不是联盟。相反，它是在某些国际问题上的一种趋同，表明了合作的意愿。本文将根据通过多层次多边主义解决的不同议题来阐述这一机制的活力。

第一个议题是中国货币的国际化。如上所述，几乎所有与中国签署货币互换协定的国家都是与中国建立了伙伴关系的国家，上海合作组织几乎所有成员国也与中国签署了同样的协议。

第二个议题是中国的能源安全。上海合作组织就是一个很好的例子，在一个许多成员都是中国战略伙伴的多边机制内，中国更容易协调所需能源的开发。同时，上海合作组织也通过促进中国西部地区的经济发展，支持中国的战略。东盟10+3不仅对人民币国际化具有重要意义（尽管与日本的谈判可能很艰难）；通过建立自由贸易协定，也成为中国新经济规则发展的重要领域，尤其是对中国的海洋电力资源发展具有重要意义。

特别是在亚投行的设计中，"一带一路"倡议是迄今为止在一个大战略中协调所有这些问题的最佳尝试。"一带一路"倡议将东盟10+3和上海合作组织纳入其中，而不是取代它们。它试图通过金融合作、自然资源开发和基础设施建设相结合，建立新的协作工具。中国向这两个项目所包括的国家提供财政支持，以便为参与基础设施建设的中国公司提供资金。基础设施项目一旦完成，将主要服务于中国产品向这些国家的运输，以及从这些国家向中国输送自然资源的服务。

基础设施建设的出口为国内企业提供了新的合同，进口的能源资源将满足中国对能源的渴望。货币流通为人民币国际化提供了更多的机会。中国战略伙伴港口的发展降低了中国的"马六甲困境"，同时促进了中国对海运的控制，增强了中国的海上力量。

因此，战略伙伴关系网络和多边主义区域机构在"一带一路"倡议的范围内实现了成功的联系和协调，图4-4对此作了解释。

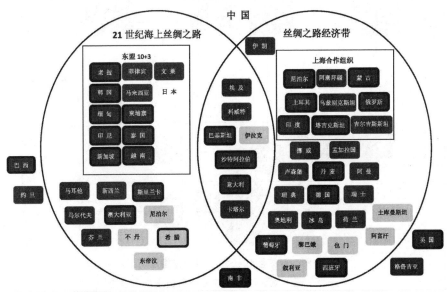

图4-4 参与"一带一路"倡议与亚投行的主要国家示意图

——深色底色的国家是"亚投行"的创始成员

——黑线外框的国家与中国有着伙伴关系

——处于方框区域的是参加东盟10+3和上海合作组织的国家

——浅色底色的国家参与"一带一路"，但不是"亚投行"的创始成员

图4-4清楚地表明，与中国建立了伙伴关系的国家是与中国合作实施新的宏伟战略的最重要国家。同时，东盟10+3和上海合作组织几乎所有成员国都已经与中国建立了伙伴关系。合作伙伴也占亚投行创始成员的大多数。

"一带一路"倡议显然是为了扩大东盟10+3和上海合作组织的多方合作和经济发展领域。因此，通过它们，西亚、中东和欧洲联系在了一起。中国正在通过不同层次的关系相结合，建立"根植于有组织地区联系的横向制度化结构"，即双边伙伴关系网络作为第一层；区域多边机制为第二层；第三层为更扩大的经济发展合作项目。

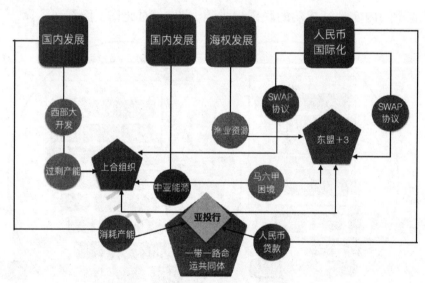

图4-5 东盟10+3和上海合作组织与
"一带一路"倡议融合构成多层多边主义示意图

图4-5显示，亚投行是"一带一路"倡议的经济部分。它为"丝绸之路经济带"地区的基础设施建设提供资金，该地区由上海合作组织国家组成，但最终可能到达欧洲和西亚。"21世纪海上丝绸之路"，其

中心是东盟10+3国家，但可能延伸到非洲。中国为实现四个主要议题确定的目标而采取的战略与上海合作组织和东盟10+3有关。图中每个十字路口的小圈子都具体说明了这些主要问题是如何与中国参与的两个多边机制联系起来的。随着亚投行的成立，它为相应地区基础设施建设提供资金。"一带一路"倡议支持开展的四个主要议题（国内经济发展、能源安全、发展海权、人民币国际化），与亚投行项目、上海合作组织和东盟10+3，形成一个完整的互动圈。亚投行提供资金支持基础设施项目，它使得中国的过剩产能通过这些项目被消耗。同时，基础设施开发项目的推进将推进人民币国际化进程，这一发展将提升人民币在世界资本市场的重要性，特别是通过使人民币成为区域货币，加快促进人民币国际化。另外，通过"亚投行"实现的基础设施建设将加强中国在"一带一路"倡议相关领域的影响力。港口、铁路、油泵等重要基础设施项目的建设和管理，也将增强中国在能源和海洋资源开发方面的影响力，为中国保障海权提供支持。

虽然经济发展非常重要，但这并不是"一带一路"倡议的唯一要素。"命运共同体"的概念试图提供对国际关系的另一种理解。在经济秩序不同于西方格局的情况下，这一另类概念为中国多层次的多边主义提供了不同的世界观和不同的价值认可。

中国国家主席习近平2016年1月19日至23日对沙特阿拉伯、埃及和伊朗的访问非常生动地说明了中国是如何采取"一带一路"倡议来促进其多层次多边主义的外交。习近平选择了一个非常关键的时刻访问中东三个非常重要的国家。此时沙特阿拉伯和伊朗的双边关系急剧恶化，恐怖主义继续威胁着区域安全和政治稳定，而随着联合国和美国于2016年1月16日解除对伊朗的制裁，伊朗的经济孤立刚刚结束。访问期间，习近平签署了52项协议：14项与沙特阿拉伯、21项与埃及、17项与伊朗，这三个国家分别与中国签署了参加"一带一路"倡议的备忘录，合作协议涵盖贸易、能源、通信、航空和气候变化。

将习近平的访问与中国的能源资源联系起来并没有错，因为中东是中国重要的石油供应区（见图4-6）。

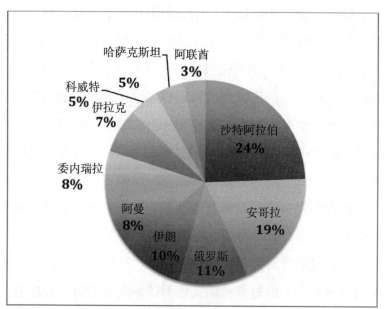

图4-6　2016年中国最重要的石油进口国示意图
资料来源：中国海关统计

然而如果认为中国与中东保持良好关系的唯一动机是对石油的需求，那就低估了中国外交政策的丰富性。中国在这一地区推进多层次多边主义外交的指导思想是建立"命运共同体"，"一带一路"倡议是实现这一目标的主要途径。在"一带一路"倡议下，中国将能源供应和不同领域的合作结合起来，正在努力在这一领域发展新的共同利益。中国向中东伙伴提供投资和技术，预计将通过分散的互惠方式从它们那里获得能源供应和政治支持。另一个明确的信号是，中国在习近平主席访问中东前五天发表了第一份对阿政策文件。这清楚地表明，中国期待着在"一带一路"倡议的基础上建立新的合作模式，如果该模式能成功运行，将大大增强中国在该地区的存在。

中国对中东的态度与政策是诠释多层次多边主义的一个很好的例子：按照双向互惠的原则，在伙伴关系网络的基础上，采用多层次反应的结构，并通过培育共同利益来加强该机制的有效性。同时，多层次的多边主义也是弘扬中国意识形态、建立自身政治价值体系的重要途径。

三、结语

本书前面章节讨论了基于考克斯的霸权历史结构（思想、物质能力和制度的相互关系）来分析"一带一路"倡议的理论框架。本章重点分析了这一结构体制方面的内容，并发现正在形成的多层次的多边主义结构。这种双边和多边关系的结合将成为使"一带一路"倡议制度化的重要工具。

"一带一路"倡议是中国这种多层次多边主义的最明显例子。它正在发展成为最精致的机构设计，这将使双边和多边之间能够进行积极的互动。中国的"一带一路"倡议将邻国连接起来，扩大经济合作，以扩大中国的"大外围"，并在中国对外提供基础设施建设与协调融资的基础上，通过培育"共同利益"来巩固区域化成果。这是一种能够持续扩张和增长的合作模式（因为伙伴关系国家数量可以继续增长，"亚投行"模式完全可以复制），它代表了中国通过经济溢出而不是输出价值或力量来构建多边主义的效果。我们可以期待，随着中国成为地区主导国，一套新的国际机制将得到巩固，新的价值观和规范将得到巩固，国际公共产品将以不同的方式提供。

参考文献

1.Al Jazeera. 2016a. *Iran Rejoins World Economy with Sanctions Relief.* Al Jazeera. Available at：http：//www.aljazeera.com/news/2016/01/iran–rejoins–worldeconomy–sanctions–lifted–160117132734049.html

2.———2016b. *Saudi Arabia Cuts Diplomatic Ties with Iran.* Al Jazeera. Available at：http：//www.aljazeera.com/news/2016/01/saudi–arabia–severs dip-lomatic–relations–iran–160103202137679.html

3.Chen，Qingtai. 2003. *Guo Jia Neng Yuan Zhan Lue de Ji Ben Gou Xiang* [A Vision Concerning National Energy Strategy]. Ren Min Wang [People's Daily]. Available at：http：//www.people.com.cn/GB/jingji/1045/2191153.html

4.Chen，Lin. 2010. Lun Zhong Guo Bian Jiang Hai Quan Wen Ti de Zhi Li [The Settlement of Disputes in China's Frontier Sea Power]. *Xue Shu Tan Suo* [Academic Exploration]1：17–23.

5.Fitch，Asa，Ahmed Al Omran，and Karen Leigh. 2016. Saudi Arabia Cuts Its Diplomatic Tie. *The Wall Street Journal.* Available at：https：//www.wsj.com/articles/irans–supreme–leader–vows–divine–revenge–for–saudi–execu-tion–ofshiite–cleric–1451817615

6.Garcia–Herrero，Alicia，and Le Xia. 2013. *China's RMB Bilateral SWAPAgreements：What Explains the Choice of Countries?* BOFOT Discussion Papers. Bank of Finland, BOFIT, Institute for Economies in Transition, Helsinki.

7.Hettne, Bjön, and Frederik Ponjaert. 2014. Interregionalism and World Order M The Diverging EU and US Models. In *European Union and New Regionalism: Competing Regionalism and Global Governance in a Post-Hegemonic Era*, ed.Mario Telò, 115–141. Surrey: Ashgate.

8.Huang, Cary. 2015. *China Seeks Role for Yuan in AIIB to Extend Currency's Global Reach*. South China Morning Post. Available at: http://www.scmp.com/news/china/economy/article/1766627/china-seeks-role-yuan-aibextend-currencys-global-reach

9.Jiang, Yingmei. 2016. *Zuo Hao "Yi Dai Yi Lu" Jiao Hui Dian Da Wen Zhang* [Maximize the Cross Point of"One Road and One Belt"]. Xinhua News Agency. Available: http://news.xinhuanet.com/world/2016-01/25/c_12866415 0.htm

10.Kennedy, Kevin C. 2001. Why Multilateralism Matters in Resolving Trade-Environment Disputes. *Widener Law Symposium Journal*, 7(31):31–70.

11.Keohane, Robert O. 2005. *After Hegemony: Cooperation and Discord in the World Political Economy*. Princeton: Princeton University Press.

12.Li, Zhongyuan. 2004. Ma Han de Hai Quan Li Lun Shu Ping [A Review of Mahan and His Theories of Sea Power]. *Hai Jun Gong Cheng Da Xue Xue bao [Journal of Naval University of Engineering]*, 1(1):43–46.

13.Li, Yihu. 2006. Hai Quan Lun Yu Hai Lu Guan Xi [Sea Power Theory and the Land-Sea Relations]. *Tai Ping Yang Xue Bao [Pacific Journal]*, 3: 16–24.

14.Li, Hailong. 2014. Guo Ji Zhi Du Zhong de Ren Tong Yin Su [The I-dentification Factor in International Institutions]. *Nan Du Xue Tan (Ren Wen She Hui Ke Xue Xue Bao)[Academic Forum of Nandu(Journal of the Humanities and Social Sciences)]*, 34(3):89–92.

15.Li, Jiacheng, and Puqian Li. 2013. Ma Han "Hai Quan Lun" Ji Qi Dui Zhong Guo Hai Quan Fa Zhan Zhan Lue de Qi Shi[Mahan's 'Sea Power Theory'and Its Enlightenments on the Development of the China's Sea Power Strategy]. *Tai Ping Yang Xue Bao[Pacific Journal]*, 21(10):87–95.

16.Liu, Xiangfeng. 2015. *Ya Tou Hang Jia Su Ren Min Bi Guo Ji Hua [AIIB Accelerates the Internationalization of Yuan]*. Takung Pao. Available at:http://finance.takungpao.com/mjzl/mjhz/2015–09/3165477.html

17.Liu, Ying, and Haifeng Wang. 2014. Jian She Si Chou Zhi Lu Jing Ji Dai:Jing Ji You Shi Yu Zheng Zhi Kun Jing[The Construction of Silk Road Economic Belt:Economic Advantages and Political Dilemma]. In *Ou Ya Shi Dai:Si Chou Zhi Lu Jing Ji Dai Yan Jiu Lan Pi Shu 2014–2015 [The Eurasian Era:The Blue Book of Silk Road Economic Belt Research 2014–2015]*, ed. Chongyang Institute of Finance. Beijing:Zhong Guo Jing Ji Chu Ban She.

18.Mahan, Alfred Thayer. 1890. *The Influence of Sea Power Upon History, 1660–1783*. New York:Little, Brown and Company.

19.Men, Honghua. 2005. Ba Quan Zhi Yi:Guo Ji Zhi Du de Zhan Lue Jia Zhi[The Wings of Hegemony:The Strategic Value of International Institutions]. *Kai Fang Dao Bao[China Opening Journal]*, 5(122):47–52.

20.Powell, Lindsey. 2003. In Defense of Multilateralism. In *Global Envi ronmental Governance:The Post–Johannesburg Agenda*. New Haven:Yale

Center for Environmental Law and Policy.

21.Qin, Yaqing. 1999. Ba *Quan Ti Xi Yu Guo Ji Chong Tu: Mei Guo Zai Guo Ji Wu Zhuang Chong Tu Zhong de Zhi Chi Xing Wei（1945–1988）[Hege monic System and International Conflict: The US' Supporting Behaviors in International Armed Conflicts（1945–1988）]*. Shanghai: Shanghai Renmin Chubanshe.

22.R uggie, John Gerard. 1983. *Multilateralism Matters*. New York: Columbia University Press.

23.Ruggie, John. 1993. Multilateralism: The Anatomy of an Institution. In *Multilateralism Matters: The Theory and Practice of an Institutional Form*, ed. John Ruggie. New York: Columbia University Press.

24.Sina News. 2016. *Xi Jinping Fang Zhong Dong San Guo Qian 52 Xiang He Zuo Wen Jian[Xi Jinping Visits 3 Countries of Middle East and Signs 52 Cooperation Documents]*. Sina News. Available at http://news.sina.com. cn/c/nd/2016–01–25/doc–ifxnuvxc1887269.shtml

25.Telò, Mario. 2014. The Three Historical Epochs of Multilateralism. In *Globalisation, Multilateralism, Europe: Towards a Better Global Governance? ed.* Mario Telò, 33–74. Surrey: Ashgate.

26.The Economist. 2014. *Pax Sinica*. The Economist. Available at: https://www. economist.com/news/asia/21618866–china–trying–build–new– world–orderstarting–asia–pax–sinica

27.———2016. *Well–Wishing: Xi Jinping's Tour of the Middle East Shows China's Growing Stake There*. The Economist. Available at: https://www.economist. com/news/21688786–chinese –president –makes –his –first –

visit-region-xijinpings-tour-middle-east

28.The Ministry of Foreign Affairs of PRC. 2016. *Zhong Guo Dui A La Bo Guo Jia Zheng Ce Wen Jian [China's Arab Policy Paper]*. The Ministry of Foreign Affairs of PRC. Available at:http://news.xinhuanet.com/english/china/2016-01/13/c_135006619.htm

29.Wang,Xueyu. 2002. Lun Di Qu Zhu Yi Ji Qi Dui Guo Ji Guan Xi de Ying Xiang[On Regionalism and Its Influences on International Relations]. *Xiandai Guoji Guanxi[Contemporary International Relations]*,8:29-35.

30.Wang,Hai. 2006. Gou Jian Bi Kai Huo Er Mu Zi Hai Xia de Guo Ji Tong Dao:Zhong Guo Yu Hai Wan You Qi An Quan Lian Jie Zhan Lue [Establish an International Pathway Bypasses Strait of Hormuz:China's Connection Strategy with Gulf Oil Countries]. *Shijie Jingji yu Zhengzhi [World Economy and Politics]*,1:48-54.

31.Wang,Jian. 2014. *Shanghai He Zuo Zu Zhi Fa Zhan Jin Cheng Yan Jiu:Di Qu Gong Gong Chan Pin de Shi Jiao [Research on the Development of Shanghai Cooperation Organization:A Perspective of Regional Public Goods]*. Shanghai:Shanghai Renmin Chubanshe.

32.Wen,Yang. 2014. *Zhong Guo Ban 'Xin Si Lu' de Li Shi Han Yi[The Historical Implication of China's 'New Silk Road' Project]*. Guan Cha Zhe Wang[The Observer]. Available at:http://www.guancha.cn/WenYang/2014_03_02_209999.shtml

33.Wroughton,Lesley,and Yeganeh Torbati. 2016. *Nuclear Sanctions Lifted as Iran,U.S. Agree on Prisoner SWAP*. Reuters. Available at:https://www.reuters.com/article/us-iran-nuclear-zarif/nuclear-sanctions-lifted-asiran-u-s-agreeon-prisoner-swap-idUSKCN0UU0C7

34.Wu,Lei. 2003. *Zhong Guo Shi You An Quan* [*China's Oil Security*]. Beijing:Zhong Guo She Hui Ke Xue Chu Ban She.

35.Wu,Shicun,and Huayou Zhu. 2009. *Ju Jiao Nan Hai:Di Yuan Zheng Zhi,Zi Yuan,Hang Dao* [*Focus on Southern China See:Geopolitics, Resources and Sea-Route*]. Beijing:Zhong Guo Jing Ji Chu Ban She.

36.Xue,Li. 2010. Ma Liu Jia Kun Jing Nei Han Bian Xi Yu Zhong Guo de Ying Dui [The Dilemma of Malacca and China's Responses]. *Shi-jie Jingji yu Zhengzhi* [*World Economy and Politics*],10:117-140.

37.Yang,Yi. 2007. Guo Ji Zhi Du Yu He Xie Shi Jie de Gou Jian[International Institutions and the Construction of a Harmonious World]. *Chuang Xin* [*Innovation*],5:62-66.

38.Yu,Xintian. 2013. Meiguo Dui Hua Zhidu Yueshu Yu Zhongguo Waijiao Zhidu Chuangxin(The USA's Institutional Containment to China and China's Foreign Affairs Innovation in Institutions). In *Goujian Zhongguo Guoji Guanxi Lilun Tixi(Construction of Chinese International Relationship Theory System),ed.* Jiemian Yang. Shanghai:Shanghai Renmin Chubanshe.

39.Zhang,Jia. 2000. Ping Ma Han de Hai Quan Shuo [Review on Ma-han's Sea Power Theory]. *Guo Ji Guan Xi Xue Yuan Xue Bao* [*Journal of University of International Relations*],4:15-19.

40.Zhang,Jie. 2005. Zhong Guo Neng Yuan An Quan Zhong de Ma Liu Jia Yin Su[Strait of Malacca in China's Energy Security]. *Guo Ji Zheng Zhi Yan Jiu[International Politics Quarterly*],3:18-27.

41.Zhang,Xiaotong. 2014. Tan Suo Zhong Guo Te Se de Da Guo Jing

Ji Wai Jiao[Explore a Major Power's Economic Diplomacy with Chinese Characteristics].*Ou Zhou Yan Jiu[European Studies]*,4:76–87.

42.Zhang,Bin,Huang Bo,and Ping Fan. 2015. 'Yi Dai Yi Lu' Bei Jing Xia Wo Guo Hai Lu Lian Yun Jian She Yu Fa Zhan [The Study of Multi-Modal Transportation in the Light of 'One Belt and One Road']. *Zhong Guo Liu Tong Jing Ji[China Business and Market]*,6:96–102.

43.Zhou,Yunheng,and Jiahao Yu. 2014. Hai Shang Neng Yuan Tong Dao An Quan Yu Zhong Guo Hai Quan Fa Zhan [Security of Maritime Energy Channels and the Development of China's Sea Power]. *Tai Ping Yang Xue Bao[Pacific Journal]*,22(3):66–76.

44.Zou,Li-gang. 2014. Zhongguo-Dongmeng Gongjian Nanhai Haishang Sichou Zhilu de Zhanlue Sikao [Strategic Thinking on China-ASEAN Co-construction of the Maritime Silk Route]. *Hainan Daxue Xuebao Renwen Shehui kexue Ban[Humanities & Social Sciences Journal of Hainan University]*,32(4):39–46.

45.Zou,Lei. 2015. *Zhong Guo "Yi Dai Yi Lu" Zhan Lue de Zheng Zhi Jing Ji Xue[The Strategic Political Economics of China's"One Belt and One Road"]*. Shanghai:Shanghai Renmin Chubanshe.

第五章 "一带一路"与
中国贸易"多标量治理"之演变

一、引言

尽管中国是世界上最大的贸易国,也是外国直接投资的最大接受国之一,但自2010年以来,中国一直面临着经济增长放缓与外贸额下降的问题。①为解决这一问题,中国领导层的目标是将中国经济基础从依赖投资和外贸为主开始转向国内消费,从制造业转向服务业。同时面临的另一个挑战是,中国国内区域经济的失衡,东部地区一线城市的经济比重过于强劲,由此导致沿海地区经济成本上升和人口拥堵,拖累了其经济发展外围——内陆地区的经济发展。近年来,中国通过

① 根据世界银行(WB)2017年的统计数字,2013年中国实际的国内生产总值(GDP)增长率为7.8%;2014年为7.3%;2015年为6.9%;2016年为6.7%。根据世界贸易组织(WTO)2017年的统计数字,中国的商品出口2015年下降3%,2016年下降8%;同时进口下降14%与5%。

一系列影响其省份的政策，包括调整外国直接投资的规则和引导不同行业的各种法规，努力平衡地区之间的差距。与此同时，中国的外贸政策也不断变化，地区贸易协定也发生了地域变化。所有这些政策都旨在积极鼓励在中国境内的投资。从投资公司的角度来看，由于后者的成本优势，将中国主要沿海城市的业务转移或扩大到内陆城市已成为一个可行的选择。然而大多数跨国公司都在从事全球生产链，进口零部件，或从其在中国的基地出口中间产品或成品。因此，例如位于中国西部或中部的公司需要在全国各地运输进出口货物，以到达作为中国国际贸易主要跨境点的东岸港口。

本章的写作目的是评估中国新政策，特别是"一带一路"倡议对其外贸区域方向的预期影响。主要研究问题是，中国的区域发展目标与"一带一路"倡议的关系如何反映在中国国内外贸易的"多标量治理"中？从欧洲企业的视角出发，通过分析欧洲企业对中国地方政府和中国外贸政策的反应，来对此进行深入探讨。本章分析的重点是中国目前的贸易体制环境，包括正规和非正规贸易机制，并考虑了未来不断变化的"多标量贸易治理"的前景。所谓的"多标量"治理表示在不同规模尺度上的治理，这些治理不是垂直等级关系，而是以复杂的方式共存的，不同于以往的上下多层次治理。因此，"多标量"贸易治理是指不同规模尺度——次国家级（地方级）、国家级和国际级——之间复杂的贸易关系。它可能包括省际贸易壁垒、影响该国进出口的国家贸易政策以及一国可能参与的国际贸易谈判和国际贸易协定。贸易限制政策是限制公司经营的体制框架的一部分，此外非正规的贸易限制机制（例如社会习惯做法）也会对公司行为产生重大影响，特别是在新兴经济体中。

有两个潜在的因素需要重点分析。

首先，次国家级（地方级）贸易限制指的是，企业在跨省运输货物时可能遇到的跨省贸易壁垒问题。以往的文献表明，由于各省之间存在经济竞争，各省政府往往在各省边界设置了各种贸易限制和管理费用。中国目前面临债务问题的省份可能更是如此。此前对这一专题的研究主要采用了定量方法，并主要研究了中国的国内贸易壁垒和市场一体化问题。例如，有学者研究了中国地方保护主义的程度或空间溢出效应问题。在缺乏关于中国跨省贸易可靠数据的情况下，它们经常只能根据各省投入产出的数据，对国内贸易壁垒问题进行间接调研。这里建议的另一种研究贸易壁垒的方法是采取定性的方法，通过采访设在中国的公司代表来进行。这种方法的优点是可以获得关于跨省贸易政策的实际商业经验信息。但这类研究似乎很少，在对遭遇次国家级贸易壁垒的公司进行分析方面也存在不少差距。

其次，由于"一带一路"倡议相关因素的发展，如连接中国与欧洲和中东的新丝绸之路的实施，中国的外贸政策也有望发生变化。"一带一路"倡议为中国政府鼓励中国企业在国外寻找新市场和新投资机会带来了战略机遇。在政府最高级别的领导下，将通过与"一带一路"贸易伙伴达成贸易和投资协定来促进这一举措。自由贸易协定（FTA）将支持中国的跨境贸易项目，这些项目计划通过中国建立的亚投行提供资金。如果这些自由贸易协定成功缔结并实施，将通过增加中国与欧亚邻国的贸易，进一步将中国经济的区域平衡从沿海地区转向内陆地区。

本章从世贸组织的贸易政策审查、世界银行的营商环境指标和来自中国的欧洲商会商业调查等不同数据来源对与"一带一路"有关的这两个方面因素进行研究。此外，笔者还在2015—2017年期间就这一主题，通过现场或电话采访的方式，与核心受访人进行了7次访谈，他们是总部设在成都、北京、上海的公司或企业代表处的人员。受访者是芬兰人、瑞典人或中国人，都是来自各个公司的管理层，如总经理。在文章中匿名引用他们的观点，仅点明他们所代表的公司类型。

本章认为，与"一带一路"有关的中国地区政策变化将对其外贸的区域定位产生显著影响。虽然现在中国的大部分进出口货物都是通过中国东部和南部的主要港口，这些港口是对外贸易的主要出入境点，但"一带一路"倡议可能将贸易流动的出入口转移到整个欧亚大陆，货物主要在中国和欧洲之间的铁路或陆地上运输。这将对位于中国内地的企业产生积极影响，因为它们将因运输时间缩短而具有优势。

在本章接下来的一节中，探讨了中国最新的"五年计划"的区域发展目标和"一带一路"倡议的关系，分析了外国企业在中国的贸易制度环境与地区差异。并对外国直接投资（FDI）的重点城市成都（特别是欧洲企业的重点投资城市）进行了案例分析。本章的最后概述了中国贸易政策区域重点可能发生的变化，这些变化可能会影响全亚洲国际贸易政策和贸易流动的地理格局。

二、"一带一路"倡议、区域发展和贸易便利化

2013年年底启动的"一带一路"倡议，为新的贸易路线进行基础设施建设。其中包括通过铁路连接中国与中亚、欧洲和中东的"丝绸之路经济带"，以及发展从中国沿海到印度洋和地中海的海上航线——"21世纪海上丝绸之路"。作为中国全球经济战略的一部分，"一带一

路"的地理范围广阔，欧洲、中东、中亚和南亚有64个国家参加了该计划。基础设施发展的重点是铁路、公路、港口和机场，以加强各大洲之间的运输，加快本区域的经济发展。该倡议得到新成立的亚投行的支持，亚投行为计划中的大规模基础设施发展提供资金。"一带一路"倡议在中国的国家战略中占有很重要的地位，中国打算通过"一带一路"与其主要贸易伙伴联系起来。

在中国国内，"一带一路"是中国在当前"十三五"规划中的区域经济规划的重点内容之一。五年规划制定了协调区域发展的计划，通过发展中国西部的基础设施和将过剩的工业产能从沿海城市转移到西部地区来实现均衡增长。除"一带一路"倡议外，另外两个方案是京津冀协同发展和开发长江经济带战略，所有这些都首次在五年规划中体现出来。长江经济带与"一带一路"倡议特别相关，因为它的重点是从沿海向内陆地区的产业转移，其理念是加强长江沿线11个省（市）的差异化产业集群建设，它们包括贵州、云南、四川、重庆、湖南、湖北、江西、安徽、浙江、江苏和上海。该计划的目的是鼓励各省之间在经济发展方面的合作，并对中国的基础设施规划采取更加综合的战略。考虑到中国各个省份历史悠久的相互竞争关系，这方面的合作值得关注。

这些计划正在各省迅速得到落实。正如一位受访者所说，中国各省提出不同类型的基础设施建设和其他项目计划，以便搭上"一带一路"发展的顺风车。不过，可以预期，这些地方政府的计划还不成熟，多是纸上谈兵，较少落实到实践中。这是外国公司管理层长期观察中国地方政府所获得的经验做出的判断。例如，据在中国的欧洲商界人士的观察，中国的省级官僚机构大多"表现出不愿意实施中央计划的改革"。尽管中央政府的目标是协调跨省规划，但可预见的对特定部门的补贴导致地方政府在资源方面的竞争，这可能导致产能过剩和"价格战"。《经济学人》杂志将此称为"持续的地方保护主义"——各省相互竞争，而不是相互合作。此前，地方保护主义在钢铁或太阳能电池板等行业中的表现就是如此，在云计算和半导体等新兴产业中也可以预见。

除了发展内陆省份外，中国还致力于通过建立自由贸易区，改革沿海主要城市和省份的外贸环境。2013年，上海启动了中国第一个国家级自由贸易区，2015年在天津、广东、福建三省市又启动了三个自由贸易区，预计未来还将有更多。"十三五"规划打算开放贸易和投资，对市场准入采取"负面清单"办法。这种做法意味着，如果外国投资项目没有列入负面清单，将给予国民待遇，即类似于国内公司。改革在自贸区试行至2017年年底，预计将于2018年1月在全国实施，但外国企业的反应似乎仍然温和。例如，根据对来自欧盟国家的公司进行的一项调查，到2016年，五百多名受访者中，约有15%在自贸区建立了存在，这表明外国商人们的兴趣有些谨慎。

此外，为了提高中国的贸易便利化水平，中国政府正在进行改革，以消除海关程序方面的区域差异。自2012年以来，中国政府一直致力于协调42个地方海关的通关工作。然而"特殊海关监管区"仍然存在，不同领域适用不同的海关程序。在某些情况下，这是在试验评估这些程序改革是否有效。2014年，中国开始将42个海关管辖地整合到较少的集群中，以便协调通关程序。据有关部门介绍，这种整合已经开始，现已形成了五个集群，包括北京、天津、河北、珠江流域（珠三角）和长江经济带（长三角）。例如，长江经济带海关就应负责协调成都和上海海关点之间的贸易便利化措施。

三、中国的贸易制度环境：国家贸易政策

由于中国仍然是世界上最大的贸易国，其外贸监管环境的发展与整个全球贸易制度有关。然而，最近全球经济放缓影响了中国的外贸。2015年，中国的进出口都有所下降，而外贸在其整体经济中的重要性也有所下降。根据世贸组织的统计，中国出口在国内生产总值中所占份额在2010年为27%之后，2015年为21%。图5-1显示了商品进出口在中国国内生产总值中所占份额的下降趋势。部分原因是进口油价下跌，以及中国国内需求走强。过去几年，中国的主要贸易伙伴大同小异。中国出口的主要目的地是美国、欧盟、中国香港、东盟国家、日本和韩国。相比之下，中国进口的主要来源是欧盟、东盟国家、韩国、美国、中国台湾和日本。在过去的十多年里，中国与邻近国家和地区的贸易增长最快。

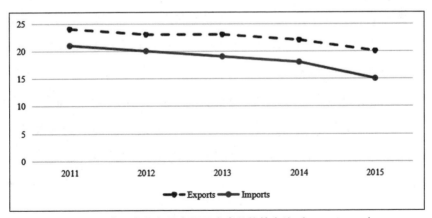

图5-1 中国货物贸易在国民生产总值的占比（2011—2015）
数据来源：世界贸易组织WTO

中国的对外贸易大多是境外投资引起的。几年来，中国一直是全球最大的境外直接投资接受国之一。它是2015年外国直接投资流入的第三大目的地，仅次于美国和中国香港，而在2014年和2013年的前两年中一直排名第一。可以预见，中国今后也将保留这一地位。根据一项关于投资前景的国际调查，跨国公司和投资促进机构都认为中国是2016—2018外国直接投资第二大有希望的目的地，而在前一年，中国被列为外国直接投资的第一大目的地。然而这一趋势有所变化，最近中国对外直接投资增长非常迅速，中国已成为全球最大的外国投资来源国之一。

因此，由于中国被认为仍然是主要的外贸国，管理其贸易的体制框架——以及"一带一路"倡议对贸易可能产生的影响——对企业和政策都是至关重要的。在分析贸易的体制环境时，要注意贸易制度的正式和非正式领域，即那些法律和条例（正式的机制）涉及外贸，以及当局在执行条例方面的日常做法、规范和社会守则（非正式机制）。简单地说，机制是"游戏规则"。企业研究的制度方法论认为，公司的战略选择不仅取决于其资源、能力和工业动态，而且还取决于他们在特定商业环境中面临的体制制约因素。特别是在新兴经济体中，机制对企业的业绩影响很大。对正式机制的研究，来源于对监管环境的国际比较分析，而对非正式机制的探讨，是通过对有关中国商业环境的调查和访谈来进行。后者指的是外国公司在东道国所经历的营商环境，即当局如何执行法律、条例和政策以及地方官员如何对待外国公司的经验。

1. 框架结构

关于国家范围内的正式机制框架，中国在国际比较方面名次适中，处于最友好和最困难的全球监管环境之间。自2004年以来，世界银行评估了许多国家和地区在全球范围内的营商环境变化，以便根据经商的便利程度对其进行排名。评估的重点是加强或限制商业活动的条例，并通过比较世界上190个经济体得出量化指标。其排名可以被看作各经济体正式监管环境的标志。在这些比较中，中国在过去几年中的表现各不相同，其地位在2017年提高到第78位。表5-1显示了与在中国从事外贸的公司有关的总体排名和选定的子类别排名情况。多年来，跨境贸易变得相对更加困难。在监管环境的其他方面，中国在执行合同方面表现最好，而创业方面（新公司）仍然是高度官僚和对企业的负担。

表5-1 在中国从事商业活动的顺畅度排名

	2011年 （经济体总数183个）	2014年 （经济体总数189个）	2017年 （经济体总数190个）
世界总体排名	79	96	78
新公司数量	151	158	127
跨境贸易	50	74	96
合同执行率	15	19	5

数据来源：世界银行，2010、2013、2016

如果我们把中国与世界上其他三个"金砖国家"经济体（巴西、俄罗斯和印度）进行比较，可以发现2017年中国的商业环境似乎比巴西（排名第123位）或印度（排名第130位）要轻松一些，但比俄罗斯（排名第40位）更困难。其他东亚经济体的表现似乎也更好，即日本（排名第23位）和韩国（排名第5位），更不用说北欧国家（丹麦第3位、芬兰第13位、冰岛第20位、挪威第6位和瑞典第9位）。但是必须指出，这些指标只评估正式机制（例如，完成所有进出口手续的程序、时间和费用）。当局在执行和实施这些条例方面的非正式做法没有得到考虑。

在外贸环境方面，中国对发展中经济体相对开放。中国于2001年成为世贸组织成员，据报道，此后改善了外贸制度。从表5-2可以看出，中国的总体关税水平（所谓的最惠国关税）——指的是除中国与之有自由贸易协定的国家除外，所有国家所有进口商品的平均关税——为9.5%。不同产品类别的关税可能差别很大，这取决于有关行业的保护水平。就农产品而言，中国的平均进口关税明显高于非农业，即所有其他部门的总和。

表5-2　中国的进口关税（与美国、欧盟、日本和韩国相比）　　（单位：%）

	中国			美国	欧盟	日本	韩国
	MFN	APTA	ASEAN	MFN	MFN	MFN	MFN
总体平均关税	9.5	8.8	0.7	4.8	6.3	6.1	14.1
农产品关税	14.8	13.8	1.7	9.1	14.1	16.3	60.0
非农业品关税	8.6	8.0	0.6	4.0	4.3	3.6	6.6
免税区比例	9.7	10.0	94.8	36.8	26.1	40.1	15.9

数据来源：世界银行2016—2017年数据

注：MFN是指享受最惠国待遇的关税；APTA是指《亚太贸易协定》（含缅甸、中国、印度、老挝、韩国、斯里兰卡6国）规定的进口商品优惠关税；ASEAN是指中国-东盟自贸区协定规定的进口商品优惠关税。

表5-2还列出了中国贸易协定的两个例子，即《亚太贸易协定》和《东盟自由贸易协定》。值得注意的是，《亚太贸易协定》的关税削减

幅度相当小，反映出对贸易自由化的雄心较小，是一个松散协议。相比之下，来自东盟国家的进口基本是免税的，平均关税接近于零。这表明自2004年签订自由贸易协定以来，中国与东盟国家之间的贸易明显自由化了。而对于"一带一路"倡议，如果中国设法与各伙伴国家签署有效的自由贸易协定，就会出现真正的自由化，并随后将改变贸易的地域重点。

如果将中国目前的关税水平与其主要出口目的地相比较，中国的进口平均关税为9.5%，显然高于美国、欧盟或日本，这些国家的平均进口关税约为5%~6%。这与韩国的情况正好相反，韩国对农产品的关税保护明显很高，为60%，导致其总平均税率超过14%（详见表5-2）。此外，美国的税率最低，欧盟和日本的税率略高。免税区的比例表明零关税产品类别的百分比，这在中国-东盟自由贸易协定中显然是最高的。虽然中国的关税水平反映了它是一个新兴经济体，但关于世贸组织如何看待其地位，人们正在进行争论。中国在2001年加入世贸组织时，要求在15年后，即2016年12月被视为"市场经济地位国家"。然而这遭到了世贸组织其他主要成员国的反对，特别是欧盟和美国，它们认为这不可行。给予贸易伙伴市场经济地位意味着其经济建立在公开竞争的基础上。例如，国内价格是由竞争而不是政府决定的，而中国出口行业的情况并非如此。

总体而言，在影响贸易的正式政策和监管方面，中国似乎有适度的贸易壁垒。考虑到中国的经济发展水平，特别是中国的贸易壁垒明显低于韩国，可以预期，中国的总体关税保护水平将降低，因为中国新谈判达成的与自由贸易协定和"一带一路"有关的自由贸易协定将增加零关税贸易的数量，并同时促进多边贸易自由化进程。

2. 规定的执行

如上所述，不仅是正式立法，而且是政府在执行影响外贸的条例方面的非正式做法。这些准则和规范是指，地方政府在执行和实施贸易政策方面的社会规范和习惯做法，包括海关官员结关的效率和合法程度，他们如何解释规则和条例，是否依法平等地对待所有公司，是否存在随意做法——例如偏袒国内公司或者有腐败行为。这些非正式机制在文化上根深蒂固，对商业环境的影响往往大于正式机制本身的影响，特别是在新兴经济体国家中。正如本章后面所讨论的那样，它们也可能有区域差异。

例如，关于监管执行情况，它的数据可以从商业调查中获得，也可以从直接约谈在中国经营的公司代表中获得。根据中国欧洲商会最新的商业信心调查，欧洲企业认为中国的商业前景变得更加悲观。共有506家公司对调查作出了答复，其中一半以上（56%）认为，中国的商业环境在前一年变得更加困难。最重大的监管障碍是行政问题、不可预测的立法环境以及条例的随意裁量执行。其他的主要问题是：外国商人认为不如10年前受到欢迎，互联网管制的收紧，外国公司与中国企业相比受到不利待遇，环境法规更严苛，以国家安全为由歧视外国公司，等等。由于这些挑战以及中国经济增长放缓，近年欧洲企业的扩张速度明显低于三年前。2013年有多达86%的欧洲公司计划在中国扩张，而2016年只有47%的公司计划扩张。

同样，在对中国104家北欧公司（主要是瑞典、芬兰和丹麦）进行的一项调查中，主要的商业挑战包括中国官员对国内公司的明显偏好和不公平的采购做法。预计这两者要么保持不变，要么在不久的将来恶化。不过，多数企业仍认为自己在中国的5年经营前景是乐观的（104家企业中有74家），90家企业正计划在中国进一步投资。当被问及阻碍企业发展的最大法律和监管挑战是什么时，他们的回答是海关延误和贸易监管、严重的官僚主义、不明确的立法和税务管理。预计在今后1~2年中，所有这些人的观点都将保持不变。更为重要的是，与外贸有关的问题被认为是所有监管挑战中最严重的。

贸易保护主义似乎是非正式地执行条例方面的一个重大挑战，具体表现为偏袒当地公司、对外商投资公司的歧视和不公平待遇。此前有一项关于外国公司所遇到的贸易保护主义的研究也表明了这一点，该研究的数据基础是对在中国的芬兰公司进行的14次访谈。贸易保护主义的主要形式似乎是当局方面的非正式做法，其中包括：

——比本地公司受到更严格的监控；

——中国企业能够规避这些规定；

——外国公司未获得与当地公司相同的待遇，例如在获得许可证或大型投资项目方面；

——外国公司的知识产权通过当局泄露给中国竞争对手；

——只有接受政府支持计划的中国企业参与竞争；

——严格、缓慢或不明确的进出口程序。

在进出口方面，受访者提到地方海关当局的不公平做法和普遍不可预测的通关情况。问题包括，尽管有明确的政策，但通关时间缓慢，出口中的增值税和退款损失等。

因此，非正式机制似乎至少对中国的正式机制构成了同样高的贸易壁垒。外国公司面临的另一个问题是，非正式规则对外国公司来说似乎与当地公司不一样。由于非正式机制变化缓慢，即使正式规则发生了变化，可以预期，在可预见的未来，它们仍将保持不变。然而正如下文所讨论的那样，在这方面似乎存在区域差异。

四、成都的案例：国家内部区域贸易壁垒？

成都是一个快速发展的地区枢纽，是中国四川省的省会城市，也是中国西南地区的经济中心。它的人口超过 1000 万，是该区域重要的金融、商业和交通枢纽。成都拥有众多主要行业的国际公司：汽车、机械、电子、信息技术、医药、金融和物流。中国西南地区对"一带一路"很感兴趣，尤其是成都，该市是"一带一路"铁路枢纽，也是中国实施发展内陆政策的中心城市之一。除了举办大型工业园区以吸引汽车或信息技术行业等外国企业外，成都还致力于发展该地区的创新能力，但该地区仍落后于沿海主要城市。然而最近成都新区的城市规划雄心勃勃地将科学、企业、住房和娱乐结合起来，以培育创新。这些计划反映了创新区的理念，即促进可持续城市发展，同时提升经济发展水平。

与中国东部地区城市相比，正规和非正规的体制环境似乎更支持成都的外国企业。这种地区差异在欧洲商会的公司调查中表现得很明显。其在中国西南地区的分会约有140家成员公司，其中2/3位于成都，1/3位于重庆。调查中有几点表明，中国西南地区的欧洲企业比沿海主要城市的企业受到更有利的待遇。此外，他们考虑到，由于监管困难，错失的商机较少，与北京、天津、上海或华南地区的企业不同，位于中国西南部的欧洲企业认为它们：

——现在比10年前受到更多的欢迎；

——得到优惠待遇的频率更高；

——由于市场准入限制或监管壁垒而错失的商机较少；

——其行业产能过剩较少；

——跨国公司在中国的"镀金时代"还未结束。

同样，对于北欧企业来说，成都是一个首选地点，尤其是从未来的运营方面来看，中国西南地区的现有业务仍然相对较少。在对104家公司的调查中，可以发现在西南地区，成都似乎是最受欢迎的潜在地点，可以开设新的业务，或者吸引它们在搬迁到非一线城市时首先考虑转移到那里。大多数受访者都计划在成都开设销售办事处，但也有一些人计划在中国设立一个地区办事处。向中国非一线城市扩张的首要因素是扩大市场覆盖面、降低制造成本、获得分销渠道，以及接触已经位于中国的合作伙伴或设施。除成都外，其他首选的未来地点包括南京和西安。虽然成都越来越多地吸引外国企业，但也有一些企业仍然搬到了中国的其他地方。这种情况可能还会发生——不仅因为当地商业环境中的问题，而且还因为全球生产链组织的变化。在一个案例中，一个工业集群中的一家牵头公司进行了重组，这使得其一些分包商找到了新客户，一些公司完全在中国的另一个地点找到了新的业务。

外国企业在成都商业环境中遇到的挑战在一定程度上与经济快速增长有关，部分原因是监管环境。欧洲企业面临的主要问题包括空气质量低、监管环境困难、企业与地方政府沟通减少、通关手续、医疗服务困难，以及外国人登记程序、政府采购限制、互联网缓慢速度和互联网接入差，等等。这些因素在许多方面阻碍了投资的增长，例如为创新驱动的企业和研发业务吸引必要的劳动力。然而值得注意的是，与中国其他地区相比，成都仍被认为有一个更容易的商业环境。

对于落户成都的企业来说，以前从事外贸涉及货物进出口主要依靠上海等主要港口城市。现在大多数交付都是通过陆路进行的，因为过去二十年来，中国在中西部地区的公路建设上投入巨资。这也得到了政府对公路和铁路交通补贴的支持，这些补贴导致部分运输成本被隐蔽。其他形式的运输，如空运和水道，就产品价格和规模而言，它们的作用是相反的。空运适用于高附加值的轻型和小型货物，而内陆水道路线对于笨重和价格较低的货物具有成本效益。长江沿岸的水路运输被认为相当成熟，其中，泸州是四川最大的港口，位于成都和重庆之间。泸州港口建设也是"十三五"规划和"一带一路"倡议的目标之一，目的是将长江沿岸各省市更紧密地联系起来，这将缓解全国进出口的流动压力。

在国家以下地区贸易壁垒方面，在跨越各省边界时，似乎没有具体的关税、费用或官僚主义。我们在对包括日产汽车、SKF等在内的8家外国公司的采访中，没有一个答复者经历过或听说过跨省贸易的具体障碍，没有发现中国省级边境设有特殊贸易壁垒，他们说中国市场是"统一的"，没有任何限制。在与成都和中国其他地区的公司访谈中，我们讨论了省际运输和贸易壁垒问题。据知情人士介绍，运输方式的选择取决于距离、时间限制、交货规模和价值。例如，一家从工厂运送大型半成品到送货现场的工程公司，位于在上海和成都之间，由于火车交货时间太长，它们往往使用快速交货卡车。一般来说，在各省之间运输货物没有困难，只是要适用某些特定部门的管理条例，例如化学产品的特殊包装等。此外，运输还需要授权企业、承运人保险责任、合格司机和注册特种车辆，这可能相当复杂。然而各行业对运输的需求各不相同。对于信息技术和软件等服务业公司来说，很少需要运输有形货物，通常只有在进口投资商品时才需要运输。

关于成都外贸通关，四川省有三个主要的国际出口港：双流国际机场、成都国际集装箱物流区和泸州港。据荷兰的一家公司代表处介绍，成都海关为企业提供了一站式清关服务。"快速通道"程序允许进口货物在双流机场一次性通关后直接运往保税区。这涉及直接进出成都的进出口货物，当货物在途中时，其他省边境没有通关或检疫程序。但是由于道路维护和使用海上港口的费用，可能会产生额外费用。

总之，虽然中国正式旨在改善监管环境，但从商业层面看，现实给出了较为悲观的前景。欧洲企业的营商环境越来越困难，特别是在沿海的主要城市，歧视性的政策和做法、外贸的环境也在恶化。相比之下，内陆增长的中心城市成都——"一带一路"的节点城市之一，似乎对企业有更有利的制度环境。这表明经济活动有可能继续从沿海地区转移到中国内地，这也是"一带一路"倡议追求的相关目标之一。

五、中国的国际贸易和投资协定

中国政府认为，自由贸易协定对中国融入全球经济十分重要，为此加快了国内改革步伐。中国最早的自由贸易协定之一是2004年与东盟签署的，而其现有的15项优惠贸易协定大多是在2010年后启动的。半数自由贸易协定是与新加坡、韩国、巴基斯坦、澳大利亚和新西兰等亚太国家的双边协定。在全亚洲区域范围内，中国自1991年以来一直是APEC的成员，2001年签署了《亚太贸易协定》，2004年起成为《中国–东盟自由贸易协定》的签署国。然而亚太经合组织基本上是一个论坛式的机制，无实质的合作机制，而《亚太贸易协定》也尚未实现重大的贸易自由化。正如中国在关税保护方面所观察到的那样，只有与东盟的自贸协定似乎在消除正式贸易壁垒方面取得了已证明的成果。由此可以看出，有健全的关税削减计划的自由贸易协定将对贸易流动产生真正的影响。

中国在自贸协定方面最近的一些发展与"一带一路"倡议直接相关。2017年，中俄就《中国-欧亚经济联盟经贸合作协定》进行了谈判，并决定就《欧亚经济伙伴关系协定》进行可行性研究。另据报道，中国的目标是与"一带一路"计划中的许多——如果不是全部的话——贸易伙伴谈判自由贸易协定，即这些发布在欧洲、中东、中亚和南亚的64个国家。

根据"一带一路"倡议，中国将与跨界项目有关的国家推行新的自由贸易协定。这方面最重要的谈判是中国与地区邻国共同加快的"区域全面经济伙伴关系"（RECP）。RECP是东盟10国和与之实行自由贸易协定的6个国家，即澳大利亚、中国、印度、日本、韩国和新西兰之间的拟议自由贸易协定。这一协议将增加中国在"一带一路"倡议范围内对市场和地区的影响，同时也将加强中国在亚太经济中的作用。相比之下，中国不是TPP的成员，其最新的五年规划也没有提及TPP。相反，中国只公开推广了RECP。此后，由于美国政府的更迭和美国在2017年年初退出TPP，加快RECP谈判的前景才有所增加。

因此，2017年相关亚太国家为RECP举行了几轮谈判，据路透社报道，中国和新加坡都在努力加快这一进程。RECP将补充中国现有的15项优惠贸易协定，其中许多协定是中国与一些不重要的小经济体签署的。然而在过去两年中，中国与澳大利亚和大韩民国这两个重要的贸易伙伴签署了自由贸易协定。中国可能希望推进的其他一些自由贸易协定，还包括"中国-海湾合作委员会"的自由贸易协定和"中国-巴基斯坦自贸协定"的升级，而这两者都与"一带一路"倡议有关。

此外，近年来，中国一直是世界上缔结国际投资协定最活跃的国家之一。鉴于"一带一路"沿线的基础设施投资项目，这些协定具有高度相关性。投资协定的目的是放宽和保护跨界投资，并在相互承诺得不到履行的情况下确定解决争端的程序。这些协定最常见的类型是《双边投资条约》，其目的是促进和保护来自各自国家的企业或个人在对方领土上的投资。中国有110个此类双边投资条约生效，另还有几个国家签署但尚未生效。另一种协议被称为《有投资意向的条约》，例如中国与东盟国家签署的TIP。它们可以是与投资有关的有限条款、仅载有框架条款的条约、自由贸易协定和包含投资问题的经济伙伴关系协定。后者最近的例子是中国与澳大利亚和韩国的自由贸易协定。

此外，中国正在努力与欧盟和美国这两个主要贸易和投资伙伴谈判投资协议。其中，与欧盟可能达成的协议有可能促进和保护根据"一带一路"倡议对连接两大洲的铁路进行的投资。欧盟和中国自2014年以来一直在谈判双边投资协议，并在2016年就协议范围达成一致。未来的协议旨在缓解监管环境，包括外国直接投资的透明度、许可证发放和授权程序。此外，中国在"一带一路"倡议中的活动也得到了关注，并在欧洲内部得到了反应。其中一个对策是欧盟启动了中欧互联互通平台，连接平台旨在促进欧盟与中国在跨欧洲交通网络框架和"一带一路"基础上的交通运输连接，并通过基于可持续性的项目促进绿色交通发展。

六、结语：转变贸易"多标量治理"的前景

中国正在努力开发内陆省份，以及沿海主要城市与内地选定地区和城市之间的基础设施和交通。其目标是平衡地区差异，并将一些经济重点从拥堵的一线城市转移到各省的二线和三线城市。这些区域发展目标被纳入中国目前的五年规划，并被纳入其国际倡议，如"一带一路"倡议。

本章从外国企业在华的角度探讨了中国与"一带一路"有关的次国家和国际贸易政策，特别是贸易监管环境。商业环境被理解为反映了跨境投资的便利，而跨境投资是"一带一路"倡议及其国际影响力的核心。通过对正式和非正式贸易约束机制的分析，探讨了影响外国在华公司业务的体制框架，以及外国企业在与贸易有关的活动中遇到的问题。人们发现，最近商业前景变得有些悲观。问题包括中国与安全有关的立法、烦琐的官僚主义、任意执行法规以及互联网接入恶化，所有这些都使外国公司的监管环境更加困难。商业调查和公司访谈表明，外国公司认为执行条例、非正式做法和对待外国公司比立法本身更不公平。这表明，在中国商业环境中，非正规机构比正规机构更相关。然而在企业对企业的商业信心方面，中国存在着明显的地区差异。例如，位于中国西南部的欧洲企业观察到，与沿海城市的企业相比，"西南部城市更受欢迎"，因为与一线城市的公司相比，他们认为地方当局的保护主义、不公平待遇和歧视较少。这可能会促进中国内地的区域发展，特别是成都等"一带一路"沿线的交通枢纽。成都作为重要的航空、铁路和公路交通枢纽，成都市的外贸和国内贸易有形基础

设施发展迅速。

有人认为，中国区域政策的"一带一路"相关变化将对其外贸的区域定位产生显著影响。关于"一带一路"倡议，在中国贸易的"多标量治理"可能发生的变化方面，可以看出三个具体的事态发展。首先，经济活动，包括外国投资，继续从中国东海岸转向内地的外国直接投资中心，比如成都。这将进一步增加中国的国内运输和跨省贸易。然而一线城市也仍然是重要的骨干枢纽。其次，跨省贸易壁垒明显较低，将随着内陆省份的发展和往返主要港口的运输路线进一步减少。与此同时，中国的正式贸易环境继续改善，而非正式的制约因素依然存在。最后，中国和欧洲通过欧亚大陆的贸易流动预计将增加，因为中国和欧盟是"一带一路"倡议的两个最大市场。这对内陆省份的企业来说是一个机会，因为与现有的海上航线相比，它减少了中国和欧洲之间进出口的运输时间。

根据"一带一路"政策，中国正在推行与跨境项目有关的新的自由贸易协定，并将通过亚投行内部的国际合作促进这些自由贸易协定。这些自由贸易协定如果缔结，将为该倡议在政治和商业层面提供一个跨国框架。在区域发展，以及作为其一部分的改善交通基础设施方面将有重大发展机遇，中国此前的优先事项是发展国内公路和铁路网络，而现在其未来的优先事项则集中在发展国外的铁路和海上航线上，将中国的内陆枢纽与"一带一路"伙伴国家的外贸枢纽联系起来。

本章结论所支持的"一带一路"倡议的区域发展目标，反映在中国贸易的"多标量治理"中。为了发展内地，中国希望改善贯穿大陆并延伸到"一带一路"伙伴国家的铁路沿线内陆枢纽的次国家贸易环境。与商业环境日益紧张的沿海城市相比，成都等内陆枢纽通过提供更有利的商业环境来争夺投资。反映在平均关税水平上的国家贸易政策在一定程度上仍然具有保护作用。在国际上，通过寻求双边自由贸易协定，以克服缓慢的多边进程。中国寻求与选定的优先贸易伙伴——"一带一路"伙伴国家，签订新的自由贸易协定，以实现贸易自由化，从而为其"一带一路"倡议的跨境基础设施投资提供便利。

参考文献

1.AIIB. 2017. *Members and Prospective Members of the Bank.* Asian Infrastructure Investment Bank. Available at https://www.aiib.org/en/about-aiib/governance/members-of-bank/index.html

2.Bai,Chong-En,Yingjuan Du,Zhigang Tao,and Sarah Y. Tong. 2004. Local Protectionism and Regional Specialization:Evidence from China's Industries. *Journal of International Economics*,63(2):397-417.

3.Bai,Chong-En,Hong Ma,and Wenqing Pan. 2012. Spatial Spillover and Regional Economic Growth in China. *China Economic Review*,23(4): 982-990.

4.CEMAT. 2014. *Report of the Survey on Nordic Companies in China.* Center for Markets in Transition,Aalto University School of Business. Mimeo.

5.CG. 2014. *Transport & Logistics in Chongqing and Sichuan.* Consulate General of the Kingdom of the Netherlands in Chongqing & Netherlands Business Support Office in Chengdu,Sichuan.

6.China Daily. 2016. *Chengdu Science City,Tianfu New District Key Parts in Nurturing Further Innovation.* Available at http://www.chinadaily.

com.cn/regional/2016–05/12/content_25227868.htm

7.COM. 2017. *EU–China Summit:Moving Forward with Our Global Partnership*. Press Release,European Commission. Available at http://europa.eu/rapid/press–release_IP–17–1524_en.htm

8.DG Trade. 2016. *EU and China Agree on Scope of the Future Investment Deal*. Available at http://trade.ec.europa.eu/doclib/press/index.cfm?id=1435

9.ECCC. 2016a. *European Business in China*. Business Confidence Survey 2016. European Union Chamber of Commerce in China & Roland Berger.

10.——2016b. *Southwest China Position Paper 2015/2016*. European Union Chamber of Commerce in China.

11.ECN. 2016a. *China's 13th Five –Year Plan. Opportunities for Finnish Companies*. The Economist Corporate Network Asia. Available at https://www.tekes.fi/globalassets/global/ohjelmat–ja–palvelut/kasvajakansain-valisty/future–watch/chinas–13th–five–year–plan.pdf

12.——.2016b. *'One Belt,One Road':An Economic Roadmap*. The Economist Corporate Network Asia. Available at http://www.eiu.com/topic/one–beltone–road

13.EIU. 2015. *Prospects and Challenges on China's "One Belt,One Road":A Risk Assessment Report*. The Economist Intelligence Unit. Available at http://www.eiu.com/public/topical_report.aspx?campaignid=OneBel–tOneRoad

14.FBIC. 2016. *The Belt and Road Initiative:65 Countries and Beyond*.

Fung Banking Intelligence Centre.

15.FT. 2016. China's Push for Status as a Market Economy. *Financial Times*, December 13. Available at https://www.ft.com/content/5b5cd5d0 – c14d–11e6–9bca–2b93a6856354

16.Holmes, R. Michael, Toyah Miller, Michael A. Hitt, and M. Paz Salmador. 2013. The Interrelationships Among Informal Institutions, Formal Institutions, and Inward Foreign Direct Investment. *Journal of Management*, 39(2):531–566.

17.Jessop, Bob. 2005. The Political Economy of Scale and European Governance. *Tijdschrift voor Economische en Sociale Geografie*, 96(2):225–230.

18.Jiang, Yang. 2010. China's Pursuit of Free Trade Agreements: Is China Exceptional? *Review of International Political Economy*, 17(2):238–261.

19.Katz, Bruce, and Julie Wagner. 2014. *The Rise of Innovation Districts: A New Geography of Innovation in America*. Washington, DC: Brookings Institute.

20.Kettunen, Erja. 2004. *Regionalism and the Geography of Trade Policies in EU–ASEAN Trade*. Acta Universitatis Oeconomicae Helsingiensis, A–245. Helsinki School of Economics.

21.———.2014. China's Policy Environment Toward Foreign Companies: Implications to High Tech Sectors. AI & Society. *Journal of Knowledge, Culture and Communication*, 29(3):403–413.

22.———.2016. On MNC–Host Government Relations: How Finnish

Firms Respond to National and Regional Policies in ASEAN. *Copenhagen Journal of Asian Studies*, 34(2):54–76.

23.Kuester,Florian. 2017. The New Silk Road—The Vision of an Interconnected Eurasia. *Combined Transport Magazine*,January 10. Available at http://combined-transport.eu/the-new-silk-road-obor

24.Meyer,Klaus E.,and Mike W. Peng. 2016. Retrospective. Theoretical Foundations of Emerging Economy Business Research. *Journal of International Business Studies*,47:3–22.

25.MOFCOM. 2017. *China FTA Network. Ministry of Commerce,People's Republic of China*. Available at http://fta.mofcom.gov.cn/english/

26.Neuman,Michael. 2007. Multi-Scalar Large Institutional Networks in Regional Planning. *Planning Theory & Practice*,8(3):319–344.

27.North,Douglass. 1990. *Institutions,Institutional Change and Economic Performance*. Cambridge:Cambridge University Press.

28.Peng,Mike W. 2003. Institutional Transitions and Strategic Choices. *Academy of Management Review*,28(2):275–296.

29.Peng,Mike W.,Denis Y.L. Wang,and Yi Jiang. 2008. An Institution-Based View of International Business Strategy:A Focus on Emerging Economies. *Journal of International Business Studies*,39(5):920–936.

30.Poncet,Sandra. 2003. Measuring Chinese Domestic and International Integration. *China Economic Review*,14(1):1–21.

31.———.2005. A Fragmented China:Measure and Determinants of Chinese Domestic Market Disintegration. *Review of International Economics*, 13(3):409–430.

32.PwC. 2015. *Prosperity for the Masses by 2020.* PwC China, Hong Kong and Macau.

33.Reuters. 2017. *China, Singapore Seek to Expedite RCEP Trade Talks.* June 12. Available at https://www.reuters.com/article/us-china-singapore-trade/chinasingapore-seek-to-expedite-rcep-trade-talks-idUSKBN 1930RR

34.Svensson, Joakim. 2013. *Measuring Barriers to Cross -Provincial Trade in the People's Republic of China. Master Thesis.* Lund University. Available at https://lup.lub.lu.se/student-papers/search/publication/4058131

35.Tang, Siew Mun. 2015. *The Politics of the Asian Infrastructure Investment Bank (AIIB).* Trends in Southeast Asia, #10. Singapore: ISEAS Publishing.

36.Tekes. 2016. *One Belt One Road: Insights for Finland. Team Finland Future Watch Report.* Prepared for Tekes by Enright, Scott & Associates.

37.UNCTAD. 2016. *World Investment Report 2016. Investor Nationality: Policy Challenges.* United Nations Conference on Trade and Development. Geneva: United Nations.

38.———.2017. *International Investment Agreements Navigator:China.* Investment Policy Hub. Available at http://investmentpolicyhub.unctad.org/ IIA/CountryBits/42

39.Wang, Pengji, and Lin Yuan. 2015. Fostering Innovation in Chinese IndustrialParks. In *Managerial Flow, ed.* Veronica Vecchi, Ben Farr-Wharton, RodneyFarr-Wharton, and Manuela Brusoni. New York/Oxon: Routledge.

154

40.Wong, Anna. 2012. *Measuring Trade Barriers: An Application to China's Domestic Trade.* University of Chicago. Available at http://www.jhubc.it/FULLEVENTCAL/UPLOADFILE1/Wong%20Updated%20paper.pdf

41.World Bank. 2010. *Doing Business 2011.* Making a Difference for Entrepreneurs.Washington, DC: World Bank Group.

42.———.2013. *Doing Business 2014.* Understanding Regulations for Small and Medium−Size Enterprises. Washington, DC: World Bank Group.

43.———.2016. *Doing Business 2017.* Equal Opportunity for All. Washington, DC: World Bank Group.

44.———.2017. *Country Data: China.* Available at http://www.world-bank.org/en/country/china

45.WTO. 2016a. *Trade Policy Review: P.R. China.* Geneva: World Trade Organization.

46.———.2016b. *Trade Policy Review: Republic of Korea.* Geneva: World Trade Organization.

47.———.2016c. *Trade Policy Review: The United States.* Geneva: World Trade Organization.

48.———.2017a. *Trade Profile: China.* Statistics Database. Available at http://stat.wto.org/CountryProfile/WSDBCountryPFView.aspx?Language = E&Country=CN

49.———.2017b. *Trade Policy Review: Japan.* Geneva: World Trade Organization.

50.———.2017c. *Trade Policy Review: The European Union.* Geneva: World Trade Organization.

51.———.2017d. *List of All RTAs. RTA Database.* Available at http://rtais.wto.org/UI/PublicAllRTAList.aspx

52.Young,Alwyn. 2000. The Razor's Edge:Distortions and Incremental Reform in the People's Republic of China. *The Quarterly Journal of Economics*,115(4):1091–1135.

第六章 中国动力："一带一路"的
三重"证券化"

一、引言

本章旨在理解中国在21世纪如何推动实现其经济、政治、军事和文化目标。中国的"一带一路"倡议是其用以实现其目标的卓越工具和手段。本章将从海、陆两部分出发，分析"一带一路"所包含的地缘政治和地缘战略内涵。为此，在方法论层面，本章将采取所谓"哥本哈根学派"的概念"棱镜"，特别是"证券化"（Securitization）概念。因此，本章主要采用概念理解而非量化的定性分析方法，运用"证券化"的概念来解读。根据哥本哈根学派学者杜科（Duque）的观点，"证券化和证券化的标准是主体间性的实践，通过证券代理，试图在社会中对单位的存续产生威胁"。"当一个对象被证券化，它就超出了常规政策的范围，进入了紧急政策的范围，其特征是保密性和对常规机制的轻视——例如，经常将武力的使用合法化。"同时，根据布詹（Buzan）等学者的观点，"成功的证券化由三部分（或步骤）组成：对生存的威胁、紧急行动、通过打破常规影响单位间的关系"。

那么有两个问题：①哥本哈根学派的"证券化理论"与"一带一路"的内在逻辑之间存在何种概念的联系？②可否认为"一带一路"是"去证券化"的行动？关于第一个问题，同样重要的是寻找以下问题的答案：什么是被感知的威胁？谁是证券代理人？谁是受众？"一带一路"对威胁的建构有什么反应？最后，证券化的特殊手段是什么？可以说，在"一带一路"的案例中，中国政府是证券代理人。但是被感知的威胁不是单个因素，而是一系列因素。在政治领域，被政府所察觉的威胁是政府治理面临的挑战。

另外，当研究政治精英和中国社会时，我们注意到中国政府对社会的动员能力已经不如以前那么强大了，因为今天中共主要承担管理和分配的角色，其性质更加"国家化"而非"党派化"。根据哥本哈根学派的观点，为了避免各类"被感知的威胁"影响到中国的未来治理，中国政府将"一带一路"视为应对国内矛盾的特殊手段。作为受众的中国社会似乎顺应了"一带一路"对中国复兴的诉求。

在经济层面，很明显被证券代理人（中国政府）所感知的威胁是当前中国的经济状况。中国经济需要提振才能恢复到近几十年的增长水平。实际上，所有事物都是相互联系的。中国是世界第一人口大国，中国政权的稳定取决于保持经济繁荣与发展和获取能源与粮食的能力。政府因此设计出走向海外的"一带一路"。作为受众的中国社会认同了，并将其视为中国从世界获取自身所需的资源的合法和特殊的手段，同时有助于实现"中国梦"，同时也致力于恢复经济增长。

相应在军事层面，中国不是好战的国家，至少从过去来看从来不是。最重要的是，中国倾向于营造有助于实现经济社会发展目标的和平环境，致力于在中国新疆和中亚周边，或者麻烦不断的南中国海，或者是朝鲜半岛等相关地区实现和平。中国坚信"和谐社会"和"人类命运共同体"不可能在战乱中实现。但是做和平主义者不意味着会采取放任自流的态度。中国政府认识到，武装力量是威望和威慑的基础，而且还可以对潜在第三方引发的事态作出快速反应。因此，本章所提及的关于道路或港口军事化的观点（吉布提或珍珠链），并不意味着"一带一路"在本质上有军事化目的。实际上，"一带一路"是个多方面的战略，旨在回应那些在经济、政治、文化和军事领域对中国的威胁。在此背景下，军事化意味着确保中国陆海补给线的安全，而并非发动军事打击，但必须知道被攻击时如何防御。毕竟，2015年年底中国通过的首部反恐法案意味着国家需要适应新的时代，赋予中国武装力量在海外开展行动的权利和义务，以求中国的海外利益受恐怖主义威胁时能够提供必要的保护。

上面这些论述回应了前文的第二个问题，这似乎表明"一带一路"不是在"去证券化"，因为"去证券化"包含了回归常态、放弃合法使用特殊手段应对威胁。"去证券化"的观点至少目前不可信。中国政府正面对若干潜在的政治挑战，有很强烈的危机感。经济领域的威胁也同样甚至更加明显。因此，"一带一路"旨在探索新市场和维持现有市场，以推动经济可持续增长。在军事背景下，面临着关于台湾、新疆、南中国海及其他问题的威胁，如果国家利益受到侵害，中国必须有能力予以回应。有的学者提出"去证券化"的确有其道理，但只能是在威胁消失或大幅度减弱的情况下才有效。

本章的分析有四个方面。首先，将探究建设新丝绸之路的原因，继而强调中国战略的温和。其后，将寻求理解"一带一路"倡议在陆地部分所面临的挑战，并在最后一节，研究其海洋部分的特征。出于对主要结论的预见，本章将尝试说明"一带一路"倡议是"混合证券化"的战略，是陆海相互依存的结果，也是内在的硬实力和软实力互动的结果。但是有理由推测，"一带一路"倡议将是一个延续几十年甚至几代人的宏大工程。下一代中国人的目标是建立起中国与世界其他国家的陆海高速连接，著名的格言——"条条大路通罗马"所预测的景象或许会实现，中国在未来将成为全球性的巨型枢纽，连接所有的物流纽带。另外，我们可以预见欧洲与地缘心脏地带的重新整合，其地缘经济和政治的影响，将可能削弱长久以来的跨大西洋霸权体系。

二、为什么是"新丝绸之路"？

为了理解"新丝绸之路"概念的本质（它是本章的基础），首先有必要追根溯源，简要回顾古丝绸之路的辉煌历史。一言蔽之，所谓"丝绸之路"，名称来源于中国汉代获利丰厚的丝绸贸易，它由一系列贸易路线组成，全长近八千千米，在两千年前连接起从南亚、东亚和西亚到地中海和欧陆的经济，也包括北非和东非部分地区的经济。茶叶、瓷器和丝绸等物产，以及哲学、宗教和技术从长安（今西安，中国陕西省省会）启程，跨越中亚和西亚，到达欧洲大陆，展现了丝绸之路作为不同文明之间经济文化交流渠道的重要性。

通过搭建起东西方旅行者、朝圣者、僧侣和士兵的桥梁，丝绸之路成为当时世界最大最繁荣的贸易路线，在印度、中国、欧洲、埃及、波斯和其他文明的发展中起到关键作用。实际上，与海路不同的是，陆路允许商队在到达目的地之前，与沿途的不同文化和社群互动，促进了知识、文化和信仰的交流。西巴尔（Sibal）等学者认为，古丝绸之路唤起了"中国过去在世界贸易中的重要角色"和"中国在很久以前的经济优势"的历史回忆，当代中国是想要恢复这些优势。西巴尔还强调，"古丝绸之路象征着中国与外部世界的联系"，是中国"当代经济和贸易战略的新焦点"。进入现代以来，沿丝绸之路的贸易逐渐减少，主要是因为海运的发展使其成本开始低于陆运。另一方面，沿线地区不稳定的政治形势也是丝绸之路衰落的决定性因素。所有这些因素决定了骆驼和骡子逐渐被船只取代，海路相应地逐渐兴盛，取代途径中亚的陆路。因此，1400年左右，丝绸之路作为贸易路线逐渐瓦解，尽管六个世纪后，这个概念重新出现。

实际上，恢复东西方走廊是为了在政治、经济、军事和软实力领域实现全面和多重的"证券化"。正如斯奈尔德（Snelder）对"一带一路"的评论，"中国复兴丝绸之路不仅是对神秘历史的回忆，也很能说明国家的未来战略方向"，中国是将其视为寻找新市场（同时维护现有市场）、减少沿海省份和内陆贫困地区发展不平衡、维护国家和周边地区稳定的手段。除了对中国内陆省份发展的关注外，新丝绸之路的另一个目标是稳定问题。但实际上，在实践中这些目标是不可分割的，正如发展离不开稳定一样。稳定的新疆将继续向中国其他地区提供经济增长所必需的自然矿产和能源资源。

中国在致力于实现国土西侧"证券化"的同时，东部海疆关系也很紧张，海上争端未得到有效解决，相关国家关系比较紧张。但不同于当前在南中国海和东中国海的事态，从军事角度来看，美国对中国进入中亚持相对开放的态度，只要中国不卷入与俄罗斯的地缘战略利益冲突。毕竟，这里不仅是中国的近邻，也是俄罗斯的近邻。这正如沙玛（Sharma）等学者所评论的："随着美国和北约从阿富汗撤军，俄罗斯经济因乌克兰危机遭受制裁，中国似乎处于可放手在该地区追逐利益的有利地位。"

除了对话、高级别会议和上述提及的战略伙伴关系，新丝绸之路主要将经济合作作为与邻国架设桥梁的必要工具。这意味着，中国不仅会签订包括自由贸易协定在内的优惠协议，还会给予相关国家信贷和优惠贷款，主要用以支持能源、基础设施领域和"铁路、高速公路、油气管道"建设方面的项目合作。以地区交通运输网络的一体化为重点，以高铁项目为先行项目，既要发展中国的西部省份，又要满足国家对自然资源的需求。

另一个证明新丝绸之路是中国利益"证券化"工具的理由是，"一带一路"倡议将从全局（不只局限于新疆等偏远省份）给中国经济带来的动力。在这方面，学者伊斯特班（Esteban）和奥特罗（Otero）研究认为，新丝绸之路可以在四个经济领域发挥重要作用，它们是"建筑业国际化、鼓励出口、降低供应链的风险、吸引对中国内陆地区的投资"。新丝绸之路可被比作双向通道，既鼓动中国企业在全世界扩张，又邀请外国投资者惠及中国市场。另一方面，科恩（Cohen）和达通（Dalton）认为，在当前世界经济放缓时期，新丝绸之路可以为中国建筑业提供重要的替代选择和杠杆，为中国建筑企业提供更好的海外收益前景。

三、一个软战略？

"软实力是综合实力的一个方面，是衡量国际地位和影响力的重要指标，是在国际竞争中保持优势地位的重要工具"，这一思想已逐渐引起中国战略圈的重视。尚关布（Sanguanbu）认为，正因为将软实力作为"中国崛起不可分割的工具"，有助于实现"和平与稳定的国际环境"，我们才能理解软实力在习近平外交政策中的重要性。事实上，习近平认识到了软实力的潜力，他指出："应当增强中国的软实力，讲好中国故事，传播好中国声音。"萨亚马（Sayama）认为，习近平主张对软实力建立整体感知，将中国的内政外交纳入有机整体，将"和谐社会"的概念理想化。尚关布（Sanguanbu）等也认为，"在维护国家稳定的同时，提高软实力是构建中国综合国力的最高发展战略中的重要任务"。因此从这个角度可以认为，中国在全局层面向世界提出新丝绸之路，其目的是想实现周边地区（如中亚）的"证券化"，同时确保偏远省份（如新疆）的进出通道的顺畅，旨在通过运输和多种服务，打破原有的孤立状态。因此，新丝绸之路背后的物流运输意在鼓励经济发展和维护国家层面的稳定，也就是说，在更宏观的层面，中国将新丝绸之路的影响拓展到中国其他省份和接受新丝绸之路精神的国家。

舍弗逊（Severson）认为，从长远来看，中国将软实力设想为一种工具，以缓解在世界范围内广泛传播的"中国威胁论"。这正如一位华裔学者所言："中国在海外的软实力运用是防御性的：塑造更好的国家形象、纠正误解和抵御西方对华文化与政治入侵。"中国的"魅力战略"包括外交与合作，以及在地区组织框架和多边合作论坛层面，与亚洲伙伴一道扮演更积极的角色。另外，中国也有越发浓厚的兴趣去重塑国际金融组织，以推动世界经济发展，并在各组织中拥有更大的发言权。实际上，这正如张蕴岭所指出的，中国的目标很明确，即"营造有助于经济合作、强化政治信心和地区安全的环境"。

毕竟，新丝绸之路为中国提供了以一系列利益为特征的"证券化"模式，从政治到军事计划，再到能源安全（广义上被纳入经济目标），等等。正如格里姆（Grimm）所言："中国做了明智的选择，将丝绸之路的强烈吸引力和精神鼓舞作为发展自身软实力的独有战略"。尽管新丝绸之路是提升中国软实力的优良方式，另一个方面也不可被忽视，即中国的"魅力攻势"早已开始，近年来海外孔子学院的数量不断增长，在美国已超过40所，2009年在75个国家设立了260所，2014年在108个国家设立了896所。自2007年以来，时任中国国家主席胡锦涛认识到必须重视软实力建设，中国学者谢韬指出："近年来中国已经在软实力上花费了数十亿美元"，"提升中国中央电视台等官方媒体的外宣交流能力，承办奥运会和上海世博会等大型活动，举办数十个国家领导人出席的APEC峰会，以及资助地区安全与繁荣主题的论坛（博鳌亚洲论坛）等"。除了这些，免除外债、组织学生和技术人员交换、提供奖学金和贷款等行动常比西方国家的援助来得更优厚，在多国展开的物流基础设施等方面的建设同样展现了中国政府对提升软实力方面的重大努力。

四、陆上路线的证券化

中国新丝绸之路包含两个互补的倡议：陆上走廊和海上路线。实际上，这里不是只有两条路线，而是一系列已经运行或正在规划的通道用以连接东西方。不同国家的学者对中国新丝绸之路的路线设想也是不同的，不必对此感到惊奇，毕竟这个项目还需要更明确的概念辨析。另外，还不确定新丝绸之路的实施是否需要各国与中国或地区机构之间签订一系列双边协定。

关于新丝绸之路的连接方式，铁路是重要的选择，中国产品将更有效地进入欧洲和中亚市场。因此，沙巴之（Sahbaz）在报告中提及"中国政府将铁路连接作为其经济发展新战略的核心特征"并非偶然，因为中国关注"发展内陆地区的交通，以缓解东部地区的拥挤（口岸的拥挤和港口与土地成本的上涨）"。在中国新丝绸之路的规划框架下，铁路是重要的物流选择，因为中国货物通过铁路运输到达欧洲目的地仅需16天（如果从重庆出发）。相比之下，海运则需五个星期，某些情况下还可能严重延误。铁路运输集装箱的唯一缺点是成本高昂——每个集装箱约7000美元——几乎是海运成本的3.5倍。伊斯特班和奥特罗认为，铁路运输适用于"易受潮、易腐烂或高价值，或因体积和重量不适宜空运"的货物，这将有助于有效的经济和物流"证券化"。

尽管乍一看，中国追求中亚地区物流通道的"证券化"很好理解，列车从中国乌鲁木齐出发，途径吉尔吉斯斯坦、乌兹别克斯坦、伊朗和土耳其，到达欧洲，但"钢铁丝绸之路"并不止步于此。这实际是一个全球性工程，从字面意义上讲，很可能会颠覆和重新规划用以沟通的基础设施，以及全球人员、货物和资本的运输。因此，尽管当前中国将前往欧洲大陆通道的"证券化"放在优先位置，但从长远来看，北京雄心勃勃，准备迎接挑战去建设连接中国和北美的铁路，甚至加入美洲两洋铁路。考虑到中国工程师已经多次证明他们有能力克服通常被认为在技术和后勤方面不可能被克服的障碍，我们可以推测，在未来几十年，中国的战略规划不会局限于东西方物流通道的"证券化"。相反，中国的战略旨在将本国构建为全球性巨型枢纽，所有方向的道路都将汇集于此。

除了以上理由，明尼克（Minnick）认为，铁路在中国新丝绸之路的军事和物流"证券化"方面发挥了极端重要的作用，它们是中国国防战略在欧亚大陆投送力量的重要构成部分，目的在于保护其补给线，并为可能的"军事化"创造条件。从此意义上说，在中国的新铁路丝绸之路中，铁路的"军事化"旨在确保必要时军队快速动员。与中国陆上新丝绸之路相关联的军事"证券化"，使得铁路成为中国人民解放军支配的战略工具。在这个方面，有学者认为中国已经开始运用从上海到南京、最高时速达350千米的高铁运输部队，在除战争以外的军事行动中，高铁是投送军事人员和轻型装备的理想方式。

实际上，同样重要的是认识到中国对保护海上供应线的重视超过铁路军事化。中国优先关注海上线路的"证券化"，因而不利于在地区层面上利用铁路进行军队运输，这可以事先提供一些解释。在众多看似可信的原因中，本章强调海运在全球物流中拥有压倒性的优势，对中国的大部分进出口而言同样如此，这可以解释为什么保持海运畅通对北京如此重要。必须看到，军队的铁路运输（尽管可能如林毅夫指出的那样有效）取决于外部授权（特别是主权问题）等因素，包括高铁建设以及军队和战争物资的运输。

五、海上路线的证券化

尽管着力推动亚洲陆上走廊的复兴，中国同样支持海上新丝绸之路。查特韦迪（Chaturvedy）等学者认为，中国的海上新丝绸之路应当被理解为服务于"大战略"的工具，是基于对国家利益的保护和对运输自然资源的战略通道，以及市场和流动与交通路线等的战略追求。因此，我们理解发展包括港口、走廊、海运、陆运甚至空中路线在内的物流网络的重要性。但是海上丝绸之路面临着巨大的挑战，中国海军的现代化进程（海上走廊证券化的必然产物）引起邻国对中国在地区背景下的意图的忧虑。因此，尽管北京向东盟国家强调开通海上新丝绸之路的益处，但目前效果还不明朗。

与纳入中国新丝绸之路的铁路类似，除了民用功能，中国也计划从军事层面对相应的港口配制基础设施。中国海上新丝绸之路是完全"证券化"的，因为除了能源相关、文化、商贸、金融（人民币的扩张）、物流和政治，它还包括军事"证券化"的努力。在这方面，林毅夫指出："中国海军舰艇在远海展开积极的外交活动，包括正常的港口访问，以及亚丁湾以从事反海盗任务的方式展示存在。中国海军也已经停泊在地中海和黑海各港口。"但在中国新丝绸之路的背景下，港口军事化意味着工具配套，允许其用于"除战争以外的军事行动"。这些工具是什么？在非洲，中国已经与当地政府签订了重要的能源和贸易协定，这些地区需要中国动用军队来保护其国家利益免受恐怖主义的威胁。

"除战争以外的军事行动"的含义是指"保护中国的海外利益和向国际社会提供公共产品"。当提及海上丝绸之路，就有必要提及"珍珠链"。因为这在港口网络的军事化以及中国海上丝绸之路"证券化"的背景下至关重要。中国曾畏惧在发生冲突的情况下遭遇美国的石油禁运，因此北京积极推动陆上基地的建设，以保护其供应线。"珍珠链"是人造海岸线，由主要航路上的后勤和外交支撑点构成，从缅甸到霍尔木兹海峡，保证中国对于印度洋的监控。

但是通过此项目中与印度洋国家的谈判，保证对印度洋海上航路和中国海外军事基地的长期监管，中国被印度认为是在进犯其近邻地区。中国对印度洋上每个关键节点的"证券化"意图，新德里都会相应地通过软实力的外交反制——通常包括对美国的地区经济援助进行回应，目的是限制中国的物流、能源和军工资产证券化。在这方面，"珍珠链"是中印之间"猫捉老鼠"的游戏，两国都在寻求压制对方在印度洋的优势。这一地缘政治和地缘战略竞赛的主要受益者是那些寻求利益最大化的国家，包括缅甸、孟加拉国、马尔代夫、巴基斯坦、斯里兰卡、塞舌尔等。

辛格等印度学者认为，中国对印度洋感兴趣并非近期发生的，中国寻求在该地区的战略存在已经有一段时间了。但是在亚丁湾和其他连接印度洋与苏伊士运河的海上航路打击海盗，以及近期扩大中国与世界其他国家经济联系的动力，也是海上丝绸之路的战略考虑，这也解释了中国海军在印度洋的活动原因。但也有学者认为："当前现实之下的不是单纯的打击海盗问题，而是对海上交通要道的支配，因为通过这一军事部署，我们注意到了在大国之间为控制从曼德海峡到马六甲海峡的世界贸易要道的暗中争斗。"

事实上，中国在印度洋珍珠链"证券化"的内在动力，正在于巴拉斯科（Blasko）所描述的经济需要。也就是说，中国希望海军去保证自身在经济层面免受挫折，中国以这样的方式使其陆海军事"证券化"互补，并内生于构成中国新丝绸之路基础的经济、能源、政治和文化的"证券化"之中。因此，任何对下列问题的解读——中国海洋战略的利益关切、印度洋珍珠链的目的、北京进行海军现代化的理由、南中国海人工岛屿的建设，或者更广义上的海上航路的"证券化"，都应当考虑到中国海军建设思想的演化。我们今天目睹的物质层面的军事现代化，事实上伴随着中国战略思考的演变。这种战略思考的灵感，来源于美国阿尔弗雷德·马汉的理论。根据马汉的思想："支配海洋必须优先关注公海自由和开辟海上贸易路线，贸易需要商船，需要海军提供保护，也需要海洋航路上的据点来进行燃料补给和维修。"珍珠链是中国海上新丝绸之路的重要组成部分，在其固有的"证券化"努力的框架内，这里有必要提及两颗特别重要的"珍珠"——瓜达尔港和吉布提。

通过分析瓜达尔港的地缘政治和地缘战略作用，可以帮助人们理解中国是如何尝试将其能源供应"证券化"的。瓜达尔港是印度洋上一个与中国西部和南部有陆路连接的港口，有助于中国避免"马六甲之困"。假如在物流和能源"证券化"的情况下，中巴经济走廊将包括具有地缘政治意义的高速公路、铁路、天然气和石油管道建设，正如美国《外交事务》杂志所指出的："中国参与瓜达尔港将使其在印度洋扩张影响力，而印度洋是大西洋和太平洋之间至关重要的石油运输通道。"学者卡里科（Carrico）指出："对中亚各共和国而言，瓜达尔港将成为可供选择的能源出口通道，从库沙（到土库曼斯坦）直到瓜达尔港的距离是1200千米，而到最近的黑海港口敖德萨，距离则是3400千米。"还应当指出的是，巴基斯坦可通过瓜达尔港，向中国提供贸易和能源的通道，来自中东的石油储存在瓜达尔港的冶炼厂，然后通过管道和铁路运往中国。这条走廊提供了从中国到西亚更短的路线，大大节省了时间和海运成本。

物流运输是中巴经济走廊固有的一部分，为保证其利益的"证券化"，中国可以快速调动军队和武器装备，或从港口运输到内陆，或通过铁路运输到港口，取代海上的军事行动。瓜达尔港仍旧处于军事"证券化"的领域，它至少可为中国人民解放军提供了观察站（甚至支援站），因为瓜达尔港极具地缘战略意义，因为它坐落于霍尔木兹海峡外，全世界40%的石油运输经过这里。

另外，看一下吉布提。在中国海上新丝绸之路固有的物流"证券化"的背景之下，让我们分析吉布提的重要性。选择吉布提作为中国海军首个海外基地，有技术、经济、政治、军事和软实力的考量。首先，选择非洲之角，在地缘战略方面便于打击海盗，进而保证海上航路的"证券化"。事实上，吉布提位于红海和亚丁湾的交汇处，对那些前往非洲、亚洲和欧洲的船只而言，该国是至关重要的交通要道。从后勤和技术的角度来看，吉布提不仅是中国首个海外军事基地的所在地，其他国家也同时在此驻军，如法国、日本、德国、意大利和美国。中国首个海外军事基地的建设自有其地缘政治方面的众多解释，这些解释受到各种价值或思想学派的影响（如现实主义、自由主义、建构主义等）。但如果我们看到在实用主义指导下的中国海军思想的演变和中国对海外利益的保护，最终我们可能会得出结论：在吉布提建设首个军事基地，来源于中国维护和扩大海外利益的持续努力。在这方面，我们必须从受到马汉影响的国家利益观念出发，理解吉布提以及中国新丝绸之路的本质。正如本章前面所指出的，海外贸易需要海军来保护。

为了找到更多的因素来证明中国海军利益"证券化"，并帮助我们理解中国海军基地和中国航母存在的理由，我们有必要特别研究一下中国的"十三五"规划。尽管之前的五年规划将海洋视为推动中国经济发展的资源来源地，但"十三五"规划才真正推动了中国海洋新观念的出现。在"十三五"规划出台之前，中国将陆地的重要性置于海洋之上；正是这一规划的出台，承认了陆海是互补的"有机整体"，中国将通过"陆海协调"，成为"陆海兼备的国家"。

在军事行动方面，中国逐渐放弃单纯的近海防御，增加对海上"拒止战略"的投资。但是为了在公海展开军事行动（需要蓝水海军），中国海军必须逐步克服一些数量、质量、空间和时间上的问题。尽管中国人民解放军的现代化有数量、质量和时间上的过程，中国海上利益的军事"证券化"也需要克服空间上的障碍。因此，尽管中国的军事利益集中于南中国海，但在海上航路"证券化"和所谓力量投放的背景下，遥远的南太平洋也同样重要。实际上，中国海军已经显示出越过"第一岛链"的意愿。因此，有学者认为，从地缘战略和军事利益"证券化"的角度来看，中国有必要冲破"第一岛链"，阻止任何遏制其海军发展的企图，人民解放军海军有必要向"蓝水海军"转变。

六、结语

尽管印度对所谓的"珍珠链"忧心忡忡，实际上，这也很正常，毕竟它是要面对中国这样的大国要进入印度洋。事实上，今天的中国以追求复兴和强大的国家主义为特征，如果我们将此考虑在内，也就不必惊奇于中国不仅将海洋看作"证券化"的工具——毕竟大多数的石油进口通过海洋完成——也将海洋看作力量投放的手段。在此意义上，中国采纳了与过去的海上强权相似的做法。外界对中国在瓜达尔港和在吉布提的首个海军基地的利益有诸多猜测，其实大可不必担心中国的威胁，因为中国外交本质是采取不干涉政策。但同时我们也必须谨慎，毕竟中国很忧虑其海外侨民和海外利益的安全问题，对中国的海外利益进行合理保护难道是不可接受的吗？在此意义上，可以认为吉布提并非货真价实的军事基地，或是对美国军事主导权的好战挑衅，而是服务于除战争以外的军事行动的后勤基地，也象征着权力的合法性，关系到一个海盗频频出没的区域的能源流动的"证券化"。最终，在对过去辉煌历史的怀念中，中国的新丝绸之路意在保证和平崛起，尽管也充满了一些民族主义的情感，和对国际威望与合法性的追求。

我们必须克服官僚主义的障碍和国家间的不信任，中国参与了所有这些物流网络通道的复兴，以求其投资能够收获更大的效果与成就。不同主体对中亚看法的演变和与此相联系的倡议，可能会（或不会）扭转以往将此区域看作世界地图上的"孤岛"的传统。事实上，随着地区和世界范围内权力的重新配置，欧亚大陆心脏地带将逐渐摆脱孤立；美国面对的未来世界中，坐火车跨越欧亚大陆的人将比坐飞机越过大西洋到达美国的人更多。实际上，这可能是地缘政治、地缘战略、地缘经济的巨大变动和重新配置。

参考文献

1.Annual Report to Congress. 2016. *Military and Security Developments Involving the People's Republic of China*. April 26. Office of the Secretary of Defense.

2.Beijing Review. 2014. *Silk Road to Prosperity*. 57(13):1–19.

3.Bhattacharjee,Dhrubajyoti. 2015. China Pakistan Economic Corridor (CPEC). *Indian Council of World Affairs*. Issue Brief,May 12,1–15.

4.Blasko,Dennis. 2015. *The 2015 Chinese Defense White Paper on Strategy in Perspective:Maritime Missions Require a Change in the PLA Mindset*. China Brief XV(12):3–6.

5.Brown,Kerry. 2015. The Security Implications of China's Belt and Road. *The Diplomat*,November 27. Available at https://thediplomat.com/2015/11/the-security-implications-of-chinas-belt-and-road/

6.Buzan,Ole Waever,and Jaap de Wilde. 1998. *Security -A New Framework for Analysis*. Boulder:Lynne Rienner Publishers,Inc.

7.Carriço,Manuel. 2011. *A Geopolítica das Linhas de Transporte na ásia:Uma Incursão Analítica*. Revista Militar (2511):469–523. Retrieved from https://www.revistamilitar.pt/artigo/645

8.Chanda,Nayan. 2015. *The Silk Road-Old and New*. Global Asia,Yale

Global Online. MacMillan Center, October 26. Available at http://yaleglobal.yale.edu/content/silk–road–old–and–new

9.Chang, Gordon. 2015. *Will 2016 Bring the Collapse of China's Economy?* The National Interest, December 29. Available at http://nationalinterest.org/feature/will–2016–bring–the–collapse–chinas–economy–14753

10.Chaturvedi, Rajeev. 2014. *New Maritime Silk Road: Converging Interests and Regional Responses.* ISAS Working Paper, n.° 197, October 8. Institute of South Asian Studies National, 1–20.

11.Clover, Charles, and Lucy Hornby. 2015. China's Great Game: Road to a New Empire. *The Financial Times*, October 12. Available at https://www.ft.com/content/6e098274–587a–11e5–a28b–50226830d644

12.Cohen, Craig, and Mekissa Dalton. 2016. *Global Flashpoints 2016: Crisis and Opportunity.* Center for Strategic and International Studies. Rowman & Littlefield.

13.Çolakoglu, Selçk, and Emre Sakaoğlu. 2015. "Iron Silk Road": Dream or Reality? *Turkish Weekly*, May 26. Available at http://www.turkishweekly.net/2015/05/26/news/iron–silk–road–dream–or–reality/

14.Duarte, Paulo. 2017. *Pax Sinica.* Lisbon: Chiado Editora.

15.Duiker, William, and Jackson Spielvogel. 2015, *World History*, Volume I: To 1800.Cengage Learning.

16.Duque, Marina. 2009. O papel de síntese da Escola de Copenhague nos estudos de segurança internacional. *Contexto Internacional*, 31(3):459–501.

17.Erickson, Andrew. 2015. *Personal Summary of Discussion at China's*

Naval Shipbuilding: Progress and Challenges. Conference Held by China Maritime Studies Institute at U.S. Naval War College, Newport, 19–20 May, 1–5.

18.Esteban, Mario, and Miguel Otero –Iglesias. 2015. *What Are the Prospects for the New Chinese–Led Silk Road and Asian Infrastructure Investment Bank?* Elcano Royal Institute, 23:1–10.

19.Foreign Affairs. 2015. *A Strategic Seaport: Is Pakistan Key to China's Energy Supremacy?* March 5. Available at https://www.foreignaffairs.com/articles/china/2015–03–05/strategic–seaport

20.Frankopan, Peter. 2015. *The Silk Roads: A New History of the World.* London: Bloomsbury Publishing PLC.

21.Future Watch Report. 2016. *One Belt One Road: Insights for Finland.* January. Available at https://www.slideshare.net/futurewatch/one–belt–one–road–insightsfor–finland–team–finland–future–watch–report–january–2016

22.Gao, Siqi. *2015 China's Soft Power in the Arab World Through Higher Educational Exchange.* Honors Thesis Collection. Paper 290. Wellesley College. Submitted in Partial Fulfillment of the Prerequisite for Honors in Political Science.

23.Ghiselli, Andrea. 2015. The Belt, the Road and the PLA. *China Brief,* XV(20):14–17.

24.Grimm, Sven. 2015. *A New Silk Road–China's Soft Power,* November 9. German Development Institute/Deutsches Institut für Entwicklungspolitik (DIE), The Current Column.

25.Holmes, James. 2016. *China's 'String of Pearls': Naval Rivalry or Entente in the Indian Ocean?* Pakistan Defence, March 1. Available at http://defence.pk/threads/china%E2%80%99s-%E2%80%98string-of-pearls%E2%80%99-navalrivalry-or-entente-in-the-indian-ocean.424704/

26.ICEF Monitor. 2016. *Education and the Exercise of Soft Power in China*, January 13. Available at http://monitor.icef.com/2016/01/education-and-the-exercise-of-soft-power-in-china/

27.Kleven, Anthony. 2015. Is *China Maritime Silk Road a Military Strategy*. The Diplomat, December 8. Available at http://thediplomat.com/2015/12/ischinas-maritime-silk-road-a-military-strategy/

28.Lanjian, Chen, and Zhang Wei. 2015. China OBOR in Perspective of High-Speed Railway(HSR)-Research on OBOR Economic Expansion Strategy of China.*Advances in Economics and Business*, 3(8):303-321.

29.Lin, Christina. 2011. *China's New Silk Road to the Mediterranean: The Eurasian Land Bridge and Return of Admiral Zheng He.* ISPSW Strategy Series: Focus on Defense and International Security(165):1-23.

30.————.2013a. China's Strategic Shift Towards the Region of the Four Seas: The Middle Kingdom Arrives in the Middle East. *Middle East Review of International Affairs*, 17(1):32-55.

31.————.2013b. *China's Strategic Shift Towards the Region of the Four Seas: The Middle Kingdom Arrives in the Middle East.* ISPSW Strategy Series: Focus on Defense and International Security(226):1-24.

32.Martinson, Ryan. 2016. The 13th Five-Year Plan: A New Chapter in China's Maritime Transformation. *China Brief*, XVI(1):14-18.

33.Minnick,Wendell. 2015. *China's 'One Belt,One Road' Strategy.* Defense News,April 12. Available at https://www.defensenews.com/home/2015/04/11/china-s-one-belt-one-road-strategy/

34.Morrison,Wayne. 2015. China's Economic Rise:History,Trends,Challenges,and Implications for the United States. *CRS Report for Congress,* October 21,1–44.

35.Mullen,Rani,and Cody Poplin. 2015. The New Great Game:A Battle for Access and Influence in the Indo-Pacific. *Foreign Affairs,*September 29. Available at https://www.foreignaffairs.com/articles/china/2015-09-29/new-greatgame

36.Orion,Assaf. 2016. *The Dragon's Tail at the Horn of Africa:A Chinese Military Logistics Facility in Djibouti.* INSS Insight n.° 791,February 1. Available at http://www.inss.org.il/publication/the-dragons-tail-at-the-horn-of-africa-achinese-military-logistics-facility-in-djibouti/

37.Pandey,Sheo,and Hem Kusum. 2011. *Wherewithal of China's Grand Periphery Military Strategy.* ISPSW Publications,1–9.

38.Pei,Minxin. 2015. The Twilight of Communist Party Rule in China. *The American Interest,*November 12. Available at http://www.the-american-interest.com/2015/11/12/the-twilight-of-communist-party-rule-in-china/

39.Pejsova,Eva. 2016. Scrambling for the Indian Ocean. European Union Institute for Security Studies(EUISS). February. *Brief Issue,*1–4.

40.Philipp,Joshua. 2015. China to Extend Military Control to Indian Ocean. *Epoch Times,*October 25. Available at http://www.theepochtimes.com/n3/1878296-china-to-extend-military-control-to-indian-ocean/

41.Preston,Felix,Rob Bailey,Sian Bradley,Wei Jigang,and Zhao Changwen. 2016. *Navigating the New Normal: China and Global Resource Governance*. A Joint DRC and Chatham House Report. The Royal Institute of International Affairs.

42.Ramachandran,Sudha. 2015. China –Pakistan Economic Corridor: Road to Riches? *China Brief*,July,15(15). Available at http://www.jamestown. org/programs/chinabrief/single/?tx_ttnews% 5Btt_news% 5D =44233&cHash = ca403ad0c1bccb4a37fcbfb723d59029#.VuxYR8vctMt

43.Sahbaz,Ussal. 2014. *"The Modern Silk Road: One Way or Another."* The German Marshall Fund of the United States,On Wider Europe Series, 1–8.

44.Sakhuja,Vijay,and Gurpreet Khurana. *2016 Maritime Perspectives 2015.* New Delhi: National Maritime Foundation.

45.Sanguanbun,Sompong. 2015. China's Soft Power Policy: Lessons and Implications. *RJSH, Institute of Diplomacy and International Studies, Rangsit University*,2(2):19–26.

46.Sárvári,Balázs,and Anna Szeidovitz 2016. The Political Economics of the New Silk Road. Baltic Journal of European Studies. *Tallinn University of Technology*,6(1):3–27.

47.Sayama,Osamu. 2016. China's Approach to Soft Power: Seeking a Balance Between Nationalism,Legitimacy and International Influence. *RUSI Occasional Paper*,March 2016,16p.

48.Severson,Jesica. 2012. *Countering the China Threat: China's Good‐will Campaign in Foreign Policy 2002–2012.* Presented to the Department of

Political Science and the Graduate School of the University of Oregon in Partial Fulfillment of the Requirements for the Degree of Master of Science, September 2012.

49.Sharma,Raj. 2015. Dragon Rises in Central Asia—Security and Economic Dimensions. *Asia Times*,August 3. Available at http://atimes.com/2015/08/dragon—rises—in—central—asia—security—and—economic—dimensions/

50.Sibal,Kanwal. 2014. China's Maritime 'Silk Road' Proposals Are Not as Peaceful as They Seem. *Mail Online India*,February 24. Available at http://www.dailymail.co.uk/indiahome/indianews/article—2566881/Chinas—mari time—silkroad—proposals—not—peaceful—seem.html

51.Singh,Anita. 2015. Unequal Partners:China and Russia in Eurasia. *The Diplomat*,June 3. Available at http://thediplomat.com/2015/06/unequal — partnerschina—and—russia—in—eurasia/

52.Snelder,Julian. 2014. Why China's Silk Road Initiative Matters. *The Interpreter*,July 29. Available at https://www.lowyinstitute.org/the—in-terpreter/why—chinas—silk—road—initiative—matters

53.Stone,Andrew. 2016. Why China Is driving a New Silk Road. *Supply Management.* CIPS,January 18. Available at https://www.cips.org/supply—management/analysis/2016/february/why—china—is—driving—a—new—silk—road/

54.Struye,Tanguy. 2009. *La piraterie maritime:un nouveau rapport de force dansl'Océan Indien?,Chaire InBev Baillet—Latour Programme Union Européenne—Chine.* Note d'Analyse(1):7–13.

55.Swaine,Michael. 2015. *Chinese Views and Commentary on the "One*

Belt, One Road" Initiative. China Leadership Monitor(47):1-24.

56.Tao, Xie. 2015. China's Soft Power Obsession. *The Diplomat,* April 14. Available at http://thediplomat.com/2015/04/chinas-soft-power-obsession/

57.Thayer, Carl. 2015. The Philippines, Malaysia, and Vietnam Race to South China Sea Defense Modernization. *The Diplomat,* January 23. Available at https://thediplomat.com/2015/01/the-philippines-malaysia-and-vietnam-race-tosouth-china-sea-defense-modernization/

58.Tiezzi, Shannon. 2015. How China Seeks to Shape Its Neighborhood. *The Diplomat,* April 10. Available at http://thediplomat.com/2015/04/howchina-seeks-to-shape-its-neighborhood/

59.Vandewalle, Laurence. 2015. *Pakistan and China: 'Iron Brothers' Forever?* European Union: Policy Department, Directorate-General for External Policies, June.

60.Wu, Jiao, and Yunbi Zhang. 2013. Xi in Cal for Building of New 'Maritime Silk Road'. *China Daily,* October 4. Available at http://usa.chinadaily.com.cn/china/2013-10/04/content_17008940.htm

61.Xinhuanet. (2014). *Xi Eyes More Enabling int'l Environment for China's Peaceful Development.* English.news.cn, November 30. Available at http://news.xinhuanet.com/english/china/2014-11/30/c_133822694_4.htm

62.Yu, Chang Sen. 2015. *The Pacific Islands in Chinese Geo-Strategic Thinking.* National Center of Oceania Studies, Paper Presented to the Conference on National University of Samoa, 25-27 February, 1-19.

63.Zhang, Yunling. 2012. China's Regional and Global Power. *East Asia*

Forum, February 6. Available at http://www.eastasiaforum.org/2012/02/06/chinas–regional–and–global–power/

64.Zhao, Minghao. (2015). *China's New Silk Road Initiative.* Paper Prepared for the Istituto Affari Internazionali(IAI), October, 1–12.

第七章 "一带一路"背景下基础设施联通的经济动因与非经济后果解析

一、引言

随着"一带一路"倡议的提出，中国国家主席习近平开启了中国融入全球经济的新时代。陆上"丝绸之路经济带"和"21世纪海上丝绸之路"是"一带一路"建设的两大支线，这两大支线将促进亚欧大陆以及非洲之间的互联互通。它们总共覆盖了65个国家，经济总量占世界国内生产总值的70%，人口总量占世界的60%，能源总量占世界的75%。从2013年以来，"一带一路"的发展势头非常看好：自2015年4月签署的首个"一带一路"项目以来，有900个（目前还在增加）基础设施项目正在建设之中，总造价从8900亿美元到1.3万亿美元之间；已有超过200家企业承诺参与其中；中国已经或正在与25个国家商谈建立自由贸易协定；2016年，中国政府与国际组织签署了第一份关于"一带一路"合作的谅解备忘录。

"一带一路"倡议旨在建设一个由刚性、物理性基础设施和软性、政策性基础设施组成的庞大网络。现有的研究多聚焦在"一带一路"的政治、战略或经济动机，地缘政治、国内政治经济和霸权目标就被优先考虑。本章试图从另外一个视角，来认识"一带一路"的经济动因和非经济后果。本章认为，基础设施连通是"一带一路"中最基本、最明显的要素，其本身是作为中国国内经济需求的回应，同时形成了一系列非经济后果。这些非经济后果包括：获取更大的地区影响力，在全球经济结构中占据更大的空间，保障自身的能源供应，实现地缘政治和战略目标，将自己塑造为美国在亚太地区的利益相关者。

二、"一带一路"背后的中国经济动机是什么？

在确定中国"一带一路"的经济驱动力时，以下几点被学界多次重申：将国内经济从出口导向型、劳动密集型和投资密集型转变为以服务业、国内消费和技术为主导的经济，将过剩的工业产能转移到国外，发展其内陆中西部地区的欠发达省份，使人民币国际化，寻求改革和塑造更有利于中国利益的全球经济金融体系。目前的大部分研究大体上到此就停止了。

然而这些都是"一带一路"正在追求的中国经济目标而已，我们需要深入分析这些目标背后的真正原因。

在2007—2008年全球经济和金融危机爆发之前，快速的贸易增长和全面的经济自由化是全球互动的特点。正是在这种高度全球化的背景下，中国经济经历了数十年的惊人增长（见图7-1）。

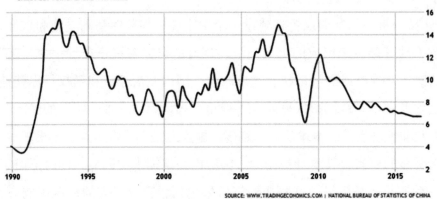

图7-1　中国国内生产总值年均增长率
资料来源：中国国家统计局

　　1978年，邓小平领导下的中国开始了面向市场经济的改革。20世纪80年代以来，历届中国政府都在持续推进中国的对外开放和融入全球价值链，中国邀请世界走进来；1988年的沿海发展战略将沿海省份确立为中国的主要出口平台；20世纪90年代初，推动中国国有企业"走出去"；21世纪初，中国在海外的投资开始大幅增加。由于劳动力充足，中国从1990年占全球制造业总产值不到3%的国家到2015年变成了世界工厂。如今，中国占全球制造业的近1/5（是世界上最大的圣诞装饰品、电脑、鞋子、水泥、塑料、不锈钢、太阳能电池和润滑油生产商）。中国贸易也蓬勃发展——从1978年仅占国民收入7%的贸易量到2005年占国内生产总值的62.9%，而且中国在2009年就成为世界上最大的出口国，随后在2013年超过美国成为世界上最大的贸易国。同时，中国海外投资不断增加，目前是全球第二大跨境投资国，预计到2020年将成为全球第一大跨境投资国。

　　2007年，中国的国内生产总值增长率高达14%以上，此后降至

9.6%，并从2012年开始放缓，2014年达到了中国国家主席习近平所说的"新常态"：从过去30年平均10%的年增长率，到2016年下降到6.7%。尽管增速放缓，但中国对世界经济增长的贡献率仍超过30%，目前中国已成为世界经济增长的最大贡献者，中国和其他新兴经济体在引领全球经济走出低谷发挥了重要作用。

而且值得注意的是中国经济与世界经济融合的程度。反过来说，这意味着中国的增长严重依赖于一个开放的贸易和投资体系。

中国经济放缓不仅是2008年后贸易保护主义和投资者情绪低迷的结果，也是中国基于能源和资源密集型投资、制造业和出口的增长模式的结果。因此，中国总理李克强在2017年3月的全国人民代表大会上发表讲话指出：中国经济最大的问题是增长不稳定、不平衡、不协调、不可持续。

实际上，投资、制造业和出口导向型的增长模式导致了经济、环境和社会的不平衡，而且这些不平衡随着时间的推移而累积。全球金融危机的影响和后果只会加剧并加速最终的经济结构调整，同时许多人会认为，这是因为一开始中国就存在不健全的经济平台和政策。例如，中国为了保持低汇率而过度积累外汇储备，从而推动出口导向型经济，导致中国经济严重依赖贸易顺差，这就是中国经济放缓的一个重要潜在原因。另一个例子是，多年来中国政府采取了一种值得怀疑的策略，即大幅度增加固定资产投入，以推动制造业的发展。这种策略导致了中国的煤炭、钢铁、水泥、房地产等产业的产能过剩，同时支撑着负债累累、效率低下的国有企业和"鬼城"。

事实上，中国对2007—2008年国际经济和金融危机的回应，只会导致危机后果进一步"拖延"。6000亿美元的经济刺激方案进一步加剧了中国经济的不稳定和不可持续性，因为它为那些投资于土地、基础设施和传统制造业的国内实体提供了充足而廉价的信贷，从而进一步加剧了中国经济的产能过剩。

全球化对中国经济本身的影响也给中国经济带来了更大的压力。那些曾为中国经济增长和发展提供良好条件和环境的时代，现正在消失。以中国的劳动力成本上升为例，这种特殊的比较优势正在向其他国家转移。过去10年，中国的每小时工资平均每年增长12%；事实上，现在美国生产的平均人力成本只比在中国贵5%。这正如《经济学人》杂志所描述的："中国欧盟商会资深实业家伍德克（Joerg Wuttke）预计，到2020年，中国的制造成本可能会飙升两倍甚至三倍。艾睿铂（Alix Partners）咨询公司给出了一个有趣的推断：如果中国的货币和运输成本每年增加5%，工资以每年30%的速度上升，那么未来几年，在北美制造的商品价格将会同现在的中国制造一样。"

随着制造成本的上升，中国制造业的就业水平已经下降，这使得制造业产出和就业的峰值水平低于传统水平。"去工业化"就是指制造业产出和就业达到峰值时的收入水平低于传统水平。事实上，国际货币基金组织亚太地区副总裁马库斯·罗德劳尔（Markus Rodlauer）已经宣布："亚洲依赖贸易渠道的发展模式已经不复存在。"虽然这一点还有待观察，因为中国显然已被赋予了一种通过持续贸易和全球化实现自身和世界经济持续增长的模式。尽管有了内部和外部的方向调整：中国现在正在推动"一带一路"作为全球经济复苏的"中国解决方案"，或者用新的行话来说，作为"全球化2.0版"，是一个比之前西方主导的模式更具包容性和公平性的模式。这种对待新全球化的方法尤为恰当，自后金融危机时期以来，全球化和世界贸易遭到了强烈反对，而世界上的部分地区一直是这一现象的传统传播者。英国脱欧、特朗普当选美国总统都是反全球化的情绪的体现，事实上，在2015年有27个国家和地区对中国采取了119项贸易救济措施，中国对21个国家和地区采取了49项贸易救济措施。从2015年到2016年，这些救济的总价值增加了76%。如前所述，中国经济与全球经济相互依存，因此贸易保护主义态度尤其令人担忧。此外，值得一提的是，甚至在中国公民中也存在着不满情绪——《环球时报》的一篇专栏文章将中国的收入不平等、住房和其他资产泡沫以及环境的恶化归咎于全球化。更重要的是，生产过程的自动化和技术改造，正威胁着制造业已下降的就业水平。中国共产党与中国公民间的社会契约坚定地建立在乐观增长承诺的基础上，这使这一事实变得更加敏感。伴随着中国经济"新常态"的到来，"中国梦"和"中华民族伟大复兴"成为人们对中国美好未来即将到来的想象。社会稳定的代价表明，推动"一带一路"倡议需要强大的国内政治经济（国家建设）。尽管这超出了本章的研究范围，但仍可以得出的结论是，随着中国经济的放缓，它不能放弃贸易理论基础，旨在培养缓慢但稳定的增长，支持更快的改革，并最终产生一个更健康的经济结构以支持中国的长期发展，使中国民众更少倾向于反对执政的共产党。

总而言之，中国政府追求"一带一路"的关键经济驱动力实际上是它的增长模式——这种增长模式的实施已经产生了一些问题。随着中国经济增速放缓，以及面临不利的全球化影响和反全球化情绪，这些问题也已经变得更加严重。因此，从经济上讲，"一带一路"倡议是中国改革开放进程中的第二个战略行动，是在经济增长放缓的情况下重振经济的当代工具，是促成利于其增长的、持续开放的全球环境的政策处方；也是一种用来纠正和调整经济的工具。

三、"一带一路"如何解决中国国内经济的担忧？

综上所述，中国需要：①通过持续的经济全球化来保持经济增长——增加贸易和跨境投资，进一步融入区域和全球价值链中；②调整和改革经济结构，保持经济持续发展。它需要在这样做的同时，努力解决正在酝酿的对全球化的反感所带来的后果，这种反感可能导致更严重的保护主义和内向型经济，这种负面影响在它自己的后院正在变得非常明显。以下两个小节将分析"一带一路"的基础设施互联互通，特别是交通互联互通，如何推进中国国内经济需求，并提出问题。值得注意的是，即便服务业在2012年取代制造业成为中国经济增长的最大贡献者，同时中国正寻求将有问题的制造业转移到价值链上游，但是制造业仍是主角，制造业带动的经济增长即生产力仍将发挥作用。

1. "一带一路"作为经济全球化的新载体：中国继续开放，增加了国际贸易和投资机会

"一带一路"希望解决全球化和保护主义之间的张力问题。前者有利于经济全球化，以使中国继续对外开放。近年来，习近平一直在全球的各个国际舞台传递这个核心信息。例如，他在2016年11月利马APEC峰会和2017年5月初的"一带一路"论坛上，重申了中国进一步融入世界经济体系的观点，并承认投资和贸易合作是"一带一路"建设的重要任务。

丝绸之路经济带和21世纪海上丝绸之路代表着中国日益增长的贸

易和投资网络的发展，也代表着周边地区不断扩大的并让中国企业获得投资机会的供应链的发展。根据中国商务部的数据，2014年至2016年，中国企业在非金融领域投资500亿美元，并且在"一带一路"沿线国家和地区签署了价值超过3000亿美元的项目。

从根本上看，基础设施联通和投资欧亚大陆、跨越印度洋和南太平洋的关键领域，就是经济全球化和区域经济一体化的体现。

第一，这一跨境倡议使中国扩大了市场和消费者的准入范围。正如一项统计数据所指出的，"一带一路"倡议将在未来30年内新增30亿个消费者。供应链正在被建立以形成"消费者-生产者网络"，该网络主要为从中国到欧盟的商品运输提供便利，而欧盟是中国最大的贸易伙伴。在丝绸之路经济带的带动下，目前，中国已有二十多个城市拥有直通欧洲11个国家、29个城市的定期货运列车。它们运载的货物包括轻工业产品、信息技术和电信设备、零售商品和服装、汽车、制药、葡萄酒和烈酒等。

从更广泛的意义上说，交通运输的联通还将巴基斯坦、中亚和东南亚等欧亚大陆发展中国家的潜在市场同中国的生产中心连接起来。如果未来全球经济持续温和复苏，而西方继续回避全球化，亚洲国家就不能再依赖传统的、将西方视为最后消费者的生产者-消费者网络，而这对中国来说是尤为有利的。事实上，2008年后的数据显示，亚洲经济体之间的贸易和投资超过了亚洲和西方之间的贸易和投资。

第二，陆路交通基础设施为中国提供了距离这些市场更近、运输时间更快、交货及时、成本越来越低的优势。随着其他国家的制造业成本开始下降，也随着中国逐渐被挤出最具竞争力的制造业国家行列，①物流和贸易路线通过改善互联互通（如通过中欧铁路）缩短了消费和生产中心之间的距离，使中国制造的产品成为保持其制造业竞争力的手段之一。中国和欧洲之间的铁路货运平均需要14天的时间，是海运货物时间的1/3，是空运货物花费时间的1/5。一些（火车）线路夸口说，从中国到欧洲的产品运输时间缩短了4倍，成本比空运便宜65%以上。

表7-1　从中国西部城市重庆到欧洲西部集装箱运输成本及时间

	成本	时间
海运	1500~3000 美元	38~45 天
火车	3500~5500 美元	16~20 天
空运	20000~25000 美元	1~2 天

资料来源：转载自Kapan, Zeynep(2016)《EATL：欧盟与中国的贸易前景》。见https://www.unece.org/fileadmin/DAM/trans/doc/2016/wp5-eatl/WP5_GE2_2nd_informal_session_Ms_Kaplan_1.pdf

但是这些横贯大陆的铁路线能否因其经济效益而得以维持？海运仍占全球贸易（运输）的90%，占中国贸易运输方式的近60%，目前海运仍比铁路运输便宜5倍。据估计，整个丝绸之路经济带的运输走廊和铁路路线，尽管它可能会从航空货运中夺取一些市场份额，也将只占全部海运的1%~2%。目前，由于频率较高、服务较好，各物流公司的货运量都有所增加，运输成本也进一步降低。2017年，经由哈萨克斯坦的中欧铁路线处理（运送）了价值超过80亿美元的货物。被称为"迷你迪拜"（mini-Dubai）的经济特区——霍尔果斯陆港，2015年处

---

① 根据德勤(Deloitte)2016 年全球制造业指数(Global Manufacturing Index)，中国仍是最具竞争力的制造业国家，但预计在未来 5 年将失去其优势。https://www2.deloitte.com/in/en/pages/manufacturing/articles/global-manufacturing-competitiveness-index.html。

理了不到5万标准集装箱，预计五年内每年处理100万标准集装箱的货物，远远超过世界上许多海港的平均处理水平。

第三，考虑到中国能够进入更多的市场和节省成本，预计中国的出口量将会增加。中国已经是世界上78个国家和地区的第一大或第二大贸易伙伴；正如奥斯琳（Auslin）所指出的："从某些方面来看，中国现在是地球上几乎所有国家的第一、第二或第三大贸易伙伴。"

目前，中欧贸易额为每年6000亿美元，预计到2020年将突破1万亿美元。这意味着中国目前生产的产品有1/3是出口到欧盟的。中国也一直致力于增强"钢铁丝绸之路"的交通建设：2014年至2015年，中国开往欧洲的火车数量增加了165%；到2017年4月，大约有2000列火车穿越了欧亚大陆。从2011年开始，渝新欧铁路线每周从重庆开到杜伊斯堡，现在变为了每周8次。2017年，4万个标准集装箱从中国运往德国——中国在欧盟最大的出口目的地，这一记录有望在本十年结束前增至10万标准箱。

但陆上的"钢铁丝绸之路"对中国–欧盟的出口产生影响了吗？虽然自"一带一路"项目启动以来，中欧贸易额没有呈现相应的增长趋势，但最近的一项研究发现，运输成本每下降10%，中欧贸易将增长1.3%。此外，中国与丝绸之路沿线国家的贸易关系也很健康——过去10年，中国与这些国家的贸易年均增长为19%。因此，人们预期，正在建设的基础设施将恰当地维持中国在国际贸易中日益增长的比重。事实上，预计从2015年1万亿美元开始，"一带一路"将在10年左右的时间里为中国和其他"一带一路"国家带来2.5万亿美元的年贸易额。这有效地创造了一种诱因循环的激励机制：日益增强的贸易关系为基础设施的建设提供了动力，而基础设施的改善又进一步促进中国与其他国家和地区的贸易进一步增长。

更重要的是，运输效率带来的贸易增长将大于关税削减对贸易的影响。因此，中国与"一带一路"沿线经济体签署的任何自由贸易协定，都可能搭上交通基础设施改善的便车，为它们带来成倍的好处。中国已经与11个国家签订了自贸协定，并正在寻求与其他二十多个"一带一路"国家进行谈判。

这里要提出的问题是，伙伴国家可以期待什么样的出口机会。例如，中欧铁路目前存在一个重大问题，即回程货物数量不足。

第四，通过陆路贸易，中国可以开发其内陆城市和欠发达地区，并将它们整合到区域供应链中。解决中国的长期发展不平衡问题是"一带一路"的关键目标之一，2014年，互联互通的倡议被正式纳入中国三大区域发展规划和国家经济发展战略。中巴经济走廊是"一带一路"互联互通中一个重要的项目，它关系到中国欠发达和西北新疆地区的发展。随着制造业中心向西移动（据估计，中国各省区市已拨出1万亿元人民币用于"一带一路"相关基础设施项目），丝绸之路经济带有效地减少了从中国中西部地区向东到沿海地区的货运冗余成本，这些货物将直接被向西运往欧洲。比如新疆，它将同2000千米外的、处于中巴经济走廊尽头的瓜达尔港相连，而如果向东，它距离中国海岸的距离是这个数字的两倍多。

2. "一带一路"是调整方向和推动中国经济结构调整的工具

到2030年，亚太地区每年需要1.7万亿美元的基础设施，发展基础设施以及在"一带一路"沿线国家工业项目中的投资，都可以使中国迅速疏解国内建筑业、重工业和其他基础设施相关行业的过剩产能。

实施"一带一路"的双边性质将使这一进程更加可行。在某些情况下，中国的钢铁产量是全球四大钢铁生产国产量总和的两倍以上；铝和水泥产量占全球供应量的一半以上。事实上，"2万千米长的新铁路……可能会产生多达8500万吨的钢铁需求"，这些钢铁不仅出口到东南亚国家、中亚和欧洲，还出口到了土耳其、伊朗和沙特阿拉伯等中东国家。

然而巨大的跨地区努力能够在多大程度上吸收中国过剩产能及其出口渠道的多样化。杜大伟写道，具有讽刺意味的是，"一带一路"可能不足以对宏观经济产生重大影响，因为"仅在钢铁行业，中国每年就需要600亿美元的额外需求来吸收过剩的产能……然而中亚经济体的需求并没有那么大"。

人们开始对"一带一路"带来的某些"华而不实"的基础设施项目充满了担忧，大量的建设往往尚未完工，但投资方根本就没有需求，因此中国也得不到任何好处。例如，中国一直在开发的斯里兰卡汉班托塔港（Hambantota）项目的前景尤其黯淡：这个深海港口运力严重不足，附近的国际机场是世界上最空旷的机场。一些观察人士认为，这种"大而不倒"的项目会继续得到政府的支持和资助，直到它们最终完成。尽管斯里兰卡的局势还受到其他因素的影响，但值得思考的是，是否"政治上的紧迫和投资上的歇斯底里已经超过了经济计算"，或者说，中国通过"一带一路"摆脱其在物流和运输网络行业产能过剩的努力是否会得到了回报。

然而有学者在对中国倾销"产能过剩"上给出了更为深入的见解："一带一路"更多的是将过剩产能转移出中国，而不是促进钢铁等产品的出口。目前，"一带一路"项目规模太小，无法消化中国大量过剩的钢铁和其他产品。相反，中国政府希望利用"一带一路"倡议迁移整个生产设施。

这样，中国就可以向价值链上游移动，帮助实现国内经济结构调整的目标。随着中国在波兰和东南亚这样能够提供更具竞争力劳动力价格的国家和地区的投资，中国自身可以专注于从世界低成本制造业中心转型成为生产更高附加值产品的中心。与这些地方建立更好的基础设施连通，可能会让中国企业更有效地进行海外制造。

另一个主要障碍是对中国劳动力的影响。随着去产能带来的产业调整，中国裁员130万个煤炭岗位和55万个钢铁岗位，中国的就业率已经由于全球化的影响（更不用说技术效应）而下降。浙江省诸暨市的大唐镇是中国所谓的"袜子之城"，2014年生产了2600万双袜子，随着制衣业向更具成本效益的亚洲国家的转移，大唐的几家工厂已经停业了。一些低技术含量、劳动密集型的产业，如T恤衫和廉价鞋类生产商已经离开中国了。努力将劳动密集型制造业中心转移到外部成本较低地区的战略，将加剧中国国内的失业率。此外，中国在基础设施建设工地输出的劳动力数量远不及目前和最终需要的就业岗位数量。

交通基础设施建设也为中国经济结构调整提供了动力。例如，中欧钢铁丝绸之路，可以为欧洲国家商品从西方流向东方提供一种方式，作为消费模式的交换，从而在较长时期内促进国内消费。中国中产阶级和上层阶级消费者对欧洲奢侈品的需求日益增长——中国奢侈品市场在2016年需求稳定，即便是在消费下降的同时，也在被"可支配收入增长、消费者追求奢侈品愿望、追求生活质量、展示自己社会地位的虚荣心"所驱使。

到2030年，亚太地区的中产阶级将占到世界中产阶级的66%，随着该地区中产阶级的消费占到全球中产阶级消费总量的59%，中产阶级将成为经济增长的关键动力。中国将在这一繁荣增长中占据很大份额：到2030年，预计中国将有超过70%的人口成为中产阶级（目前只有12%），商品和服务的消费预计将达到10万亿美元。到2030年，中国城市中处于工作年龄、月可支配收入处于中产阶级水平的消费者，不仅会从2010年的4%上升到50%以上，而且这些年龄在15岁至59岁之间的消费者，其可支配收入的支出比例也会高于他们的父辈。根据美国麦肯锡公司（McKinsey）估计，到2030年，全世界城市消费的每1美元中就会有12美分是由中国的劳动年龄人口所贡献的。作为一个强大的消费市场，亚洲的发展可能需要一段时间才能在全球站稳脚跟——目前，只有少数中欧铁路线是双向运行的，而在这类线路上，目前从欧洲城市返回的火车载重量明显要轻得多；事实上，渝新欧列车在投入使用两年后才开始运回货物。第一批中欧列车返回时，其货箱90%以上是空的，但这种情况正在慢慢改变，中国现在是欧洲增长最快的出口市场。数据显示，从2014年到2015年，往中国运回货物的列车数量从28辆增加到264辆。随着欧洲货运代理商、制造商、工厂和政府开始认识到其中的贸易潜力，它们预计在未来一年和更长时间内将有更多的参与，欧洲制药、化工、自动化产品、奢侈品和食品公司在整个2016年都开始介入——这一运动有望在未来一年发展壮大。但到目前为止，前文提到的回程货物数量不足的问题仍然存在，贸易的流向和规模也尚不清楚。

其次，可以充分利用陆路运输的时间优势。负责欧中列车服务的官员认识到了这样一种机会，即可以做"以小订单、多派发和高交付频率为特征的现代供应链"。像易腐品这样对时间敏感的产品就是这样一个好例子。更重要的是，现代供应链还以高端技术或高附加值行业

（如高端时尚产品）为特征，这些行业重视的是在物流方面，速度优先于价格。

因此，如手机、自动取款机、工业打印机、3D打印机、装配机器人手臂、医疗器械、电信以及飞机设备的出现，都使以下两方面变得可能：①由于货物可以利用更短的距离，因此可以增强跨欧亚交通走廊的经济活力和寿命；②中国在全球产业链中的价值不断攀升。中国已经在2014年超过日本成为亚洲最大的高科技产品出口国，份额从2000年的低于10%（上升）到2014年的超过40%。尽管中国仍是许多低技术产品的主要出口国，但通过跨境运输的互联互通，中国仍可以在其出口篮子中扩大高科技产品的份额。比如，传统上如果由中国的自动取款机制造商发货，自动取款机到达欧洲需要6到8周的时间。但正如敦豪速递公司（DHL）东亚业务首席执行官所言："如果你有一台出现故障的自动取款机，客户们开始抱怨，并且你必须尽快更换它，所以你只能将它空运。一台自动取款机重800千克，所以这要花掉你很多钱。现在，你可以通过我们的服务来发货，并且在3到4周内你就可以使自动取款机完成订购和安装。他们不需要等一整箱的货物，可以只运送一台自动取款机。"所以这就是"一带一路"基础设施联通的机会。

此外，中国的高速铁路技术本身就是中国政府希望出口到整个欧亚大陆的关键产品。建立国内高速铁路网络，既是为了促进其内部的互联互通，例如世界上最长的高速列车线最近开始运行，将中国富裕的东部沿海同其欠发达的西南地区的云南省相连接；也是为了无论是在印度国内，还是在与东南亚"一带一路"伙伴国家的跨境项目中，推销其高铁技术，在该领域同日本竞争。

还有一个有趣的前景是，中国正在尝试通过铁路扩大电子商务交付的方式。尽管全球贸易增长缓慢，跨境电子商务却蓬勃发展：2015年中国的交易总额为8100亿美元。这为中国企业家和中小企业提供了机会，也为自动化企业发展创造了空间，这两方面都有助于并推动国内经济的调整。自动化企业发展的一个例子是：电子商务巨头苏宁的高度自动化仓库，每天储存2000万件商品，并发送181万个包裹。

数字互联互通也需要被考虑进来。特别是随着数字走廊计划的实施，基础设施连通中的这一部分正得到越来越多的研究。"信息丝绸之路"不仅将补充其他区域互联互通的组成部分——中国新的卫星导航网络"北斗2号"将提供给"一带一路"沿线国家使用，中国在伙伴国推出的信息和通信技术（ICT）基础设施建设，也将扩大中国在电信领域（如光纤和卫星）的高技术产品的出口。根据中国的卫星导航管理系统，仅卫星服务的市场在未来几年就将价值600亿美元。

四、"一带一路"：经济的结束和非经济的开始

本节旨在回答这个问题：在整个欧亚地区，基础设施联通和"一带一路"中的投资转化，形成了什么样的非经济效应？

1. 以中国为中心的全球经济秩序

基础设施的投资与发展正在推动全球化的"中国化"，从而推动建立以中国为中心的全球经济秩序。

"一带一路"被认为是正在形成的"多极全球化体系"中的一个重要组成部分。中国已成为自由贸易的主要倡导者，它仍是世界工厂和

全球经济增长的引擎，目前正寻求成为其主要的资金提供者。事实上，"一带一路"正式的愿景文件已指出，中国正"致力于承担更多责任和义务"，并将通过"一带一路"为全球经济发展进程"作出更大贡献"。

正在建设的物流和运输基础设施，肯定了中国在区域和全球流动以及价值链中的中心地位。大多数国家都在中国的经济范围之中，像公路、高速公路和铁路这样的基础设施联系正从地缘上将越来越大的区域拉向中国。换句话说，中国正在成为一个轴辐体系的中心，从字面上来看，它正在重新夺回"中央王国"（Middle Kingdom）的影响力。中国-欧洲之间日益紧密的基础设施联系，进一步淡化了传统的全球化中心——大西洋两岸的关系，推动中国成为经济全球化的新灯塔。

加强"条条大路通中国"，并进而形成以中国为中心的经济秩序的是"一带一路"基础设施网络与其他跨区域互联互通项目的对接与协同。例如，跨亚洲的铁路网络；孟中印缅区域合作论坛；潜在的中印走廊；与欧亚经济联盟签署了合作谅解备忘录，以协调欧亚经济联盟和丝绸之路经济带的发展。在2017年举行的"一带一路"国际合作高峰论坛上，习近平宣布了中国与其他国家在"一带一路"框架下加强合作的一系列基础设施连通的倡议，包括土耳其的"中间走廊"倡议、蒙古的"发展之路"倡议、越南的"两廊一圈"倡议。此外，"一带一路"倡议与伙伴国的国家经济计划的对接，进一步使中国得以将它们纳入其经济影响的范围。例如丝绸之路经济带与哈萨克斯坦"光明之路"经济计划的对接，针对的是7个基础设施发展领域，促进了两国在整合多条交通走廊和物流基础设施方面的共同合作，如中国新疆的霍尔果斯经济特区。

加强中国主导的经济秩序，意味着中国企业在欧亚大陆的存在有所增加，这些企业本身就作为基础设施投资和贷款的一部分投入运营，更不用说近年来它们在海外的收并购热潮，这些收购主要集中于能源和基础设施领域。中国建立的配套融资基础设施，如亚投行，迄今已向"一带一路"沿线国家的9个项目提供了17亿美元的融资；400亿美元的"丝路基金"，其中40亿美元已经用于投资——这表明中国政府希望利用过剩资本支持基础设施项目，增强中国的金融影响力。简言之，这有助于将中国在全球经济和金融进程中的中心地位制度化。

中国明确表示，亚投行不是布雷顿森林体系的替代品，而是一种补充；事实上，20世纪的金融治理结构改革步伐缓慢，反映的是20世纪的国际秩序，促使中国和其他国家为更好更快地满足自己的需求而创造选择。

金砖国家新开发银行是正在创建的平行经济和金融基础设施的又一个例子，该银行也可能参与"一带一路"框架下基础设施项目的融资。尽管这些机构尚未直接挑战西方主导的秩序，但几乎可以肯定的是，布雷顿森林体系正在失去其在全球经济治理中的中心地位。

此外，这些解决基础设施投资和发展需求的机构，反过来又为中国提供了一种更实质性的方式来实现人民币的国际化——越来越多的对外投资将以人民币进行。截至2016年年底，中国已与三十多个国家和地区签署了货币互换协议。

2. 中国先进的交往准则和规则

中国国有和民营企业的基础设施连通项目的实施，也在推动着一些可能影响全球行为的规范和原则。例如，通过转移制造业产能来促进当地经济活动的"国际产能合作"机制，就背离了传统依靠援助的发展合作模式。"北京共识"一词已被广泛使用，并被解释为与新自由主义、市场导向和基于条件约束的"华盛顿共识"形成对比。中国国有企业主导的基础设施连通项目，无论伙伴国政治经济体制如何，似乎都是平等机会的"双赢合作"，"一带一路"通过可能成为有史以来规模最大的全球基础设施倡议，增强了中国在经济发展领域形成替代价值体系的潜力。"中国特色"也可以通过其他四个互联互通层面（政策、贸易与投资、金融和人文）得以制度化和推进，这些层面将被置于物理的基础设施的层面之上。

但同时，目前某些"中国方式"——"中国式"的工作方式，以及"一带一路"的日常实施也受到一些批评。据联合国亚太经社理事会2017年的一项研究称，在伙伴国家中，"一带一路"基础设施项目引发和加剧了伙伴国经济、金融、社会和环境上的风险，同时，操作上的不透明还加剧了这种局面。

3. 政治/战略收益

另一个非经济后果是，中国从基础设施投资中获得的政治和战略影响力。众所周知，中国利用贸易、援助和投资等经济工具来确保其"核心利益"，罗伯特·布莱克威尔（Robert Blackwill）和詹妮弗·哈里斯（Jennifer Harris）的"其他方式的战争理论"（war by other means）可以充分解释这种做法。

在对中国的经济依赖关系中，较贫穷国家将自身与中国捆绑得过紧的后果是，中国政府可能会利用其经济能力继续为项目融资、免除债务，或重新谈判条款的方式，以取得对该国相应的"政治或战略影响力"。随着"一带一路"倡议的全面实施，这些影响力越来越受到中国重视。例如，获得土地和矿产等资源使用权；获得像印度洋这样战略区域的基础设施的控股权；或者是获得东道国的政治支持——采取符合中国政治利益的行动；等等。具体例子很多，例如：中亚国家向中国出租或出售土地，斯里兰卡让中国获得汉班托塔港控股权，希腊和匈牙利出面阻止欧盟干涉中国人权事务等。这种模式在拉丁美洲和非洲等世界其他地区也长期存在。

4. 中国主导的安全结构

中国大规模基础设施投资的另一个必然结果是中国加大了安全投入。随着中国在基础设施方面投入数十亿美元，并派遣数千名中国工人前往这些工地，确保这些工地和人员的安全就与中国政府利害攸关了，尤其是在某些不稳定地区。中巴经济走廊就是一个典型的案例。巴基斯坦动荡不安的俾路支省发生的驾车枪击和炸弹袭击，加剧了当地法律和治安秩序的恶化，对中国劳工、中巴经济走廊项目的巴基斯坦劳工，以及中巴经济走廊基础设施本身都构成了安全威胁。巴基斯坦政府派出特种部队，特种安全部队和海上安全部队，以确保中巴经济走廊项目的安全。中国和巴基斯坦也在加强他们的军事关系，以保护中巴经济走廊。尽管巴基斯坦拥有强大的军事结构，随时准备向这一项目提供军队，且对中国在这方面的任何参与都感到高兴，但在"一带一路"相关国家没有能力或者犹豫不决的地方，这是否意味着需要中国军队的驻扎？

一位时事评论员精辟地总结道："基础设施容易受到地方安全威胁的影响。堡垒——或者更具现代形式的力量投射——是为了应对这些威胁而建造的。政治干预紧随权力量投射，地面部队随之跟上。"

安全干预的理由正如上面引述所暗示的那样，中国是否可能在未来派遣地面部队仍有待观察。可以肯定的是，随着中国在中东、中亚等不安全地区以及阿富汗、巴基斯坦等不稳定国家通过基础设施建设扩大影响，中国将面临建立深化的安全关系以及地区安全结构必要性的挑战。构建双重用途的基础设施成为该安全结构的一部分。值得注意的是，中国主导的双边和地区安全结构，加上中国在亚太地区经济流动中的中心地位，导致了中国在该地区有更大的影响力和主导力量，这是"一带一路"倡议的另一个非经济目标。

5. 反对美国在亚太海域的霸权与围堵

最后，基础设施的互联互通可能加强中国在亚太海域对抗美国霸权和围堵的能力。

第一，能源基础设施——石油和天然气管道，如中亚天然气管道，整个中亚地区可以使中国实现能源多样化，并减少中国在海洋领域的脆弱性。目前中国75%的能源进口都要经过南中国海附近的马六甲海峡，容易受到美国海军的干预和封锁。中国还在巴基斯坦和缅甸修建替代路线，从这两个国家进口能源。中巴经济走廊从新疆喀什通往阿拉伯海的瓜达尔港，该港口被认为是一个中转码头，一条从瓜达尔到喀什的石油管道将于2021年完工，预计将承担17%的石油进口输送任务。在缅甸，皎漂港现在将与拖延已久的跨境石油管道连接，这条管道可以供应中国近6%的原油进口。因此，基础设施联通是对经常引用的"一带一路"目标的回应，即解决中国的"马六甲困境"。

第二，中国正在建设港口基础设施和监视基础设施，这些基础设施可能具有双重用途，并可容纳中国的军舰和潜艇。这不仅可以确保

202

海上丝绸之路基础设施和路线的安全，也打破了美国作为亚洲海上安全供应者的霸权，尤其是这些商业港口可以为中国海军提供平台，进一步推进其在远海的保障能力，例如在阿拉伯海和更大的印度洋的保障能力，以及有助于建设具有远征能力的蓝水海军。

中国位于吉布提的多哈雷多功能港口于2017年5月初开通，新华社称其为"亚洲、非洲和欧洲市场的重要纽带，也是海上丝绸之路西线的交通枢纽"。中国国防部将其描述为一个"支持设施"，"将主要用于为参与亚丁湾和索马里海域护航任务的中国军队提供休息和恢复，以及联合国维和和人道主义救援"。但总有一天，它们很容易被世界各地的观察人士认定为是中国人民解放军海军的最终基地。2015年，美国证实中国攻击型弹道导弹核潜艇已开始在印度洋进行定期巡逻，因此，这一观点并不牵强。另一个例子是在瓜达尔港，2017年年底，一艘中国制造的潜艇在那里浮出水面。2018年早些时候，中国向巴基斯坦海军移交了两艘"配备最先进武器"的军舰，以保卫该港口。中国从瓜达尔港获得的有限经济收益，凸显了人们对该港口作为一个海军基地的想象，即为中国海军进入阿拉伯海提供了便利。

五、结语

这一章表明，中国经济增长模式是中国经济问题的根源。经济放缓、全球化效应和反全球化情绪加剧了人们的担忧。因此，中国经济发展的动力可以归结为两个轴心：中国与全球经济的进一步融合，以及方向调整和经济结构调整。"一带一路"应该如何通过其基础层（设施联通）来实现这些动机已经得到了展示。上述基础设施发展的非经济后果已得到探讨，这些后果是独立引用的具体政治和战略动机，或对这些动机作出的反应。回顾过去，这为非经济在功能上与经济后果挂钩的观点提供了证据。

学界需要有足够的空间进一步探讨这一论点，特别是当"一带一路"扩展、发展和制度化时。首先，需要探讨"一带一路"倡议涉及的一个重要经济领域——中国企业的融资能力。实际上，正是中国雄厚的财力推动了"一带一路"项目的实施，但第一部分指出了一些担忧（如经济放缓），这些担忧可能对中国长期推出"一带一路"建设的能力造成不利影响。第二部分对"一带一路"的基础工作在多大程度上满足中国经济的需要提出了警告；如果基础设施项目不可行或不可持续，又将如何影响中国为"一带一路"项目融资的能力？如果经济上不是万无一失的，这对政治和战略影响又意味着什么呢？

进一步研究的第二种方法是研究"一带一路"倡议的其他层次，以及它们是如何发挥作用的，包括它们是否和如何与经济动机相关，以及它们所产生的经济后果。"一带一路"不断扩大的销路和范围意味着有必要不断衡量和推断其原因和影响。

最后，本章从中国人的角度提出"一带一路"倡议的非经济动机和收获。鉴于该倡议具有"双赢"的特点，而且需要其他国家的支持才能取得成功，因此也需要深入研究参与国的经济和由此产生的非经济影响，以充分理解一带一路的前景和后果。

参考文献

1.ADB. 2017. *Press Release: Asia Infrastructure Needs Exceed $1.7 Trillion Per Year*. February 28. Available at https://www.adb.org/news/asia-infrastructureneeds−exceed−17−trillion−year−double−previous−estimates

2.Aneja, Atul. 2017. China, Pakistan Step Up Military Ties to Boost CPEC. *The Hindu*, March 17. Available at http://www.thehindu.com/news/international/china−pakistan−step−up−military−ties−to−boost−cpec/article17507613.ece

3.Arnold, Wayne. 2014. Asia's Export Engine Sputters. *The Wall Street Journal*, April 28. Available at https://www.wsj.com/articles/asias−export−enginesputters−1398624028?tesla=y

4.Auslin, Michael. 2017. Is the 'Asian Century' Over Before It Has Begun? In *Raisina Files 2017: Debating the World in an Asian Century, ed.* Harsh V. Pant and Ritika Passi. New Delhi: Observer Research Foundation. Available athttp://cf.orfonline.org/wp−content/uploads/2017/01/RaisinaFiles2017.pdf

5.Blackwill, Robert D., and Jennifer Harris. 2016. *War by Other Means: Geoeconomics and Statecraft*. Cambridge, MA: Harvard University Press.

6.Cai, Peter. 2017. Understanding China's Belt and Road Initiative. *Lowy Institute*, March 22. Available at https://www.lowyinstitute.org/publi−cations/understanding−belt−and−road−initiative

7.Chaudhury, Dipanjan Roy. 2017. UN Warns About Financial Risks in China's One Belt One Road project. *Economic Times*, May 25. Available at

http://economictimes.indiatimes.com/news/defence/un-warns-about-finan-
cialrisks-in-chinas-one-belt-one-road-project/articleshow/58831087.cms

8.Chow,Gregory C. 2004. Economic Reform and Growth in China. *Annals of Economics and Finance*,5:127-152.

9.Chu,Daye. 2016. Faster Than Shipping,Cheaper Than Air Freight, Railway Illustrates Benefits of B&R Initiative. *Global Times*,May 16. Available at http://www.globaltimes.cn/content/983333.shtml

10.Clarke,Michael. 2017. The Belt and Road Initiative:China's New Grand Strategy? *Asia Policy*,24(July):71-79.

11.Cooley,Alexander. 2016. *The Emerging Political Economy of O-BOR:The Challenges of Promoting Connectivity in Central Asia and Beyond.* CSIS,October 24. Available at https://www.csis.org/analysis/emerging-political economy-obor

12.Dollar,David. 2015. *China's Rise as a Regional and Global Power: The AIIB and the "One Belt,One Road".* Brookings,July 15. Available at https://www.brookings.edu/research/chinas-rise-as-a-regional-and-global-power-the-aiiband-the-one-belt-one-road/

13.East Day. 2017. *Trade Rows See Record Measures Levied.* January 6. Available at http://english.eastday.com/Business/u1ai8563784.html

14.Economist. 2012. *The End of Cheap China. March 10.* Available at http://www.economist.com/node/21549956

15.———.2015. *Made in China?* March 12. Available at http://www.economist.com/news/leaders/21646204-asias-dominance-manufacturing-will-endurewill-make-development-harder-others-made

16.——.2016. *China Has Gained Hugely from Globalisation*. December 10. Available at http://www.economist.com/news/china/21711508 − so−whyare−its−workers−unhappy−china−has−gained−hugely−globalisation

17.Euromonitor International. 2016. *Luxury Goods in China*. November. Available at http://www.euromonitor.com/luxury−goods−in−china/report

18.Fu,Mengzi. 2016. Belt and Road Initiative Makes Strong Progress. *China−US Focus*,September 5. Available at http://www.chinausfocus.com/finance−economy/belt−and−road−initiative−makes−strong−progress

19.Fulco,Matthew. 2016. *Solving the Prickly Issue of Overcapacity in China*. CKGSB Knowledge. Available at http://knowledge.ckgsb.edu.cn/2016/06/14/chinese−economy/solving−the−prickly−issue−of−overcapacity−in−china/

20.Herrero −Garcia,Alicia,and Jianwei Xu. 2016. *China's Belt and Road Initiative:Can Europe Expect Trade Gains?* Working Paper Series,Issue 5,Bruegel Research Institute,December 1. Available at http://bruegel.org/wp−content/uploads/2016/09/WP−05−2016.pdf

21.Holslag,Jonathan. 2017. How China's New Silk Road Threatens European Trade. *International Spectator*,52(1):49. Cited in Clarke,Michael. (2017). The Belt and Road Initiative:China's New Grand Strategy? Asia Policy,24(July):71−79.

22.Hornby,Lucy. 2017. China and Myanmar Open Long−Delayed Oil Pipeline. *Financial Times*,April 11. Available at https://www.ft.com/content/21d5f650−1e6a−11e7−a454−ab04428977f9

23.ICEF Monitor. 2016. *Growing Chinese Middle Class Projected to Spend Heavily on Education Through 2030*. April 13. Available at http://

monitor.icef.com/2016/04/growing–chinese–middle–class–projected–spend–heavily–education–2030/

24.Jacobs,Andrew,and Jane Perlez. 2017. U.S. Wary of Its New Neighbor in Djibouti:A Chinese Naval Base. *The New York Times*,February 25. Available at https://www.nytimes.com/2017/02/25/world/africa/us –djibouti –chinesenaval–base.html?_r=0

25.JOC. 2016. *New Asia–Europe Rail Services Added Amid Weak Ocean Rates*. May 31. Available at http://www.joc.com/rail–intermodal/international–rail/asia/china–europe–rail–routes–continue–add–services_20160531.html

26.Kharas,Homi. 2011. *The Emerging Middle Class in Developing Countries*. World Bank,June. Available at http://siteresources.worldbank.org/EXTABCDE/Resources/7455676–1292528456380/7626791–1303141641402/7878676–1306699356046/Parallel–Sesssion–6–Homi–Kharas.pdf

27.Lain,Saran. 2016. China's Silk Road in Central Asia:Transformative or Exploitative? *Financial Times*,April 2016. Available at https://www.ft.com/content/55ca031d–3fe3–3555–a878–3bcfa9fd6a98

28.Lee,Yimoun,and Shwe Yee Saw Myint. 2017. *Exclusive:China Seeks Up to 85 Percent Stake in Strategic Port in Myanmar*. Reuters,May 5. Available at http://in.reuters.com/article/china–silkroad–myanmar–port–id INKBN1811DT

29.Li,Xuanmin. 2016. Gwadar Port Benefits to China Limited. *Global Times*,November 23. Available at http://www.globaltimes.cn/content/1019840.shtml

30.LiveMint. 2015. *China Surpasses Japan as Asia's Top High-Tech Exporter, Says ADB.* December 8. Available at http://www.livemint.com/Politics/ess8EH-5rEx3BG4XVp1DE3J/China-surpasses-Japan-as-Asias-top-hightechexporter-says.html

31.Luo, Yuanjun. 2015. China's Rail Freight Goes International. *China Today,* December 29. Available at http://www.chinatoday.com.cn/english/lianghui/2015-12/29/content_713641.htm

32.Mallonee, Laura. 2016. *The Unreal, Eerie Emptiness of China's "Ghost Cites".* Wired, February 4. Available at https://www.wired.com/2016/02/kai-caemmerer-unborn-cities/

33.Meyers, Jessica. 2017. Sri Lankans Who Once Embraced Chinese Investment Are Now Wary of Chinese Domination. *Los Angeles Times,* February 25. Available at http://www.latimes.com/world/asia/la-fg-sri-lanka-port-2017-story.html

34.Miles, Tom. 2016. *China Joins U.N. Trucking Treaty, Stepping onto New Silk Road.* Reuters, July 26. Available at http://www.reuters.com/article/uschina-silkroad-idUSKCN1060XC

35.National Development and Reform Commission, People's Republic of China. 2015. *Vision and Actions on Jointly Building Silk Road Economic Belt and 21st-Century Maritime Silk Road.* March 28. Available at http://en.ndrc.gov.cn/newsrelease/201503/t20150330_669367.html

36.Netzley, Michael. 2016. The Road to Complication. *Dialogue Review,* June 28. Available at http://dialoguereview.com/road-complication/

37.Panda, Ankit. 2017. The Chinese Navy's Djibouti Base: A 'Support

Facility'or Something More? *The Diplomat*, February 27. Available at http://
thediplomat.com/2017/02/the –chinese –navys –djibouti –base –a –support –fa-
cility–orsomething–more/

38.Perraton, Jonathan. 2017. Globalisation in the Asian Century. In
Raisina Files 2017: Debating the World in an Asian Century, ed. Harsh V.
Pant and RitikaPassi. New Delhi: Observer Research Foundation. Available
at http://cf.orfonline.org/wp–content/uploads/2017/01/RaisinaFiles2017.pdf

39.PTI. 2017. China Hands Over 2 Ships to Pakistan Navy for Gwadar
Security. *The Hindu*, January 15. Available at http://www.thehindu.com/
news/interna –tional/China –hands –over –2 –ships –to –Pakistan –Navy –for –
Gwadar–security/article17040366.ece

40.Raza, Syed Irfan. 2017. *15,000 Military Personnel Protecting CPEC*.
Dawn, February 21. Available at https://www.dawn.com/news/1316040

41.Sala, Ilaria Maria. 2017. *Chinese Investment Aid to Sri Lanka Has
Been a Major Success—For China*. Quartz, January 26. Available at https://
qz.com/896219/chinese –investment –aid –to –sri –lanka –has –been –a –major –
successfor–china/

42.Sanwal, Mukul. 2016. *China's One –Road –One Belt Initiative: A
New Model of Global Governance*. IDSA, September 29. Available at http://
www.idsa.in/idsacomments/china –one –road –one –belt –initiative_msanw –
al_290916

43.Saran, Shyam. 2016. Economic Roots of Xi Jinping's Nationalist
Politics. *Hindustan Times*, April 29. Available at http://www.hindustantimes.
com/analysis/economic–roots–of–xi–jinping–s–nationalist–politics/story–VZ–

I3sSyk-TB2wpsYTOUZVGO.html

44.Saxer, Marc. 2017. *The Future of Work in Asia. In Raisina Files 2017:Debating the World in an Asian Century, ed.* Harsh V. Pant and Ritika Passi. New Delhi:Observer Research Foundation. Available at http://cf.orfonline.org/wp-content/uploads/2017/01/RaisinaFiles2017.pdf

45.Sharma, Mihir. 2017. *China Should Beware What It Wishes For.* Bloomberg, May 18. Available at https://www.bloomberg.com/view/articles/2017-05-18/china-s-belt-and-road-may-be-too-hard-to-handle

46.Shepard, Wade. 2016a. 5 Upheavals To Expect Along The New Silk Road In 2017. *Forbes,* December 28. Available at https://www.forbes.com/sites/wadeshepard/2016/12/28/5-upheavals-to-expect-from-the-new-silk-roadin-2017/#7608a1a46f0e

47.———.2016b. Sri Lanka and China's Hambantota Debacle May Now Be 'Too Big To Fail'. *Forbes,* August 4. Available at https://www.forbes.com/sites/wadeshepard/2016/08/04/sri-lanka-and-chinas-hambantota-debacle-is-toobig-to-fail/#35a80da518d4.

48.———.2016c. Why the China-Europe 'Silk Road' Rail Network Is Growing Fast. *Forbes,* January 28. Available at https://www.forbes.com/sites/wadeshepard/2016/01/28/why -china -europe -silk -road -rail -transport -is -growing-fast/#46e3586a659a

49.———.2017. London Links Deeper into the 'New Silk Road'with New Direct Train To China. *Forbes,* April 13. Available at https://www.forbes.com/sites/wadeshepard/2017/04/13/london -links -deeper -into -the -new-silk-roadwith-new-direct-train-to-china/#487992f15263

50.Smith,Kevin. 2017. China–Europe Rail Freight Continues to Soar. *International Railway Journal*,April 18. Available at http://www.railjournal. com/index.php/freight/china–europe–rail–freight–continues–to–soar.html

51.State Council,People's Republic of China. 2017. *Zhang Talks Up Infrastructure,Trade Connectivity Along Belt and Road.* May 14. Available at http://english.gov.cn/state_council/vice_premiers/2017/05/14/content_2814 75655201847.htm

52.Thakuri,Atul. 2015. India's Trade–GDP Ratio Higher Than US, China's. *The Times of India*,August 30. Available at http://timesofindia.in-diatimes.com/business/international–business/Indias–trade–GDP–ratio–high-er–than–USChinas/articleshow/48727643.cms

53.Moss,Trefor. 2016. China's 'One Belt,One Road' Takes to Space. *Wall Street Journal*,December 28. Available at https://blogs.wsj.com/ chinarealtime/2016/12/28/chinas–one–belt–one–road–takes–to–space/

54.Weimin,Ren. 2017. Infrastructure Connectivity Stabilizer and Pro-peller for Belt and Road Initiative:Official. *Belt and Road Portal*,June 23. Available at https://eng.yidaiyilu.gov.cn/home/rolling/17000.htm

55.Woods,Randy. 2016. By Rail and by Sea⋯ and by Rail:DHL–GF's Latest Silk Road Twist. *Air Cargo World*,January 9. Available at http://air-cargoworld.com/by–rail–and–by–sea–and–by–rail–dhl–gfs–latest–silk–road–twist/

56.World Economic Forum. 2016. *Geo–economics with Chinese Char-acteristics:How China's Economic Might Is Reshaping World Politics.* Jan-uary. Available at http://www3.weforum.org/docs/WEF_Geoeconomics_with_

Chinese_Characteristics.pdf

57.WTO. 2016. *World Trade Report 2016.* Available at http://www.iberglobal.com/files/2017/world_trade_report_sme_wb.pdf

58.Wu,Kane,and Sumeet Chatterjee. 2017. *Exclusive:China's Belt and Road Acquisitions Surge Despite Outbound Capital Crackdown.* Reuters,August 16. Available at https://www.reuters.com/article/us-china-m-a/exclusive-chinasbelt-and-road-acquisitions-surge-despite-outbound-capital-crackdownidUSKCN1AW00K

59.Xinhua. 2016a. *Feature:China-Europe Freight Trains Bring Vitality to Ancient Silk Road.* July 23. Available at http://news.xinhuanet.com/english/2016-07/23/c_135534991.htm

60.———.2016b. *Xinhua Insight:China-Europe Railway to Drive Cross-Border E-commerce.* October 25. Available at http://news.xinhuanet.com/english/2016-10/25/c_135780112.htm

61.———.2017a. *Djibouti's Doraleh Port Officially Opens.* May 24. Available at http://news.xinhuanet.com/english/2017 -05/24/c_136312120.htm

62.———.2017b. *Full Text of President Xi's Speech at Opening of Belt and Road Forum.* May 14. Available at http://news.xinhuanet.com/english/2017-05/14/c_136282982.htm

63.Yousafzai,Fawad. 2016. China to Build Mega Oil Pipeline from Gwadar to Kashgar. *The Nation,* June 13. Available at http://nation.com.pk/national/13-Jun-2016/china-to-build-mega-oil-pipeline-from-gwadar-to-kashgar

64.Zhong, Nan. 2017a. Initiative Results in New Growth Models. *China Daily*, May 14. Available at http://www.chinadaily.com.cn/business/2017 – 05/14/content_29340225.htm

65.————.2017b. More Belt & Road FTAs Coming. *China Daily*, May 11. Available at http://usa.chinadaily.com.cn/epaper/2017–05/11/content_29 302725.Htm

第八章 "一带一路"倡议：让非洲和中东重新融入中国的积累体系

一、引言

本章采用历史–地理唯物主义的方法，从"政府–企业–媒体复合体"（简称GBM复合体）的视角，阐述了如何理解"一带一路"倡议是一个庞大的积累体系的一部分。本章以GBM复合体的棱镜视角，批判性地描绘了中国的区域和跨国关系，尤其关注中国在非洲和中东地区的国际关系。通过这样的研究，本章试图为重新理解的中国政治经济奠定基础。本章认为，中国的"一带一路"倡议是中国政治经济的外延，旨在将非洲和中东融入"具有中国特色"的积累体系。

然而这个体系是否代表着对"华盛顿体系"的修正，截至目前这一点仍然存疑。因为所谓的"北京共识"看似被某种新适应和新整合的趋势所阻碍；并且像其他金砖国家（巴西、俄罗斯、印度和南非）

一样在更广阔地域中的所作所为，仅是在更高层面上强化西方主导的资本主义积累体系而已。

该分析的依据是一种对全球政治经济的理解角度，即全球政治经济是一系列相互竞争又相互联系的资本积累体系。它基于某个"复合体"的概念模型，并以此概念为中心；实际上，"复合体"的概念通常被视为代表某种资本积累的体系或理论。本章的分析采纳了GBM复合体的中心概念模型，对全球资本积累体系展开两层系统解读。综合哈维（Harvey）和葛兰西（Gramsci）的观点，我们认为包括国家、资本、信息和知识体系在内的复合体，是通过旨在便利跨时空资本积累的霸权及其交易活动来运作的。

在对全球资本积累结构以及中国在其中的地位进行评估之后，我们将讨论中国对非洲和中东的涉足。但首先，有必要描述什么是GBM复合体，以及它怎样被应用于描述性和结构性的层次分析，并简要介绍为什么非洲和中东被囊括在"一带一路"倡议中，以及它们在其中被赋予的角色与作用。

二、积累体系的整合与竞争：GBM复合体作为统一的"复合体"理论？

GBM复合体实际上是由政府（Government）、企业（Business）和媒体（Media）三个部门的精英组成的网络，它们在一个固定的空间内为资本积累而相互支持、合作和协调。这些积累模式使占支配地位的阶级的利益长期存在，通过"基础设施"建设和"情感"劳动实现这一目标。基础设施劳动被用来确定特定空间内的"采掘"和交易安排，而情感劳动则被用来支持目标空间内的积累做法。基础设施劳动依赖于通过合同安排来实现交易的正规化——主要是通过建设有形基础设施、金融安排和贸易协定，更不用说与知识有关的诉讼威胁了产权。

情感劳动通过文化帝国主义或霸权主义的实践来获取对积累体系的支持。通常而言，在GBM复合体中，"媒体"部分的构成不仅包括传统媒体（作为一个集体名词，指国有或商业化的印刷、广播和其他数字媒体），也包括智库、盈利研究机构、学术界，以及包括领导人峰会、外事部门乃至"企业社会责任"（Corporate Social Responsibility，CSR）在内的政府平台。

GBM复合体的概念有两种前沿探索性的应用：结构性分析和描述性分析。结构性分析更适用于全球和地区尺度，重在对资本积累过程的部门性或系统性的分析，而描述性分析更关注集团内或集团间的交互（主要在特定的国家内，但也不一定受制于国界）。因此，可以说各国（例如南非、印度和俄罗斯）都有自己独特的、主导性的GBM复合体。应该说，将中国政治经济视为GBM复合体的运作，在本能或直觉方面是吸引人的。在国内层面，中国政府与资本之间强有力的联系来源于政府对社会的有效管理，这一点已被充分证明。

由于这些关系，（在西方话语体系中）中国政治经济被不同程度地描述为"拥抱国家资本主义"或"国家资本主义的缩影"，这类似于其他强大的亚洲经济体，或是"东亚四小虎"。国家资本主义也被称为现有的新自由主义体系的潜在竞争对手。还有人认为，作为"一带一路"的关键组成部分，亚投行将通过"推动中国的国家资本主义而非透明市场"，来推进某些带有进取意识的战略意图。其他诸如"网络资本主义"这个术语，就对中国主导的资本积累体系与国家资本主义的联结有类似的关注。这些术语，以及其他类似的术语，也被用来指代其他强大的新兴国家，诸如巴西、俄罗斯和南非等。

本章认为，这不一定是观察这些社会或思考其独特的国家–资本配置的最有用方式。相反，以政府、商业和媒体间或多或少的结合为视角来观察这些国家可能更有用。尽管在描述性层面，讨论由国有实体驱动或影响的资本主义是明智的，但"国家"的概念本身杂乱无章、含混不清。国家内部有许多具有私人利益或非国家利益的行动者。而且"国家"的概念也有问题，此概念与领土主权相关，也许表明国家间的交往存在隐含的领土逻辑。但是今天的情况未必如此，因为在网络化和技术环境中，即时的时空距离被压缩，各国更有能力克服物理上的限制。作为与企业合作的代理人，更有意义的是谈论治理机构——"政府"——以及政府如何通过与私营部门和信息领域的网络互动，使得跨越空间的积累成为可能并加以促进。更重要的是，对国家资本主义和GBM复合体进行分析的共同因素，在于它们对网络的依赖。这与舒默斯（Summers）2016年关于"一带一路"的研究是一致的，他主张："丝绸之路政治经济的空间关系反映出网络日益成为当代全球政治经济的特征。"

尽管本章基本观点并不新奇，但评论人士和学术界试图描述新兴大国所宣扬的那种资本主义，新兴大国对网络的本质和力量有着敏锐的认知，并利用网络为自己谋利。"一带一路"倡议只代表其中最明显的一种形式。为了说明这个观点，可以说美国主导的资本积累体系的实现和促进方式，是在全球化之下强调个人的权利和自由，同时寻求推广传播新自由主义。相比之下，我们可能认为，全球化2.0版中的"中国特色"，是以网络为中心对地缘经济的依赖，目的是在该体系下促进财富和权力的积累。网络的开放性可以说代表了对地缘政治关切与相关因素的更为直接和"诚实"的描述。但是试图说明"中国的资本主义模式"就代表了"更加包容的资本主义",往好了说是有缺陷或者幼稚,往坏了说是一种政治宣传。但是按中国道路所制定的"双赢"模式——浪漫地将国家视为领航员,并坚持与西方主导的新自由主义有所区别——也是存在纰漏的。

关于经济思想的讨论很少能清晰地回答"在实践中什么是行得通的",或"发展中国家应当采取什么样的宏观经济因素的组合"。或许一个更好的讨论框架将表明,利用GBM复合体联系的网络经济,可以保持对被忽视的参与者、部门和资源更为开放的关注与讨论。

可以确定的是,政府、企业、媒体,以及其中的精英,是在资源、政策和战略方面做出具有影响力决策的关键。在其对外表达(作为空间积累的描述性过程)中,通过GBM复合体视角来理解中国的政治经济是有用的。信息渠道(情感劳动)动员资本积累的方式,是这个体系的关键要素。理解这一点对理解中国在中东和非洲的影响尤其重要,中国利用政府和企业渠道,通过基础设施劳动,促进跨越空间的积累。

中国通过"一带一路"关注非洲与中东地区,将资本积累的努力集中于此,并产生了"过度积累"的危机。出于向这些论断提供背景材料的目的,本章接下来的部分将描述非洲和中东在"一带一路"倡议中被赋予的角色与作用。

三、"一带一路"倡议中的非洲和中东

中国的"一带一路"倡议旨在重新利用中国积累的部分资本，利用其国有企业富余的建筑材料来增加出口，并进一步推动人民币国际化。因此，"一带一路"可视为对中国21世纪初启动的旨在增加对外资本输出、提升中国企业全球影响力的"走出去"政策的更为有力的延续。然而它能否成功则是另一个问题。

"一带一路"倡议的陆海线路包括一系列相对应的特征，包括洲际铁路、高速公路、港口和能源管道的开发和拓展。"一带一路"可能涉及超过60个国家，总人口超过40亿，市场份额约占全球国内生产总值的1/3。"一带一路"背后的空间和经济逻辑是，中国将与成员国一起修建中国企业可以投资的工业园，尤其是在当前中国国内劳动力成本上升的情况下，这些工业园将提供靠近目标市场的制造业"中心"。"一带一路"项目将主要通过政府和社会资本合作的方式来推动，在标准的融资模式中，中国承包商将会向东道国提供中国信贷。通过这种模式，中国的GBM综合体试图将"一带一路"定位为商品、服务和基础设施的"传送带"，通过指定地域和海上贸易航线来促进经济发展。通过"一带一路"把这些国家和地区的发展共同连锁在一个大的贸易投资网络或固定的时间空间中，成为"命运共同体"。

非洲和中东因其丰富的自然资源——在某种程度上，也因为能为"一带一路"沿线的制造业中心提供廉价劳动力——而被纳入了"一带一路"。实际上，中东地区也是陆海线路的连接处。例如，海湾地区的阿拉伯国家可被视为"丝绸之路经济带"和"21世纪海上丝绸之路"

的"交叉点"。"一带一路"的陆路途径中央走廊、海路途经苏伊士运河，跨越了中东国家，涉及多个地区行为体。因此，中东和北非的空隙对"一带一路"具有明显的地缘战略重要性，因为它们为重要资源运输提供了安全通道，最终通过印度洋或阿拉伯海，或通过陆地进入欧洲和中亚市场。因此，中东和北非的空隙是保证"一带一路"的重要资源能够最终安全通过印度洋或阿拉伯海，或作为陆路进入欧洲和中亚市场的重要"交叉点"。就海运路线而言，与非洲和中东有关的主要战略节点是苏伊士运河和亚丁湾，大量石油和天然气运输途径这条路线。国际能源运输体系在海上战略节点容易受到干扰阻塞，这种情况的发生可能会大幅提高能源价格，并造成供应短缺。非洲国家埃及是"一带一路"倡议中不可或缺的国家，吉布提也是海上路线的关键。中国首个海外海军基地就位于吉布提（美国和法国已在此设立基地），基地可作为一个战略节点负责装载货物、船只燃料补给，以及作为打击海盗行动的中转站。2011年，在利比亚内战期间，中国海军就是从这一战略要地撤出3.5万名中国公民。

另一个地缘战略的关键区域是与中国新疆和中国西部地区有关，特别是与巴基斯坦瓜达尔深水港建设有关的中巴走廊。另外，中国对重新连接孟加拉湾和中国云南省的孟中印缅经济走廊也有浓厚兴趣。中东也被认为是所谓"中国—中亚—西亚经济走廊"的最西端，这条走廊从中国新疆延伸到中亚，在某种程度上也与伊朗和土耳其相连。

瓜达尔港位于阿拉伯海，坐落于波斯湾的入口处，它离另一个重要的物资供应要道霍尔木兹海峡不远。瓜达尔港口位于巴基斯坦并不稳定的俾路支省，尽管项目开发存在风险，但利润丰厚。如果开发成功，它将为中国西部进入中东提供快速通道，如果管道建设成功并持续运作，也可能将海外石油从陆路进口中国提供最直接的途径。因此，瓜达尔港的重要性在于为中亚、欧洲和新疆提供了铁路和高速公路的连接，并保证来自非洲和中东的资源能够途径印度洋和阿拉伯海运输流动。由于有这条线路，巴基斯坦因此可以说在"一带一路"中扮演了很重要角色，而新疆成为中国向西开放的重要"桥头堡"。与此类似，2015年年初，中国在东南亚出资25亿美元建设缅甸西海岸的皎漂深水港和管道项目。这条"能源走廊"将减少中国对问题丛生的马六甲海峡的依赖程度，部分中东石油将通过长达771千米、连接孟加拉湾和云南省的管道进口到中国。

然而这些地区安全问题很严重，比如巴基斯坦和阿富汗边界的不稳定等，都会妨碍中亚与海上的货物通过这个地区的自由流动。

可以说，"一带一路"穿越了地球上一些最动荡的地区，其中许多在非洲和中东。因此，这一战略的重大安全风险可能会削弱其可行性。其中，中东和非洲尤其受到内战和犯罪集团的困扰。陆上路线经过"伊斯兰国"肆虐的地区，经过饱受战争蹂躏的伊拉克和阿富汗。另外，"一带一路"的成功还取决于非洲之角附近海域的安全以及"脆弱"国家（如东非索马里和中东也门）的稳定；在这些国家，青年党势力日益壮大。此外，海盗对国际贸易也造成威胁，其犯罪的影响会超出事发海域。因此，确保对资源的有效获取涉及公开的军事和安全维度，而非仅仅调用非传统安全因素。然而中国专家和政策制定者在如何应对此类问题上似乎存在分歧。

其中，回应之一是寻求中国成为世界主要的海军强国。有人指出，中国把海上丝绸之路同中华民族的复兴和海上强国的建设紧密相连。在一些分析人士看来，中国的意图是将中国海军发展成为"一支致力于保卫海上交通运输线的强大蓝水海军力量"。一些人认为，为了扩大海上势力范围，中国有必要在其他国家安排"友好港口"和"周转设施"，这一前景与"珍珠链"计划大致相符。该计划表明，中国正试图建设一系列港口，这些港口涉及中国对南中国海主导权的追求，也是中国将影响力通过印度洋延伸到非洲东海岸的努力。除上述港口，中国还参与了柬埔寨、孟加拉国、斯里兰卡、坦桑尼亚、莫桑比克以及靠近苏伊士运河的地中海北部等港口的建设。基于此，中国似乎正在重新考虑其传统的不干涉别国内政的立场。

在不排除潜在利益的情况下，对"一带一路"的批判性解读产生了某些问题。例如，"一带一路"是否如某些人所指出的那样，是中国奉行中立立场的延伸？"一带一路"是将"中国特色元素"融入全球公共产品和更广泛的资本主义体系中，以挑战"华盛顿共识"的大胆尝试吗？实际上，中国并不是唯一提出复兴丝绸之路的国家。希拉里于2011年发起了一项类似的行动，目的是让战后的阿富汗重新融入贸易网络。通过比较"腹死"的美国版丝绸之路和现正推行的中国版丝绸之路，哈伯瓦（Habova）研究指出："尽管在扩大地区政治经济影响力的战略方面有相似之处，但美中两国的方法完全不同。前者以硬实力为后盾，并依靠软实力，试图施加价值观影响和控制。后者不附加任何条件，也不将参与倡议与任何政治标准挂钩，而是依靠其自身发展模式的吸引力来获得影响力。"

更多来自中国官方的消息表明，"一带一路"是"中国向世界提供的国际公共产品"，这似乎通常是中国国家精英采取的主张。批评者可能会认为，这是情感劳动的一种潜在形式。"公共产品"是以非竞争性和非排他性的方式公开或自由消费的产品，也就是说，X方的消费不直接影响Y方，双方获取效益的机会平等。

通过提供桥梁、公路、港口等关键交通连接的基础设施建设，安全保障的提供，尤其是不干涉的历史传统，成为中国能够进入外国并受到欢迎的决定性因素。然而中国系统性地介入"一带一路"沿线国家，将产生交换价值和功能价值，这显然不是中立的和不附带价值观的，因为国际社会的交流不可能没有后果。

"一带一路"可为受影响国家带来直接和间接利益。那么谁将从安全与稳定、基础设施建设与经济发展中获取好处？这些又是谁的功劳？实际上，这些公共产品应是在这些空间内布置的基础设施劳动。基础设施项目和融资是中国进入相关国家的必要手段，但是以为这些地区提供公共产品的形式出现。

其他观点认为，"一带一路"倡议实际上是改变现有西方主导的积累体系的一种尝试。这种观点遵循的逻辑是，以中国为首的新兴大国，以及金砖国家，正试图挑战新自由主义。2014年在一篇名为"中国丝绸之路挑战美国在亚洲的主导地位"的专栏文章中，肯普（Kemp）指出："主要的金融和经济机构，即专家们有时所称的国际金融架构，不再与权力均势和世界经济重心的转移相对应，一些西方外交政策专家天真地认为，新兴市场将被融合进西方主导的权力与治理结构中。"从这个角度看，"一带一路"被调整为旨在挑战"华盛顿共识"的更广泛地缘政治策略，尤其是在新成立的亚投行和丝路基金的帮助下。

虽然"一带一路"代表了正在增长中的新世界力量的宏大序曲，但更有可能的是，"一带一路"将融入西方主导的积累体系，尤其是外界评估认为，金砖国家以及它们的所作所为具有强化这个体系的趋势。有西方学者认为，"一带一路"只会强化更广泛的系统性水平及其首选积累方式的现状，除此之外，不太可能采取任何行动。金砖国家通常被认为是当前全球主导秩序的颠覆者，并因此而声名鹊起，但实际上，金砖国家已被纳入其中。现实情况是，金砖国家被定位为支持该体系，就像先前的西方国家一样，成为全球持续不平衡发展的推动者。"一带一路"所进行的变革，实际上是形式大于实质，或者更接近于实质。

四、全球积累结构中的新兴大国

正如上文所描述，我们可以在结构分析中讨论GBM复合体，它更适合于对政府、企业、媒体行动者和部门之间的"大格局"介入进行系统性的全球分析，以及分析复合体的介入如何代表或体现跨国资产阶级的利益。这一观点的灵感来自于权力等级的恢复，这一点在20世纪70年代转向新自由主义时得到了体现，并与西方经济体的命运密切相关。正如哈维所断言的，如果新自由主义计划的核心是全球范围内权力等级的恢复，那么可以肯定的是，自1978年中国改革开放以来，中国精英阶层已非常坚定地支持这种生活方式。因此，一种"新"的商业模式似乎在很大程度上融入并成为传统体制的一部分。

相互竞争又相互联系的积累体系的思想也呼应了沃勒斯坦在1979年所阐述的世界体系理论。世界体系理论试图解释，民族国家在全球资本主义体系中占有不同地位，更重要的是，世界体系在历史上包含了一系列的循环周期。这些循环周期是由世界秩序中的新兴全球性大国（新体系的保障者）的兴衰决定，每个国家都有自己独特的控制和治理模式。对GBM复合体进行理论化，也是在尝试解决长期存在的关于资本主义发展理论的争论，尽管严格来说这不是本章的任务。

尽管从所有的意图和目的来看，中国都是一个拥有全球公开影响力的强大国家，但在区域尺度上对中国的分析中，缺乏对其存在资本主义危机的协调一致且易于界定的"时空定位"的认识。有时，这种方法给人在空间扩展的积累循环方面一种漫无目的的印象。哈维在2007年提出"时空定位"的概念，即帝国主义国家将其地理扩张和资本主义危机定位于特定空间内。无论怎样进行定义，涉及中国在地区层面的参与时，这一概念尤其有用。实际上，如果假设北京已经给出其扩张的名称和地理范围，就认为北京的行动在某种程度上将会有所不同。实际上，这种假设是奇怪和不合逻辑的，因为"一带一路"倡议的设计，目的就在于提供更长远的规划，并对1999年"走出去"战略实施以来所达成的成就进行总结完善。

中国一直不舒适地身处这个框架内的原因，当然是它在世界舞台上的规模和主导地位。分析人士和评论人士感到困惑，不知道该给这样一个大国贴上什么样的标签。考虑到共产主义倾向和崛起时的巨大规模，中国显然不会被视为西方主导的新自由主义积累体系的一部分。自2001年中国加入世界贸易组织以来，形势一直在稳步地被修正；相比之下，更不用提当前正在衰退的西方经济体在保护主义政策之下，将中国作为"新"全球化执行者或体系稳定器。因此，贯穿本章始终不变的论点是，对这一战略进行密切和仔细的研究是必要的，因为这一战略似乎代表着一种体系竞争。

对形势的直接评估表明，这在很大程度上是语义学意义上的，对资本积累中间层内部的广泛变动进行清晰的评估是具有可操作性的，如果可以的话，我们还能从这种积累中学到些什么。人们会花费数年的时间，试图"左右"一场辩论，讨论关于国际社会最近发生的权力转移的性质，结果却发现这些概念最终是不稳定的。对"一带一路"沿线国家而言，以实用主义的态度看待中国在其领土内的活动将是有所助益的。

可以肯定的是，中国就像其他金砖国家一样，在中间层面遵循着典型的资本积累促进者和对话者模式，只是规模要大很多。本章认为，中国的积累体系因此不同于其他全球资本积累中间层次的大国；在某种意义上，它的向外"凝视"和网络化的GBM复合体，现在彻底沉浸在一个特定区域，这个特定区域是承接中国过度积累危机的首要地域。作为旨在推动中国积累体系向外发展的政策和计划，这一"工程"在中国成为地区和全球大国的时代被赋予了新的活力和政治重要性。因此，中国GBM复合体的运作和动力将有助于揭示与此战略相关的资本积累的地缘政治，现在我们就转向这方面。

五、跨越时空的积累动力：中国的西进目光

在讨论了全球系统性积累方面的"一带一路"倡议之后，GBM复合体将被简要地作为分析工具，以描绘中国在非洲和中东的积累实践。但是要理解运作原理，就有必要明白，中国和其他金砖国家已成为"现有秩序的改革者"。这是在时空固定范围内运行的GBM复合体汲取财富的过程。这不仅是政府间流动，也是政府与企业间交流的变种。中国因此能够利用其在金融业和制造业方面相对的不对称优势，使其在非洲和中东市场的收益最大化。这种假设的前提是，中国将利用空

间交换所必然导致的发展不平衡。此外，本章还做了一个隐含的假设，即"一带一路"倡议是中国以GBM复合体模式为特征的内部资本积累模式的外延。由此可见，这种对外扩张是"中国特色"的国内成功的整合与复制。本节试图了解中国的GBM复合体如何在非洲和中东地区广泛使用。

产生和促进资本积累周期扩张的时空冲动通常遵循类似的做法。全球经济危机和个人野心的碰撞，为应对一系列经济问题提供了必要的代理和解决方案。在这种情况下，习近平将"一带一路"作为其标志性外交政策，他亲自监督基础设施规划，并发表政策声明。此举为低迷的全球经济复苏提供引擎，也让中国有机会实现经济"再平衡"。在习近平的密切监督下，中国的最高政治机构——中央委员会——正在实施这些计划。考虑到中国政府的动员能力，这些计划不应当在贯彻路线和实现党和国家决策机会最大化方面遭遇困难。中央委员会成员的地位和背景，证实了"一带一路"倡议在中国精英阶层想象图景中的重要性，能被选择进入中央委员会的人是因为他们有能力将中国投资者和企业与海外机遇相连接。

该计划将如所建议的那样，主要通过政府和社会资本合作来运作，寻求切实"修复"非洲和中东的基础设施，通过制造业和工业综合体、经济特区和各种发展倡议，坚持这些领土内资本积累的有机进程。金砖银行与丝路基金、亚投行、新开发银行等特别基金将向这些地区的中国企业提供资金，同时改善基础设施建设，以刺激现有市场或创造新市场。尽管当地国家会投入一些低成本、非熟练或半熟练劳动力，但众所周知，中国企业倾向于在海外使用本国劳动力。贷款也将扩大到当地事业机构，以便在一段时间内偿还，从而引入临时要素。

有学者认为，"一带一路"规划中采用了所谓地缘政治的"上帝把戏"，即模糊的空间标记和众多地图来展示规划。当然，这些地图也是有意做得含糊，是因为它们试图囊括线路中的"一切"，并容许沿线的临时调整修正。通过引用古丝绸之路陆海线路的历史，国界线和国家主权将被"一带一路"的伟大图景所淡化，而沿线国家的深刻差异则被掩盖了。将中国的崛起与古丝绸之路联系起来，目的是让"一带一路"有一种必然性和更深层次的历史意义。

在"一带一路"倡议中，有三个非洲国家经常被讨论——从海上航路连接非洲的肯尼亚、中国军事基地的所在地吉布提、拥有苏伊士运河的埃及。除此之外，通常很难明确知道哪些国家被囊括在内。中国在非洲的主要贸易伙伴都没有被包括在内。实际上，非洲最初并没有被纳入计划；中国倾向于将一系列不同的双边倡议串联起来，使其看似一直是他们的计划，而将非洲纳入该计划似乎就是这种简便的方式。在2015年最后一次中非合作论坛会议上，"一带一路"几乎没有被提及。中东路线同样含混不清，尤其是中国—中亚—西亚路线及其潜在的联系。以现代运输的方式，这里的地形很难让货物通过。

显然，"一带一路"愿景使非洲和中东的新兴中产阶级产生了共鸣。当然，"一带一路"的措施是否可能对"非洲崛起"有所帮助，这一点仍值得怀疑，并且需要更详细和清晰的计划。

中国的GBM复合体也有效地推销了"一带一路"的理念。为了详细阐述"一带一路"的理念，并理解它是如何在国内外被接纳的，有学者将这一过程描述为四个阶段：领导力的愿景阶段（2013年9月至10月），政府的共识阶段（2013年10月至2014年1月），宣传与动员阶段（2014年4月至2014年11月），推进实施阶段（2014年11月—2015年5月）。

"一带一路"计划被推出后就积极向国外推销。通过一系列政府报告、演讲、峰会、外交和国事访问、亚投行和丝路基金的创立，以及与地方政府、企业和媒体的接触，尤其是习近平的大力推动。中国官方通讯社新华社是首家为"一带一路"提供实际规划地图的新闻机构，以帮助向外国观众与听众阐明传递"一带一路"倡议的目标。从这个意义上说，"一带一路"变成了一个精心执行的计划。

此外，智库和商业研究机构也在动员精英和社会方面发挥了作用，并帮助了一些倡议成型。例如，亚投行的理念最早由中国国际经济交流中心于2009年提出，后来才被采纳为政策。在丝绸之路沿线的关键地区，一系列活动和论坛被组织起来，以争取支持，平息潜在的阻力。一些专攻"一带一路"研究的机构和中心已经成立，如国际丝绸之路智库协会。由于是国家战略，因此为从事"一带一路"各方面研究的人员提供资金将是毫无疑问的。在非洲和中东，商业研究机构和智库也有类似的兴趣，他们有许多关于"一带一路"倡议的长期研究项目。

将"一带一路"倡议的三种参与渠道（政府、企业、媒体）纳入考量，如何将各国和各地区整合进入中国GBM复合体的资本积累模式就变得清晰明了。例如，肯尼亚的港口已经成为非洲之角的地区门户。"一带一路"的金融机构为管道建设提供资金，打通了从南苏丹和乌干达到肯尼亚港口拉姆的通道。这将有利于石油储量丰富的南苏丹绕过易于发生冲突的北部地区，实现对南苏丹最优的开发。确保了前往肯尼亚的海上通道畅通无阻后，中国还优化"一带一路"项目，确保能够通过铁路或公路向非洲内陆扩张。一个可能的"东—中—西非洲走廊"或"赤道大陆桥"可以连接苏丹、刚果（金）、刚果（布）和安哥拉（都是重要的石油伙伴），促进横跨大陆的货物运输。肯尼亚的港口也可以作为安全设施，监视非洲之角潜在的安全威胁。

作为非洲技术最先进的国家之一，肯尼亚在该地区的传媒可能有助于"润滑车轮"，通过与中国国有媒体的接触或为主办活动提供便利，传播"一带一路"的正面故事。同样，考虑到在学术界和商业研究中对区域话语的形成和议程的设定所起的作用，在肯尼亚塑造"一带一路"的光明前景可能也是有必要的。

总而言之，中国的GBM复合体将大量外交和财政资源集中在东非，进一步表明了"中国圈占非洲之角的野心"（南部的肯尼亚、北部的吉布提军事基地）。随着该地区地缘战略重要性的增强，中国向非盟和联合国维和部队的投入也在增加。

未来的"非洲崛起"似乎与东非崛起密切相关，卢旺达等国的经济增长率经常超过7%。人口众多且普遍贫困埃塞俄比亚，尤其愿意接受中国的资本和基础设施建设。

综上所述，随着中国GBM复合体与非洲和中东地区的接触，我们可以期待更多关于该计划的信息和官方声明。然而现在对该倡议应该保持务实的立场，以便非洲和中东国家的公民批判性地衡量自己是否真正受益。非洲和中东国家当然可以持怀疑态度，因为此倡议本身过于宽泛，任何模糊相关的内容放在里面，还有待进一步明确。

有学者认为，中东和非洲更多的是作为事后考虑和确保未来能源供应的考量而被纳入"一带一路"倡议。非洲和中东也对寻求转移劳动力密集型产业的中国企业具有吸引力。

参考文献

1.Aoyama,Rumi. 2016. 'One Belt,One Road': China's New Global Strategy. *Journal of Contemporary East Asia Studies*,5(2):3–22.

2.Arkhangelskaya,Alexandra,and Nicole Dodd. 2016. Guns and Poseurs: Russia Returns to Africa. In *Emerging Powers in Africa,ed.* Justin van der Merwe,Ian Taylor,and Alexandra Arkhangelskaya,159–175. Cham: Springer International Publishing.

3.Boisot,Max,and John Child. 1996. The Institutional Nature of China's Emerging Economic Order. *Management Issues in China*,1:251–367.

4.Bremmer,Ian. 2009. State Capitalism Comes of Age: The End of the Free Market? *Foreign Affairs*,88(3):40–55.

5.Chaturvedy,Rajeev Ranjan. 2017. *China's Strategic Access to Gwadar Port: Pivotal Position in Belt and Road.*(RSIS Commentaries,No.005). RSIS Commentaries. Singapore: Nanyang Technological University.

6.Clarke,Michael. 2016. "One Belt,One Road" and China's Emerging Afghanistan Dilemma. *Australian Journal of International Affairs*,70(5): 563–579.

7.Du,Michael. 2016. China's "One Belt,One Road" Initiative: Context, Focus,Institutions,and Implications. *The Chinese Journal of Global Governance*,2(1):30–43.

8.Ferdinand,Peter. 2016. Westward ho—The China Dream and "One Belt,One Road": Chinese Foreign Policy Under Xi Jinping. *International*

Affairs, 92(4):941–957.

9.Habova, Antonina. 2015. Silk Road Economic Belt:China's Marshall Plan, Pivot to Eurasia or China's Way of Foreign Policy. *KSI Transactions on Knowledge Society*, 8(1):64–70.

10.Haiquan, Liu. 2017. The Security Challenges of the "One Belt, One Road" Initiative and China's Choices. *Croatian International Relations Review*, 23(78):129–147.

11.Hart-Landsberg, M. 2010. The US Economy and China:Capitalism, Class and Crisis. *Monthly Review*, 61(9). Available at:https://monthlyreview.org/2010/02/01/the-u-s-economy-and-china-capitalism-class-and-crisis/.Accessed 13 June 2018.

12.Harvey, David. 2007. *A Brief History of Neoliberalism*. New York: Oxford University Press.

13.Hayes, Nathan. 2017. *The Impact of China's One Belt One Road Initiative on Developing Countries*. International Development. Available at http://blogs.lse.ac.uk/internationaldevelopment/2017/01/30/theimpactofchina-sonebeltoneroadinitiativeondevelopingcountries/

14.Kaul, Inga, Isabell Grunberg, and Marc Stern. 1999. *Global Public Goods:International Cooperation in the 21st Century*. New York:Oxford University Press.

15.Kemp, John. 2014. *China's Silk Road Challenges U.S. Dominance in Asia*. Reuters. Available at:http://www.reuters.com/article/china-apec-silkroad/column-chinas-silk-road-challenges-u-s-dominance-in-asia-kempidUSL6N0T03CY20141110

16.Küçücan,Talip. 2017. The Belt and Road Initiative and Middle Eastern Politics:Challenges Ahead. *Insight Turkey*,19(3):83.

17.Len,Christopher. 2015. China's 21st Century Maritime Silk Road Initiative,Energy Security and SLOC Access,Maritime Affairs. *Journal of the National Maritime Foundation of India*,11(1):1–18.

18.Li,Xing. 2016. Understanding China's Economic Success:Embeddedness with Chinese Characteristics. *Asian Culture and History*,8(2):18–31.

19.Liang,F. 2015. *Jinri haishang sichouzhilu tongdao fengxian you duoda*[*How risky is the Maritime Silk Road today?*]. Guofang Cankao. Available at:http://www.81.cn/jwgd/2015–02/11/content_6351319_4.htm. Accessed 11 July 2016.

20.Liu,Weidong,and Michael Dunford. 2016. Inclusive Globalization:Unpacking China's Belt and Road Initiative. *Area Development and Policy*,1(3):323–340.

21.Mustafic,Almir. 2017. China's One Belt,One Road and Energy Security Initiatives:A Plan to Conquer the World? *Inquiry*,2(2):107–134.

22.Rolland,Nadège. 2017. China's "Belt and Road Initiative":Underwhelming or Game–Changer? *The Washington Quarterly*,40(1):127–142.

23.Sidaway,James D.,and Chih Y. Woon. 2017. Chinese Narratives on "One Belt,One Road" in Geopolitical and Imperial Contexts. *The Professional Geographer*,69(4):591–603.

24.Summers,Tim. 2016. China's 'New Silk Roads':Sub–national Regions and Networks of Global Political Economy. *Third World Quarterly*,37

(9):1628–1643.

25.Swaine,Michael D. 2015. Chinese Views and Commentary on the 'One Belt,One Road' Initiative. *China Leadership Monitor*,47(2):3.

26.Taylor,Ian. 2017. *Global Governance and Transnationalizing Capitalist Hegemony:The Myth of the "Emerging Powers"*. Vol.122. Abingdon: Taylor & Francis.

27.Taylor,Ian,Justin van der Merwe,and Nicole Dodd. 2016. Nehru's Neoliberals:Draining or Aiding Africa? In *Emerging Powers in Africa,ed.* Justin van der Merwe,Ian Taylor,and Alexandra Arkhangelskaya,107–128. Cham:Springer International Publishing.

28.Toops,Stanley. 2016. Reflections on China's Belt and Road Initiative. *Area Development and Policy*,1(3):352–360.

29.Van der Merwe,Justin. 2014. Regional Parastatals Within South Africa's System of Accumulation. In *New South African Review,4,ed.* Gilbert M. Khadiagala,Prishani Naidoo,Devan Pillay,and Roger Southall, 332–348. Johannesburg:Wits University Press.

30.———.2016a. Theorising Emerging Powers in Africa Within the Western–Led System of Accumulation. In *Emerging Powers in Africa,ed.* Justin Van der Merwe,Ian Taylor,and Alexandra Arkhangelskaya,17–38. Springer International Publishing.

31.2016b. An Historical Geographical Analysis of South Africa's System of Accumulation:1652–1994. *Review of African Political Economy*,43 (147):58–72.

32.Van der Merwe,Justin,Ian Taylor,and Alexandra Arkhangelskaya, eds. 2016. *Emerging Powers in Africa: A New Wave in the Relationship?* Cham: Springer.

33. Wall Street Journal. 2015. *China Trounces US.* Available at: https://www.wsj.com/articles/china-trounces-u-s-smart-power-1426806094

34. Wallerstein, Immanuel. 1979. *The Capitalist World-Economy.* New York: Cambridge University Press.

35. Wang, Tingyi. 2016. China's One Belt One Road Initiative and Its Strategic Connections with Arab Countries in the Gulf. In *The Arab States of the Gulf and BRICS: New Strategic Partnerships in Politics and Economics, ed.* Tim Niblock, Degang Sun, and Alejandra Galindo, 183 –185. Berlin: Gerlach Press.

36. Ye, Min. 2015. China and Competing Cooperation in Asia-Pacific: TPP, RCEP, and the New Silk Road. *Asian Security,* 11(3): 206–224.

37. Yu, Hong. 2017. Motivation Behind China's 'One Belt, One Road' Initiatives and Establishment of the Asian Infrastructure Investment Bank. *Journal of Contemporary China,* 26(105): 353–368.

38. Zhu, Li. 2016. The Construction Model of "One Belt and One Road": Mechanisms and Platforms. In A*nnual Report on the Development of the Indian Ocean Region(2015),* 111–127. Singapore: Springer.

39. ZiroMwatela, Raphael, and Zhao Changfeng. 2016. Africa in China's 'One Belt, One Road' Initiative: A Critical Analysis. *IOSR Journal of Humanities and Social Science(IOSR-JHSS),* 21(12): 10–21.

第九章　东南亚地区秩序变化与"铁路外交"
——以泰国为例

一、引言

中国有句古老的谚语这样告诉我们："一山不容二虎。"在提到中国越来越多地参与到不断演变的区域秩序时，这是应被铭记的一点。半个多世纪以来，美国在东亚和东南亚的霸权是不可挑战的，且日本作为区域合作的投资者、援助提供者和促进者发挥了主导作用。进入21世纪以来，特别是在习近平领导下，中国一直致力于通过区域规则的制定和制度的建设来扩大区域影响力。"一带一路"建设中的新多边投资银行和海外基础设施项目"双管齐下"，将区域竞争和基础设施外交提升到了更高水平。

本章试图从基础设施发展的具体形式来分析区域竞争和不断交替演变的区域秩序，重点关注的是"泰国高速铁路"（HSR）项目。中国和日本经常为获得亚洲的海外基础设施项目而展开竞争，并投入大量财力来赢得订单。铁路——尤其是高速铁路是一个关键的因素，且这些竞争都是在两国的区域"后院"展开的。一方面，中日企业之间的商业竞争正日益迫使它们将目光投向海外的新市场；另一方面，在如此大规模的交易中，政治介入是不可避免的，在海外建设铁路设施也是扩大战略影响力的一种方式。近年来，两国政治领导人以"高铁推销员"的身份周游东南亚和中亚，开展"高铁外交"。中日间的竞争引出了这样一个问题：一山能够或者将会容下二虎吗？

铁路建设是日本的主要产业，且这一国家是以它的高铁网络——"新干线"而闻名的。新干线的建设始于1964年。日本铁路工业以其一流的安全记录、原创技术和高可靠性，以及其全面、综合的基础设施解决方案而闻名于世。中国在2004年开始进入高铁领域，且在7年后，发起了一项在世界各地修建高铁系统的运动。这一运动也包括中国国家开发银行和中国进出口银行的海外贷款承诺。中国的竞争优势是低成本、快速建设的铁路系统。

在亚洲和中欧，中国的基础设施外交成为"一带一路"倡议的重要组成部分。该倡议包括陆上丝绸之路经济带和21世纪海上丝绸之路。高铁是前者的基石，因此已成为中国基础设施外交的核心部分。在日本首相安倍的第二任期，日本利用铁路项目来应对中国的商业和地缘政治扩张，并在其庞大的"高质量基础设施合作伙伴关系"（PQI）计划下，越来越多地向其提供财政支持。中国和日本在印支地区的基础设施建设中都有着经济和更广泛的战略利益。通过双边和通过"亚洲开发银行"，日本正致力于发展大湄公河次区域的基础设施，同时中国作为次区域的一部分，也建立了包括基础设施建设在内的次区域合作新机制。

泰国是与中国进行高铁项目谈判的领先者之一，日本也加强了对泰铁路基础设施升级和高铁建设。中国和泰国就一条873千米长的高铁线路已经达成协议，这条高铁线路从泰国东部的深水港林查班经曼谷，通往老挝边境的廊开。与此同时，日本也正在参与泰国基础设施的升级项目，泰国政府呼吁日本加紧和加快建设连接泰国最大的两个城市曼谷和清迈的682千米高铁项目。

本章旨在通过区域、次区域和国家各级的海外基础设施出口竞争，来分析区域竞争和秩序的变化。后一部分重点探讨中泰、日泰高铁项目的案例。本章分析的依据是对以下问题的研究：中日高铁外交在该地区的合理性是什么？以泰国为例，区域竞争在多大程度上、以何种方式得以表现？更具体地说，本章提出了这样一些问题：中日在交通基础设施领域的区域竞争总体上是什么性质的？经济和安全问题是如何联系在一起的？与美国的关系又是如何影响区域合作、竞争和秩序的？在印支地区，中日铁路外交背后的驱动力是什么？中日两国在泰国竞争高铁领域的具体表现如何？

二、如何理解并概念化亚洲的区域竞争

虽然这一章的重点是中国和日本的海外基础设施项目竞争，同时在某种程度上，还涉及我们正在目睹的区域国际秩序的演进和变化。关于中国崛起的文献大多关注的是中国作为一个即将崛起的全球大国的角色，本章集中讨论的则是区域一级更具体的进程：区域竞争、区域对抗和区域秩序。这些概念皆指的是"区域"，在这里则指的是超国

家的子系统。我们遵循的是荷特（Hettne）的观点，即强调"没有自然区域的概念，区域的定义因研究中的特定问题而不同"，且"所有区域都是被社会构建的，因此存在政治争议"。我们更关注的是区域主义，而不是区域化。区域主义是一个自上而下、宏观的政治进程，这一进程为各种观念和合作推动，而这些观念和合作将一个确定的地理（或社会）空间作为一个区域项目加以促进。区域合作可能包括一些商业上的优惠，如自由贸易协定，但也可能只涉及交通基础设施和互联互通等问题领域的功能性合作。东亚和东南亚地区经历了自由贸易协定的激增过程，通过复杂的贸易和投资协定的"面条碗"形成了"竞争性区域主义"，同时该地区还经历了地区大国对交通基础设施建设兴趣的激增过程。基础设施项目是当地建筑和运输公司开发市场机会的一种途径，但它们也是参与到相互联系的经济走廊和扩大的区域生产网络中的一种有益途径。

正如伯拉斯琳（Breslin）在2010年所指出的，东亚的区域主义具有全球偶然性，因此必须从包括美国作为全球霸主的讨价还价的背景下来看待不断变化的区域秩序的动态。日本明确地服从美国霸权的要求，它也是美国支持的地区安全的关键点。日本的区域性措施与以美元为基础的全球金融秩序相联系，日本是地区外国直接投资秩序中的"领头羊"，也是为区域生产网络提供先进技术的核心供应商。高赫（Goh）2013年强调了美国霸权的弹性以及地区大国（中国和日本）在维持霸权方面的合谋。但也有学者认为，高赫低估了中国对美国主导的地区秩序的抵抗力。因此，欧巴（Oba）2015年指出，"一带一路"倡议和亚投行的成立"表明了中国有意构建新的地区秩序，这至少会削弱（如果不是取代）美国的霸权"。也有学者认为，"一带一路"和

240

亚投行的举措共同构成了一种成熟的战略，即可以利用中国的经济实力，以可能永久改变中国在该地区中的地位。在这一案例中尤其如此，因为中国的思想和制度的努力都是靠有形的投资和基础设施发展来支撑的，而这可能会使中国的政策影响和目标吸引力更加难以抗拒。

在本章，我们简单地讨论了该地区的自由贸易协定问题，但重点是海外基础设施的出口，以及中日在东南亚陆上铁路基础设施发展方面的区域竞争。当商业利益和安全利益交汇时，我们该如何理解这些地区大国？在东海钓鱼岛及其附属岛屿的争端中，中日间的竞争性区域主义无疑处于一种零和博弈的状态。但就海外基础设施出口而言，情况也是如此吗？

区域主义的经济和安全往往联系紧密，且往往没有得到充分的研究。正如贾亚苏里亚（Jayasuriya）在2003年所指出的，区域动态不能仅仅"被定位于政府间关系的动态变化"，它们也根植于国内的政治经济动态。这意味着，我们必须从国内政治经济的经济转型和危机的过程，以及资本国际化的不同模式，来理解中国"一带一路"倡议和日本的"高质量基础设施合作伙伴关系"计划之间的竞争。

从中日基础设施外交来看，我们可以有效地区分"经济外交"和"经济治国方略"。前者可以被定义为作出决定、制定政策和倡导更广泛的国家经济战略。在全球化时代，经济外交已经把外交官变成了"全球化的代理人"，他们直接参与市场和资本的创造和管制以及贸易、金融外交行为。

与利用国家权力开发市场机会，以支持本土公司在全球拓展不同的是，经济治国方略是利用经济实现对外政策目标的工具，这些目标不仅涉及军事安全，还涉及国家的战略目标，如能源安全、有保障的供应线、获取尖端技术等。经济治国方略可以采取多种形式。在海外基础设施投资中，地区大国可能会竞相出价，通过经济手段以获得地区影响力、维持地区稳定或特殊的地区秩序。利用经济杠杆来维护和实现它们在该地区的国家利益，也可能涉及区域公共产品的提供（如经济援助和基础设施），在这些公共产品中，区域大国承担了所涉成本的最大份额，且其商业利润将受到损害。这就是登特（Dent）2008年所说的区域发展主义。

区域竞争和竞争性区域主义是泰国等次区域国家面临的复杂问题。它们之所以复杂，是因为中国作为一个中央区域经济大国的重新崛起，正在日益分化安全和经济的动态，这迫使小国寻求方法以平衡区域的二元化，并避免在中美之间或中日之间做出"被迫选择"。对于那些处于中美之间的国家来说，不仅不向中国妥协的代价越来越大，不追随全球霸权的代价也越来越大。相比之下，中日之间的竞争更容易解决，选择的范围也更广些。

总之，海外基础设施出口和相关的区域竞争涉及复杂的解释、谈判和有争议的过程。在这种情况下，中国、日本和美国是关键的参与者。分析必须跨越经济和安全逻辑，正如它必须揭示区域理性如何与全球理性相互作用一样。"一带一路""高质量基础设施合作伙伴关系"和海外基础设施出口的分析必须涉及对经济外交和经济治国方略等方面的分析。以此为出发点，下一节将探讨中日区域竞争，以及在某种程度上的中美之间的全球竞争。

三、竞争秩序以及基础设施互联互通——中国、美国和日本

在下文中，我们将从中美在贸易和运输方面的竞争入手，探讨区域竞争秩序。接下来，我们将分析中日在东南亚和大湄公河地区交通运输基础设施方面的竞争。

1. 中美竞争——贸易与运输

美国曾为推进跨太平洋经济一体化（如通过APEC）作出了持续的努力，且自2010年以来，一直在试图抗衡中国在东亚和东南亚日益增长的影响力。在亚洲金融危机之后，美国开始在该地区失去影响力，而"反恐战争"强化了在伊斯兰国家的这一趋势。在这两个事件后，中国推动了自己的议程，推进或加入了以东盟和东亚为中心、尽可能将美国排除在外的更为封闭的地区主义形式。为减轻东盟国家对中国加入WTO的担忧，中国还签署了《中国-东盟全面经济合作框架协议》（2002年），形成了中国-东盟自由贸易区，该协议已于2010年生效。

2011年11月，奥巴马正式提出"重返亚洲"战略，TPP成为其再平衡努力的重要组成部分。奥巴马总统在2015年1月向国会发表的国情咨文中强调，重要的是美国而不应该是中国"制定规则"。除了通过TPP塑造对美国有利的一体化，奥巴马还试图通过引入适合高度发达国家的先进标准，以及制定限制中国国有企业补贴的规定，来对抗中国。

中国对奥巴马"重返亚洲"战略的反应是，自己也开始转向西方（包括中国自身和其他国家），就像中国决定成立亚投行一样，部分原因是美国国会多年来推迟了布雷顿森林体系机构的哪怕是最温和的改

革投票。在大型自由贸易协定方面，中国最终决定支持的是东盟主导的东亚"区域全面经济伙伴关系"（RCEP），这一协议将美国排除在外。然而并不是RCEP，而是"一带一路"倡议构成了中国地区秩序的主要模板。

"一带一路"与习近平关于建立以中国为中心的地区共同体的愿景紧密相连。2012年11月，习近平成为中国共产党中央委员会总书记，2013年3月当选为国家主席。2013年9月，他首次提出丝绸之路经济带，旨在建设连接中国与欧洲、中亚、东南亚、南亚的陆上经济走廊；一个月后，他又提出21世纪海上丝绸之路，二者共同构成了"一带一路"倡议。

2013年10月召开的周边外交工作座谈会和2014年11月召开的中央外事工作会议上，围绕新形式的经济外交，对习近平的新的全面外交政策进行了讨论。习近平的中华民族伟大复兴的中国梦旨在恢复中国在世界事务和这些争论中的传统地位，这与中国与亚洲构建地区"命运共同体"的梦想紧密相连，得益于一系列与邻国的基础设施和社会经济互联互通举措。在公路和铁路连接方面，昆明作为城市节点，云南将成为中国通往东南亚的"桥头堡"。

"一带一路"倡议整合了一系列复杂的国内和国际目标，且正式汇集了经济、政治、安全和文化元素。其驱动因素既有国内外的关切，也有战略和经济动机。除了是对美国遏制的反应，重要的是其战略动机，即保障中国通往邻近地区战略通道的畅通，使国家能够保护来自该区域内外的能源和自然资源的持续供应。此外，"一带一路"倡议使中国有可能绕过受制于美国海军控制的海上航道。同时，"一带一路"倡议还提出了扩大中国机动性、增进信任、维护地区稳定的友好战略；通过将邻国纳入经济基础设施网络，这还可能增加它们与中国的友谊。

尽管"一带一路"倡议包括安全议程和地缘政治后果，但主要驱动力无疑是经济；换句话说，"一带一路"倡议更多的是关于经济外交，而不是经济治国方略。首先，基础设施项目的部署是中国资本主义国际化的一部分，也是为国有企业提供新的商业机会的一种途径。其次，由于对投资驱动型经济增长的高度关注，中国已面临着产能过剩和盈利能力低下的问题。"一带一路"倡议可以被认为是这样一种在建筑和钢铁行业等领域输出这种过剩产能、提高投资回报的途径。另外，它还是解决外汇储备过剩问题的一种方式。中国外汇储备大部分回流美国，并投资于美国的国债。"一带一路"倡议的提出还与中国在廉价劳动力方面相对优势的逐渐丧失以及升级其生产结构的需要有关。它使中国得以可能将低附加值的制造设备迁往邻国，然后向这些国家出口附加值更高的商品和服务。最后，还有一个重要的内部发展逻辑：丝绸之路经济带可以用以发展中国的中西部省份。

对比2012年至2016年的美国和中国，出现了两种不同的区域秩序模式。第一，中国是面向其亚洲邻国的，主张亚洲人应该解决亚洲问题，美国提出了一个跨太平洋战略经济伙伴关系的模式，借此可以塑造经济互动的规则。第二，与西方强调的通过自由市场、私营企业和金融自由化实现区域、全球一体化不同的是，中国提出了以国有企业和金融机构为主体、"和而不同"的国家主导型发展战略；他们关注的是在尊重国家主权、多样性和中国中心主义基础上的、不同国家社会模式之间的对话和联系。第三，美国倾向于深度经济自由化，并通过TPP优先考虑服务和投资，而中国则侧重于与"一带一路"伙伴的基础设施联系和政策主导的贸易便利化。第四，中国并没有寻求统一的、具有法律约束力的贸易和投资规则，而是寻求通过相互尊重、共同利益、谈判和具有灵活性的规则，以此加深相互依存，塑造欧亚邻国的偏好。这将通过区域机构和个别的个案谈判共同来完成，而中国可以在这些谈判中展示出自己的领导力。

在2017年年初，唐纳德·特朗普总统决定退出TPP，这从而表明了美国不会在自由贸易和投资规则制定方面发挥领导作用，而是将会就所谓"公平"的双边贸易协定展开谈判。一方面，这为中国推进其偏好的地区秩序提供了更多空间；但另一方面，这正导致了美国对中国贸易顺差采取更为激进的立场。

2. 中日竞争——基础设施外交

在贸易方面，日本选择追随其主要盟友美国，并加入了TPP。在东南亚地区的基础设施发展上，日本主导的亚洲开发银行一直在推动进一步的投资。亚洲开发银行在其"亚洲基础设施建设"报告中估计，2010年至2020年间，亚洲交通领域的投资需求达到了2.5万亿美元，其中386亿美元将投资于铁路。此外，跨亚洲铁路沿线的区域项目需要828亿美元的资金。这意味着每年的铁路基础设施投资约为110亿美元（国内和国际）。

日本首相安倍晋三在其第二任期的第一年，就针对东南亚发起了一场"积极的转变"外交，2013年决定访问东盟10个国家。这是"日本领导人前所未有的举动"，意在寻求"在地区战略事务中发挥更积极的作用"。其主要的战略目标是在美国的大力参与下维护和保护该地区的自由秩序。

然而日本还需要提振经济，保护其在东南亚的"地盘"。2015年5月，为了重振产业，对抗中国的"一带一路"倡议，安倍政府制定了一项名为"高质量基础设施合作伙伴关系"的新发展计划。该项目以日本和亚洲开发银行之间的合作为基础，并将在今后五年将它们对东南亚国家的基础设施投资总额增加25%左右，达到1100亿美元。在2016年的七国集团（G7）伊势志摩峰会之前，安倍宣布了"高质量基础设施合作伙伴关系"计划，将提供的融资增加到2000亿美元（每年400亿美元），同时他提出的促进高质量基础设施投资的原则也赢得了七国集团的支持。通过这种方式，日本试图以远远超出亚投行创始资本的资金承诺来应对中国的基础设施外交。高铁项目是这一基础设施建设的重要组成部分。2015年，这些项目囊括了印度尼西亚（雅加达—万隆）、马来西亚、新加坡（吉隆坡—新加坡）、菲律宾、泰国、越南和印度。2016年5月，在印尼的项目中，中国的出价超过了日本，日本国会放宽了对日本国际合作银行（JBIC）的监管，这使它能够通过一个特殊账户进行风险更高的投资，通过这一账户，它可以更积极地与中国进行竞争。

　　简而言之，作为东南亚外国直接投资的主要来源，日本一直试图将其在稳定和开放的地区秩序中的利益与更狭义上的商业利益结合起来，还一直寻求与中国的基础设施外交进行竞争。日本的海外基础设施出口有着双重的目标导向，综合基础设施系统的出口是实现振兴日本工业部门经济目标的一个主要支柱。与此同时，为了对抗中国在亚洲日益增长的影响力，并维持日本在该地区的存在，日本与中国周边国家建立了更紧密的关系，并提高了基础设施建设的原始标准，以此与中国的制度举措展开竞争。简言之，日本政府已将经济治国之道与经济外交相结合。

3. 中日竞争——大湄公河次区域合作的垂直和水平的连接

日本参与东南亚基础设施的建设有着悠久的历史。在1992年，亚开行启动"大湄公河次区域"经济合作项目，此项目涉及湄公河次区域六国（柬埔寨、中国、老挝、缅甸、泰国和越南）。该项目在1998年得到进一步发展，当时提出了三条经济走廊的概念：东西经济走廊、南部经济走廊和南北经济走廊。与交通运输相关的三条经济走廊于2000年正式启动。这些走廊成为大湄公河次区域十年战略规划的核心部分，旨在将昔日的"战场"印度支那变成一个充满活力的市场。

日本优先发展的是东西经济走廊和南方经济走廊，中国则集中发展南北经济走廊。换句话说，日本在同时进行着两个横向的互联互通项目。日本对东西经济走廊有着浓厚的兴趣，这条长达1450千米的公路是连接太平洋（越南）和印度洋（缅甸）的最短通道。有了东西经济走廊的连接，从海岸到海岸地的航行时间将从5天降至2天。南部经济走廊连接越南的胡志明市和缅甸的大围，途经金边（柬埔寨）和曼谷（泰国）。在泰国，它与泰国东南部的两个深水港连相连接，这两个港口是林查邦（LAEM CHABANG）和麦普塔普特（MAP TA PHUT），它们也从日本获得了建筑贷款，越南的盖梅港也是如此。此外，南部经济走廊还包括日本跨国公司在泰国的所在地。还有，越南也正日益成为跨国公司青睐的目的地，它们希望避免过度依赖中国的业务。日本"国际协力机构"（JICA）制定了综合的走廊发展办法，该方法将基础设施发展计划（硬的和软的基础设施）与工业发展战略以及处理环境和社会发展的战略结合了起来。

与日本不同的是，中国可以直接进入东南亚大陆，并将大湄公河次区域的参与视为地方"西进"战略的自然补充。中国在大湄公河次区域的参与一直在沿着从昆明经清迈到曼谷的南部经济走廊进行。这种垂直连接使云南成为陆地上的"南方门户"，使老挝和柬埔寨进入了中国的"势力范围"。

为应对这一趋势，日本启动了湄公河-日本合作的《新东京战略2015》（MJC2015），提出了确保地区稳定和实现"高质量"增长的四大"支柱"。第一个支柱是"硬"基础设施的发展及其对"高质量增长"的贡献。强调"私营部门的积极参与"以及促进公私合作，正如明确提到的PQI、EWEC、SEC和大围等开发项目。此外，与中国相比，日本强调的是促进民主和法治，突出了西方的区域秩序。简而言之，中日之间在物质性基础设施的规划、提供和融资方面的竞争似乎在明显加剧。这与经济特区、走廊的利益竞争和对私营和国有企业角色的不同看法有关。

4. 区域竞争和秩序

尽管中国和美国显然是南中国海的海上竞争对手，对该地区21世纪大型自由贸易协定（太平洋和亚洲）的性质有着不同的看法，但它们在基础设施方面还并不是竞争对手。日本和中国在东海有长期区域竞争的历史，日本的安全政策仍然与美国的安全政策紧密相连。日本追随美国，加入了TPP。长期以来，东南亚一直是日本投资和开展双边贸易的天然目的地。几十年来，日本一直是该地区主要的经济强国。此外，日本为实现这一地区的稳定发展，推行了发展区域主义。在这一努力的过程中，日本代理商面临着来自中国日益激烈的竞争。因此，日本也迫切希望保留其在该地区的存在，并对抗中国日益增长的影响力。

在区域基础设施和经济走廊沿线的发展方面也是如此。对中国而言，其在印度支那的互联互通涉及资源的获取、贸易和投资机会，以及带来有利外交结果的"睦邻友好"。中国支持国有企业的国际化，利用"一带一路"、亚投行和澜沧江—湄公河合作机制推动建立以中国为中心的地区秩序。对日本而言，"重返"东南亚则包括通过进一步外包以振兴国内产业，以及保护其在东南亚大陆的经济利益。日本深化双边关系，利用PQI和MJC2015与中国相抗衡，保护现有的地区秩序，包括私人资本积累和自由秩序。虽然这两个地区大国的主要驱动力都是商业利益和更广泛的经济关切，但经济治国方略这一要素也发挥了作用。

最后，就基础设施扩张而言，这并不是一场残酷的地区竞争。这是一个庞大的市场，存在一定的互补性，日本注重横向的互联互通（EWEC和SEC），中国则重视纵向的互联互通（NSEC）。考虑到这一点，我们现在将从地区层面转到国家层面，探讨中国和日本在泰国的铁路外交。

四、中日竞争与泰国铁路升级

多年来，改善泰国铁路网一直是政策议程上的重要议题，在该国的基础设施规划中发挥着重要作用。扩建双轨铁路网是一个重要的优先事项，但另一个优先项目是标准铁路的建设，与现有的轨距相比，标准轨距为1.435米，这使高铁运输得以实现。中泰高铁项目从泰国湾（麦普塔普特港）经曼谷至老挝边境的廊开，与老挝和中国的类似项目相连。日本的高铁项目将连接泰国的两个主要城市曼谷和清迈，此外它还参与了两个东西铁路的升级项目（见下图9-1和图9-2）。

1. 中泰高铁谈判

中泰高铁谈判始于阿披实政府（2008—2011年）时期，在英拉·西那瓦政府（2011—2014年）期间进展缓慢。然而在2014年5月巴育·詹欧差（Prayuth Chan-Ocha）将军上台后，谈判才加快了速度。不久后，李克强总理访问了泰国，并在泰国议会发表演讲，介绍了高铁计划；他还承诺进口100万吨大米，并表示将考虑进口更多天然橡胶。

2014年7月底，军政府决定推进这两个高铁项目，包括曼谷至廊开的连接。项目将采用中国铁路技术标准，标准轨距为1.435米，车辆为客货混合车辆。这些列车被设计为中等速度的列车（160～180千米/小时），但它们的最高时速为250千米/小时，实际上这意味着它们将是高速列车。该协议将涉及中方的三家国有企业，其中两家是建筑公司：中国铁路工程集团有限公司（CREC）和中国铁建股份有限公司（CR-CC）。第三个国有企业是中国中车集团有限公司（CRRC）。合作方式将以EPC（工程、采购和建筑）制度为基础，中国一般负责高科技复杂的任务，而较简单的中低技术职位则留给泰国。

中泰项目是政府间的项目，谈判在铁路合作联合委员会（以下简称联委会）进行。2015年，召开了不少于9次会议，但进展甚微。第二年春天，泰国方面开始倒退，2016年3月在中国的一次会议上，泰国总理巴育表示，泰国将停止合资谈判，在泰国提供全部资金的情况下，独自建设全长253千米的曼谷—那空高铁，而其余的高铁线路将暂停运行，为了缓和中国方面的态度，泰国政府加快了与日本的谈判，并决定加快建设另外两条计划中的高铁线路——曼谷—华欣线（211千米）和曼谷—罗勇线（193千米）。曼谷—那空叻差是玛线（1号线加3号线）现在分为四部分，起始日期各不同。中泰谈判仍在继续，在2016年9月联委会第14次会议上，双方就曼谷—那空叻差是玛高铁达成协议，总成本为1790亿泰铢（合51.5亿美元）。第一个3.5千米段的建设并没有按照计划在2016年开始，但资金已经包含在了2017财年的预算中。

图9-1　铁路公司与中国谈判

中泰谈判进行得很困难，他们集中讨论的几个问题是：建设成本、分担负担、融资成本、土地开发权、"大米换铁路"和技术转让。据报道，中国提出的建设成本远远超过了估计的4000亿泰铢（合117亿美元），接近5000亿泰铢。在责任分担方面，会议期间融资结构和股权结构反复谈判。最后，泰国决定承担全部建设费用，但中国将为技术系统（火车、信号等）提供资金。在融资成本上也存在分歧：泰方希望从中国进出口银行获得的中国贷款能有2%或更低的"友好利率"，而中国谈判代表则主张2.5%的利率，这更接近商业利率。

在铁路项目中，土地开发权通常是一个关键所在，因为它们赋予了沿线有利可图的辅助开发项目的开发权。泰国的情况就是这样，但事实证明，中国人忽略了一个事实，即国王早已将土地交给了泰国国家铁路（SRT）。在一个含有极端保皇派和保皇派军政府的政治局势中，泰国谈判者在谈判中纳入土地权利是既不可能也不可取的。双方还就"大米换铁路"的协议进行了谈判，并商定，中国将从这些大宗商品的巨大库存中进口100万吨大米和20万吨天然橡胶。最后，泰国谈判方多次谈到技术转让问题，中国国有企业负责的是项目的高科技方面，因为它们拥有完整的技术方案，而且计划使用自己的工程师，并为大多数工人提供培训服务。

谈判的不稳定和不可预测的性质，以及泰国方面似乎在不断变化的条件，一定已经惹恼了中国人，他们将该项目视为其陆上丝绸之路经济带的基石。中国对泰国尤为感兴趣，因为泰国在快速增长的湄公河地区以及与东盟的关系中扮演着重要角色。然而在泰国方面，政府官员在与中国人谈判时也遇到了困难，因为他们发现中国人并不像预期得那么慷慨，也并不那么愿意冒险。

从泰国人的角度来看，这是一个政治项目，也是经济刺激计划的一部分，并不仅仅是给一个有权势朋友的一个信号。这条高铁线路将贯穿泰国东北部，那里是该国最贫穷的地区之一，西那瓦家族和"红衫军"在该地区拥有选举据点。此外，铁路在以基础设施为导向的经济刺激计划中扮演着重要角色，该计划旨在赋予军政府合法性。由于项目经过了大多数国家的人口中心，其财政可行性并不可靠，但它仍然是军事政权的首要任务。除了政治合法性问题，这也可能是因为即将上台的军政府希望与中国建立关系。

泰国是美国在该地区最古老的盟友，也是美国在亚太地区的五个正式条约盟国之一。泰国总体上奉行平衡与中美关系、切合实际的战略。然而在21世纪，随着中国实力的增强，这变得更加困难了。泰国在军事政变后明显向中国倾斜。西方国家谴责了这次军事政变，降低了其政治联系的等级，并削减了军事援助，而中国则对泰国军政府表示欢迎，宣称不会干涉泰国内政，甚至加强了与军政府的合作。除了在高铁项目上的合作，中泰防务合作也得到了发展，泰国决定从中国购买三艘潜艇。在大型自由贸易协定方面，泰国优先考虑的是"区域全面经济伙伴关系协定"。泰国没有像日本那样加入TPP，也没有兴趣参与美国对中国的遏制。

中国已逐渐成为一个在危机中可以信赖的、受欢迎和可靠的伙伴。军方仍记得在柬埔寨危机期间中国的大力支持，他们变得越来越亲近中国。到2014年，高级文职官员都是那些在"一带一路"大使论坛委员会担任过初级职位，以及经历过中国没有让人民币贬值，而是提供金融支持的人。这与美国形成了鲜明对比，美国几乎没有做出什么贡献，而且还支持并不受欢迎的国际货币基金组织的紧缩政策。此外，泰国与中国没有领土主张重叠或海上边界争端，且在中国-东盟事务中，泰国和印尼通常都扮演着"中间人"的角色。简而言之，泰国视中国为重要的安全伙伴和战略稳定的来源。

中泰高铁项目可以被视为其更广泛举措的一部分，这一举措旨在将中国作为经济和安全的可靠伙伴。在这种背景下，泰国军政府曾期望中国在对待铁路项目时，更多地考虑安全问题，而不是利润，期待中国愿意牺牲利润来实现其外交政策目标。然而在谈判过程中，泰国人发现中国人比预期的更注重商业目标。对中国来说，2016年的协议未必是一笔糟糕的商业交易。到目前为止，中泰高铁项目似乎将逐步推进，且如果该项目被证明在财务上不可行的话，它所涉及的风险将是最小的。中国在技术和车辆交付方面没有面临竞争。此外，巴育还承诺，将邀请中国参与高铁的下一阶段建设。①尽管泰国越来越支持中国，但中泰关系中残余的脆弱性，仍使泰国并未被邀请参加2017年5月在北京举行的"一带一路"国际合作高峰论坛。

2. 日泰铁路基础设施合作

中国是泰国第一大贸易伙伴，占泰国2015年出口的11.1%和2015年进口的20.3%（日本分别占9.4%和15.4%）。尽管如此，作为投资者，日本仍令中国相形见绌。2015年，日本占泰国全部外资流入的33.6%（中国占5.1%），日本的外国直接投资存量远高于中国。因此，与中国相比，日本在基础设施开发方面有着更大的商业利益，尤其是在涉及更大的曼谷地区、东海岸和日本在泰国的其他经济要塞的基础设施开发方面。与中国的参与不同，日本的参与区分了乘客运输和货物运输。从曼谷到清迈的泰日高铁项目仅面向乘客，并打算在国内航班竞争中

---

① 另一方面,泰国以那空高铁(Nakhon Ratchasima–Nong Khai)为终点站,与中国相比仍有一定的优势。如果不修建那空高铁,对中国来说,高铁线路在境外几乎没有意义。

脱颖而出，就像欧洲在引进高铁后的情况一样。如图9-2所示，日本参与的货运线路的升级项目是东西走向的项目，更准确地说，是沿着下东西走廊（北碧—曼谷—差春骚与柬埔寨接壤的亚兰）和上东西走廊（来兴/美索—莫达汉）的。在上述的东西走廊（3号线），大部分线路都是从地面开始的。目前还没有任何计划或设计，因此项目的实现需要很长时间。

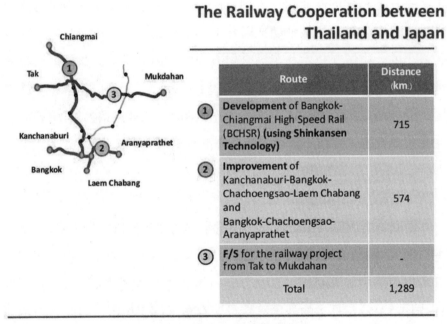

The Railway Cooperation between Thailand and Japan

	Route	Distance (km.)
1	**Development** of Bangkok-Chiangmai High Speed Rail (BCHSR) **(using Shinkansen Technology)**	715
2	**Improvement** of Kanchanaburi-Bangkok-Chachoengsao-Laem Chabang and Bangkok-Chachoengsao-Aranyaprathet	574
3	**F/S** for the railway project from Tak to Mukdahan	-
	Total	1,289

图9-2 铁路公司与日本谈判

日本参与泰国铁路升级的谈判于2015年2月开始。日本首相安倍晋三此前遵循美国的做法，尽量减少与军政府的外交往来，但现在他却邀请了巴育到日本进行为期三天的访问。会议期间，泰国提出了J/V模式，两国领导人就上述三条铁路线路签署了合作意向书。2015年5月，这促成了这三条线路的《合作备忘录》，随后在2015年9月，国有的泰国铁路公司和日本国际协力机构就下段东西走廊项目举行了谈判会议（图9-2中的2号线路）。该项目涉及差春骚至林查班（东海岸的一个深海港口）的一条一米双轨铁路的改进，全长574千米。

下段东西走廊项目对泰国和日本都具有重要意义。在西面，它可以延伸到缅甸的大围，在那里，日本正与泰国和缅甸当局合作，计划建立一个拥有深水港的大型经济特区。在东部，它将连接泰国（和日本公司）、柬埔寨和越南海岸，在南部，它将为从曼谷地区运出泰国主要集装箱港口林查班的货物提供更好的通道（图9-2中的2号线）。此外，2015—2017年正在进行的官方层面的谈判，涉及曼谷和清迈之间的高铁线路（图9-2中的1号线）。这条682千米长的铁路预计时速达300千米，且将使用高标准的新干线技术。与中国的政府与政府的谈判模式不同，日本更喜欢私营部门的大力参与（泰国私人资本也参与其中），因此该项目采用PPP融资和J/V公司模式。这一高铁项目被列入了两国间的谅解备忘录，该备忘录是在日本外相岸田文雄2016年5月访泰期间签署的。当可行性研究于2016年6月提交时，日本建议将这条线路分为两部分，因此第一期工程将是一条全长386千米的铁路线，从曼谷到彭世洛，详细的建设计划于2018年开工。截至2016年6月，各方尚未就谁来运营高铁服务达成一致。就像中泰项目一样，2016年8月，泰国副总理颂奇宣布加快规划和实施4个高铁项目，其中就包括这条高铁。第一阶段将耗资2240亿泰铢，也被包括在了政府2017财年的投资计划中。

与日本的就泰国高铁发展和铁路升级的谈判似乎进展顺利，日本最终的参与程度将超过中国。这是由数个因素造成的。第一，泰国官员表示，与日本谈判更容易，因为他们在解决问题时更加灵活。第二，日本–泰国高铁项目更容易证明其合理性，因为它具有经济意义：从曼谷市中心到清迈市中心预计需要2小时46分钟，在速度和成本方面可以与国内航班竞争。第三，日本早在几年前就已经对曼谷–清迈线进行了初步的可行性研究。第四，东西走廊的下段项目更容易构建，因为它可以在已经存在的轨道上运行。第五，日本在维护和升级铁路方面具有竞争优势。第六，两国已同意采用J/V模式，并依赖于私营部门的参与。

然而日本参与泰国高铁基础设施建设的问题仍在谈判中。一方面，泰国政府决定推进东部经济走廊建设，以刺激停滞不前的经济。这将包括巨大的基础设施建设项目，包括曼谷至罗勇的高铁项目以及对现有铁路线的进一步改善。另一方面，曼谷至清迈高铁项目仍然存在障碍。到2017年年初，泰国交通部部长已宣布，他希望日本承担合资企业的部分投资，并通过在非安全标准上妥协，降低价格（约5000亿泰铢）。

3. 泰国铁路升级中的中日竞争

关于区域竞争，日本毫无疑问地加大了对泰国铁路升级和高铁的参与力度，以避免同中国在区域铁路建设竞争中被进一步边缘化，为其高铁产业注入新的活力，并利用其优越的铁路升级技术。对中国而言，泰国在其高铁国有企业国际化和刺激国内经济的努力中也是十分重要的。

应该注意的是，在泰国的案例中，中国和日本并没有处于激烈的竞争状态。在铁路基础设施方面，它们没有相互排斥的经济利益，因为它们（大部分）在泰国沿着不同的路线和走廊进行竞争，还因为在这一领域存在的基础设施赤字和巨额开支。对日本来说，这是一个明确的商业逻辑，所以重点是东西两条走廊，加上南部的沿海走廊。这些走廊与日本公司在泰国的物流和/或与孟加拉湾、安达曼海、泰国湾以及南中国海的深海港口的区域连接有关。此外，曼谷至清迈高铁项目在商业上可能是可行的，它是对中国高铁外交的一个明确的、补充性的回应。

对中国来说，也有一个清晰的经济逻辑。南北经济走廊尤为重要，因为它是加强与湄公河国家（特别是老挝）联系的一种方式，也因为它是"一带一路"倡议中享有盛名的新加坡—昆明铁路（SKRL）的一部分。当然，这也是贸易路线多样化的一种方式，在这一方面，它既是一种中国西南地区生产的出口商品进入泰国湾的途径，也是从印度支那或其他地方进口粮食和自然资源的通道。这让中国对曼谷至罗勇的高铁以及未来的新加坡—昆明铁路中的曼谷至吉隆坡段产生了兴趣。

日本和中国在改善泰国铁路方面的参与具有高度的互补性，这在一定程度上是由不同经济走廊上的劳动力分工造成的。这也反映了两国在投资方式上的结构性差异。日本和中国投资于不同的行业，往往分布在不同的地点。日本在汽车行业和电子行业进行了投资，而中国迄今为止的投资都投向了资源需求更大的行业（如天然橡胶）。此外，中国一直专注于建设新的高铁线路，而日本也在参与将现有线路升级为双轨的工程。最后，这种互补性反映了泰国领导人对平衡和利用这两个地区经济"巨人"的重视。

五、结语

为了弄清"一山能否容下二虎",我们提出了两个主要问题:以泰国为例,中、日高铁外交在该地区的合理性是什么?地区竞争在多大程度上以何种方式表现?这在一定程度上是对奥巴马重返亚洲战略的回应,但主要的还是为了实现更灵活的安排,以适应其不断扩大的经济利益,中国政府决定优先发展与东南亚邻国的关系,并将它们纳入"一带一路"倡议。中国对经济治国方略的运用,也导致了有关未来地区秩序的地区竞争,特别是与美国在地区规则上竞争的加剧。中国日益增长的经济和政治影响力迫使日本与其展开竞争,并捍卫其作为地区主要经济强国的地位。两国都加强了经济外交,同时利用海外基础设施项目为战略目标服务,以支持和振兴自己的产业目标。

区域竞争影响着大湄公河地区。中国在缅甸的影响力已被日本(以及西方国家)夺走,但柬埔寨和老挝仍是中国的忠实盟友。随着中国建立了一个替代性的区域机构(LMC),日本也紧随其后推出了MJC2015战略,次区域的竞争性区域主义正在增强。但与此同时,我们在不同经济走廊的基础设施战略上找到了一定的互补之处,使"两虎"在"一山"上找到了立足之地。日本和中国领导人个人都致力于确保海外高铁项目的安全,并投入了大量财力和外交资源,以支持本国国有或私营企业的国际化。在这里对泰国的案例进行的分析显示,两国的项目之间有一些互补性。案例研究表明,占主导地位的是经济外交,而不是经济治国方略。因此,中国在追求其外交政策目标时放弃利益的意愿是有限的,与日本的谈判也是以商业为导向的。相反,我们看到，安全问题对泰国军政府很重要，但泰国也一直在努力将中日之间的竞争转化为一种优势。泰国是中国丝绸之路经济带、高铁战略的领先者，但这可能并不是中、日高铁项目竞赛的典型（案例）。尽管该地区巨大的基础设施赤字在一定程度上缓解了高铁竞争，但两国的高铁公司在其他案例中也参与到了激烈的竞争之中。日本就在印尼失利了，雅加达—万隆高铁项目被委托给了中国的（国有）企业。这一挫折导致日本调整了基础设施战略，且两国都在利用铁路外交，试图赢得新加坡至吉隆坡这一高铁线路。

中、日铁路基础设施竞争并非不可避免，在一定条件下，合作甚至成为可能。唐纳德·特朗普当选美国总统不仅改变了庞大的自由贸易协定格局，也给美国更广泛的地区角色带来了不确定性。在这一失序的环境中，日本开辟了与中国"一带一路"合作的可能性。2017年6月5日，日本首相安倍晋三在东京发表演讲，他宣称，"'一带一路'倡议具有连接东西方以及东西方之间不同地区的潜力"，以及在一定条件下（开放获取、透明、经济活力和金融稳健），日本"准备从这个角度扩大合作"。因此，对未来高铁竞争的性质下任何程度的定论似乎都为时过早，正如很难准确预测中美之间的竞争性质一样。尽管中日两国在高铁领域的竞争日趋激烈，但这两只"猛虎"或许能够同时共存于同一座山——不仅是在泰国，而是在整个地区。

参考文献

1.Abe,Shinzo. 2015. *The Future of Asia：Be Innovative*. Speech by Prime Minister Shinzo Abe at the Banquet of the 21st International Conference on the Future of Asia, May 21. Available at http://japan.kantei.go.jp/97_abe/statement/201505/0521foaspeech.html

2.————.2017. Asia's Dream. *Linking the Pacific and Eurasia.* Speech by Prime Minister Shinzo Abe at the Banquet of the 23rd International Conference on The Future of Asia, June 5. Available at http://japan.kantei.go.jp/97_abe/statement/201706/1222768_11579.html

3.Amornrat, Mahitthirook. 2016a. Beijing Plans to Reveal Rail Route Stance. *Bangkok Post,* October 22. Available at http://m.bangkokpost.com/news/transport/1116341/beijing–plans–to–reveal–rail–route–stance

4.Amornrat, M. Mahitthirook. 2016b. Japan Splits Up High–Speed Rail Plan. *Bangkok Post,* June 24. Available at http://www.bangkokpost.com/print/1018377/

5.Arase, David. 2015. China's Two Silk Roads Initiative: What It Means for Southeast Asia. In *Southeast Asian Affairs 2015, ed.* D. Singh, 25–45. ISEAS–Yusof Ishak Institute.

6.Asian Development Bank (ADB). 2009. *Infrastructure for a Seamless Asia.* A Joint Study of the Asian Development Bank and the Asian Development Bank Institute, Manila: ADB.

7.Attananda, Prasert. 2015. The *Infrastructure Development Program for State Railway of Thailand, Slides, State Railway of Thailand (SRT).* October. Available at http://eit.or.th/DownloadDocument/Infrastructure% 20development% 20program% 20for% 20SRT% 20Oct% 202015% 20 [Compatibility% 20 Mode].pdf

8.Ba, Alice D. 2016. *TPP, OBOR and ASEAN: Where Will They Lead*

To?(RSIS Commentaries, No. 108). Singapore: Nanyang Technological University.

9.Bangkok Post (BP). 2016. *High-Speed Rail: Japan's Foreign Minister Visits Thailand.* May 3. Available at http://www.bangkokpost.com/learning/advanced/957849/high-speed-rail-japans-foreign-minister-visits-thailand

10.Bank of Thailand(BoT) Statistics. 2016. *Foreign Direct Investments Classified by Country 2015.* Available at http://www2.bot.or.th/statistics/ReportPage.aspx?reportID=654&language=eng

11.Beeson, Mark, and Fujian Li. 2014. *China's Regional Relations. Evolving Foreign Policy Dynamics.* London: Lynne Rienner Publ.

12.———.2016. China's Place in Regional and Global Governance: A New World Comes into View. *Global Policy*, 7(4): 491–499.

13.BMI (Business Monitor International Ltd). 2016. *Thailand Infrastructure Report.* Q4 2016. BMI Research.

14.Borger, Julian. 2016. Trump Dumps the TPP. *Conservatives Rue Strategic Fillip to China, The Guardian.* November 23. Available at https://www.theguardian.com/us-news/2016/nov/23/trump-dumps-the-tpp-conservatives-ruestrategic-fillip-to-china

15.Breslin, Shaun. 2010. Comparative Theory, China, and the Future of East Asian Regionalism(s). *Review of International Studies*, 36: 709–729.

16.Busbarat, Pongphisoot. 2016. 'Bamboo Swirling in the Wind': Thailand's Foreign Policy Imbalance Between China and the United States. *Contemporary Southeast Asia*, 38(2): 233–257.

17.Callahan, William A. 2016. China's "Asia Dream": The Belt Road

Initiative and the New Regional Order. *Asian Journal of Comparative Politics*, 1(3):226–243.

18.*China Daily*. 2013. October 12th "Premier Li Makes Four–Point Proposal to Upgrade Ties with Thailand". Available at http://www.chinadaily.com.cn/china/2013livisiteastasia/2013–10/12/content_17026008.htm

19.Dent,Christopher M. 2008. The Asian Development Bank and Developmental Regionalism in East Asia. *Third World Quarterly*,29(4):767–786.

20.Dian,Matteo. 2016. *Power Shifts and Regional Orders. United States, China and Competitive Regionalism in East Asia.* Paper Presented at 57th Annual Convention,International Studies Association,Atlanta (GA), 16–19 March.

21.Economist Intelligence Unit(EiU). 2015. Country Report Thailand. April:26–28. Growth Dynamo in Investment.

22.———.2016a. *Country Report Thailand.* January:27 –29. China, Japan and the Case for Thailand's Railways.

23.———.2016b. *Country Report Thailand.* October Data.

24.Ferdinand,Peter. 2016. Westward ho–The China Dream and 'One Belt,One Road':Chinese Foreign Policy Under Xi Jinping. *International Affairs*,92(4):941–957.

25.Goh,Evelyn. 2013. *The Struggle for Order:Hegemony,Hierarchy, and Transition in Post–Cold War East Asia.* Oxford:Oxford Press.

26.Hettne,Bjørn. 2005. Beyond the "New" Regionalism. *New Political Economy*,10(4):543–571.

27.Hong,Zhao. 2016. AIIB Portents Significant Impact on Global Financial Governance. *ISEAS Perspective*, (41), July 15, Singapore: Institute of Southeast Asian Studies(ISEAS) Yusof Ishak Institute.

28. Ishida, Masami. 2008. GMS Economic Cooperation and Its Impact on CLMV Development. In *Development Strategy for CLMV in the Age of Economic Integration, ERIA Research Project Report 2007-4, ed.* Sotharith, C., 115 -140. Chiba: IDE -JETRO. Available at http://www.eria.org/publications/research_project_reports/images/pdf/PDF%20No.4/No.4-part1-4-GMS. pdf

29. Japan International Cooperation Agency (JICA). 2012. *JICA's Regional Cooperation in ASEAN.* November. Available at https://www.jica.go. jp/english/publications/brochures/c8h0vm000000k9k0-att/jica_asean.pdf

30. ———.2016. *Corridor Development Approach.* Available at https:// www.jica.go.jp/english/publications/brochures/c8h0vm000000k9k0-att/japan_ brand_07.pdf

31. Jayasuriya, Kanishka. 2003. Introduction: Governing the Asia Pacific-Beyond the "New Regionalism". *Third World Quarterly*, 24(2): 199-215.

32. Koga, Kei. 2016. Japan's "Strategic Coordination" in 2015: ASEAN, Southeast Asia, and Abe's Diplomatic Agenda. In *Southeast Asian Affairs 2016, ed.* M. Cook and D. Singh, 67-80. ISEAS-Yusof Ishak Institute.

33. Kunapdamraks, Phichet. 2016. *Thailand's Transport Infrastructure Development Strategy 2015-2022.* Office of Transport Planning, Ministry of Transport, Slides presentation.

34. Larkin, Stuart. 2015. Multiple Challenges for the AIIB. *ISEAS Perspectives*, Issue 2015, No.33, July, Singapore: Institute of Southeast Asian

Studies(ISEAS)Yusof Ishak Institute.

35.Lee,John. 2015. *Strategic Possibilities and Limitations for Abe's Japan in Southeast Asia.* Trends in Southeast Asia （8）. Singapore:Institute of Southeast Asian Studies(ISEAS) Yusof Ishak Institute.

36.Lee,Donna,and Brian Hocking. 2010. Economic Diplomacy. In *The International Studies Encyclopedia,ed.* Robert A. Denemark,vol. II,1216– 1227. Chichester,UK:Wiley–Blackwell.

37.Li,Keqiang. 2015. *Remarks by H.E. Li Keqiang Premier of the State Council of the People's Republic of China at the 18th China–ASEAN Summit.* Available at http://english.gov.cn/premier/speeches/2015/11/24/ content_281475241254129.htm

38.————.2016. *Remarks by H.E. Li Keqiang Premier of the State Council of the People's Republic of China at the 19th China–ASEAN Summit to Commemorate the 25th Anniversary of China–ASEAN Dialogue Relations.* Available at http://english.gov.cn/premier/speeches/2016/09/09/content_281475437552250.htm

39.Lin,Justin Y. 2015. "One Belt and One Road" and Free Trade Zones– China's New Opening–Up Initiatives. *Frontiers of Economics in China,*10 （4）:585–590.

40.Lu,Guangsheng. 2016. China Seeks to Improve Mokong Subregional Co –operation:Causes and Policies. *RSiS Policy Report,*February,Singapore:S. Rajaratnam School of International Studies.

41.Mansfield,Edward D.,and Etel Solingen. 2010. *Regionalism. An–nual Review Political Science,*13:145–163.

42.Mazza,Michael. 2015. China and Japan's Battle for Influence in Southeast Asia. *The National Interest*,October 5. Available at http://nation-alinterest.org/feature/china–japans–battle–influence–southeast–asia–14006

43.Ministry of Economy,Trade and Industry(METI). 2016. *"The Ex-pandedPartnership for Quality Infrastructure"*. Initiative Directed Toward the G7 Ise–Shima Summit Meeting,May 23. Available at http://www.meti.go.jp/english/press/2016/0523_01.html

44.Ministry of Foreign Affairs(MOFA). 2015. *New Tokyo Strategy 2015 for Mekong–Japan Cooperation(MJC2015)*. July 4. Available at http://www.mofa.go.jp/s_sa/sea1/page1e_000044.html

45.Minjiang,Li. 2015. China's 'One Belt,One Road' Initiative:New Round Opening Up? *RSIS Commentary*,No. 050,March 11. Singapore:S. Rajaratham School of International Studies.

46.Nopparat,Chaichalearmmongkol. 2016. Thailand Calls Off Deal for China to Finance Railway. *Wall Street Journal*,March 25. Available at http://www.wsj.com/articles/thailand–calls–off–deal–for–china–to–finance–rail–way–1458899503

47.Norris William,J. 2016. *Chinese Economic Statecraft:Commercial Actors,Grand Strategy and State Control*. Ithaca:Cornell University Press.

48.Oba,Mie. 2016. TPP,RCEP,and FTAAP:Multilayered Regional E-conomic Integration and International Relations. *Asia –Pacific Review*,23(1):100–114.

49.Obama,Barak. 2015. *Remarks by the President in State of the U-nion Address,White House Release*,January 20. Available at https://www.

whitehouse.gov/the –press –office/2015/01/20/remarks –president –state –u-nion–address–january–20–2015

50.Ono, Yukako, and Horishi Kotani. 2017. China and Japan Set for Another High–Speed Railway Fight. *Nikkei Asian Review*, February 6, 2017. Available at http://asia.nikkei.com/Politics –Economy/International –Relations/Thailand–Malaysia–to–start–talks–for–high–speed–railway

51.Panda, Ankit. 2016. Pacific Rim States Can(and Will) Move Forward Without the US. *The Diplomat*, November 22. Available at http://thediplomat. com/2016/11/pacific –states–can–and–will–move–forward–on–trade–without–the–us/

52.Parameswaran, Prashanth. 2016. China–Thailand Rail Project Back on Track with Cost Agreement. *The Diplomat*, September 21. Available at http:// thediplomat . com/2016/09/ china –thailand –rail –project –back –on –track –with–costagreement/

53.Pham, Quang M. 2015. ASEAN's Indispensable Role in Regional Construction. *Asia–Pacific Review*, 22(2): 82–101.

54.Pratruangkrail, Petchanet, and Jeerapong Prasertpolkrung. 2015. Government Signs Pact over Rice and Rubber with China. *The Nation*, December 4. Available at http://www.nationmultimedia.com/news/national/aec/30274285

55.Rolland, Nadege. 2015. "China's New Silk Road." *The National Bureau of Asian Research(NBR)*, *NBR Commentary*, February 12. Available at http://nbr.org/research/activity.aspx?id=531

56.Singh, Bhubhindar, Sarah Teo, and Benjamin. 2017. Rising Sino –

Japanese Competition:Perspectives from South-East Asian Elites. *Australian Journal of International Affairs*,71(1):105-120.

57.Storey,Ian. 2015. Thailand's Post-coup Relations with China and America:More Beijing,Less Washington. *Trends in Southeast Asia*, (20). Singapore:Institute of Southeast Asian Studies(ISEAS) Yusof Ishak Institute.

58.Summers,Tim. 2016. China's 'New Silk Roads':Sub-national Regions and Networks of Global Economy. *Third World Quarterly*,37 (9): 1628-1643.

59.Swaine,Michael D. 2015. Chinese Views and Commentary on the 'One Belt,One Road' Initiative. *China Leadership Monitor*,47:1-24.

60.The Nation(TN). 2015a. *V on High-Speed Railway Proposed.* February 11. Available at http://www.nationmultimedia.com/politics/JV-on-high-speedrailway-proposed-30253809.html

61.The Nation(TN). 2015b. *Cabinet Approves Pact with Japan on High-Speed Railway.* May 26. Available at http://www.nationmultimedia.com/break ingnews/Cabinet-approves-pact-with-Japan-on-high-speed-rai-30260966. html

62.The Nation(TN). 2016a. *Talks on Thai-Chinese Railway Hit Snags.* July 30. Available at http://www.nationmultimedia.com/news/business/E-conomy And Tourism/30291712

63.The Nation(TN). 2016b. *Somkid Pushes High-Speed Rail, Commercial Development.* August 2. Available at http://www.nationmultimedia. com/news/business/EconomyAndTourism/30291914

64.The Nation(TN). 2016c. *Cabinet Backs Sino-Thai High-Speed*

Railway Deal.August 24. Available at http://www.nationmultimedia.com/news/
business/EconomyAndTourism/30293648

65.The Nation(TN). 2016d. *Thailand,China Agree on $5 Billion Cost for
Rail Project's First Phase.* September 21. Available at http://www.nation-
multimedia.com/news/breakingnews/30295846

66.The Nation(TN). 2016e. *4 High Speed Rail Projects in FY 2017
Investment Plan.* November 1. Available at http://www.nationmultimedia.com/
news/business/macroeconomics/30298825

67.The Nation(TN). 2017. *Fragility of Sino–Thai Ties Exposed.* June 26.
Available at http://www.nationmultimedia.com/news/opinion/kavi/30319094

68.The National Development and Reform Commission(NDRC). 2015.
*Visions and Actions on Jointly Building Silk Road Economic Belt and 21st
Century Maritime Silk Road.* March 28,First Edition. Available at http://en.
ndrc.gov.cn/newsrelease/201503/t20150330_669367.html

69.Theparat,Chatrudee. 2016. High Speed Rail:Japan's Foreign Min-
ister Visits Thailand. *Bangkok Post*, May 3. Available at http://www.
bangkokpost.com/learning/work/957849/high –speed –rail –japans –foreign –
minister–visits–thailand

70.Tow,William. 2016. U.S.–Southeast Asia Relations in the Age of
the Rebalance. In *Southeast Asian Affairs 2016,ed.* M. Cook and D. Singh,
35–54. ISEAS–Yusof Ishak Institute.

71.Wang,Yong. 2016. Offensive for Defensive:The Belt and Road Ini-
tiative and China's New Grand Strategy. *The Pacific Review,*29(3):455–463.

72.Wesley,Michael. 2015. Trade Agreements and Strategic Rivalry in

Asia. *Australian Journal of International Affairs*, 69(5):479–495.

73.Wilson, Jeffrey D. 2015. Commentary: Mega–Regional Trade Deals in the Asia–Pacific: Choosing Between the TPP and RCEP? *Journal of Contemporary Asia*, 45(2):345–353.

74.Xi, Jinping. 2015. *Xi Jinping's Keynote Speech at the Boao Forum for Asia Annual Conference 2015 on March 28*. Available at http://usa.chinadaily.com.cn/opinion/2015–03/30/content_19946480.htm

75.Ye, Min. 2015. China and Competing Cooperation in Asia–Pacific: TPP, RCEP, and the New Silk Road. *Asian Security*, 11(3):206–224.

76.Yoon, Suthichai. 2016. Thai–Chinese Rail Project: Next Stop to Nowhere Station. *The Nation*, March 31. Available at http://www.nationmultimedia.com/news/opinion/suthichaiyoon/30282897

77.Yoshimatsu, Hidetaka. 2017. Japan's Export of Infrastructure Systems: Pursuing Twin Goals Through Developmental Means. *The Pacific Review*, 30(4):494–512.

第十章 "一带一路"倡议下中国与中东欧的关系：欧洲正在发生权力转移？

一、引言

中国–中东欧（CEE）①合作框架建立后，中国–中东欧关系取得了长足发展。2012年，中国发起的"16+1"多边合作平台正式启动。2013年，"一带一路"倡议正式启动。

中东欧地区和"16+1"在"一带一路"倡议中占有重要地位。"一带一路"倡议有五大支柱，即基础设施发展、政策协调、贸易便利化、金融一体化，以及中国与"一带一路"所涵盖地理空间内的国家

---

① 中欧和东欧是指参加16+1框架的国家：阿尔巴尼亚、波斯尼亚–黑塞哥维那、保加利亚、克罗地亚、捷克共和国、爱沙尼亚、匈牙利、马其顿、黑山、拉脱维亚、立陶宛、罗马尼亚、波兰、塞尔维亚、斯洛伐克和斯洛文尼亚。

之间的民间交流。①通过"16+1"下定义的各种相应措施、举措和优先领域，可以发现同样的目标。②此外，在撰写本章时，"16+1"的中东欧国家中，有13个国家签署了声明或其他形式的官方文件，宣布支持中国的"一带一路"倡议。

在交通和能源基础设施大规模开发的背景下，中东欧地区成为"一带一路"两条从中国延伸至欧洲经济走廊的地理门户。无论是陆上还是海上的经济走廊，它们到达欧洲的首个部分就是中东欧地区。中方同中东欧国家已完成或正在商谈的相关项目很多，包括"16+1"框架下制定的跨境合作倡议——如"中欧陆海快速通道""三区海港合作"，并建立了连接欧洲和中国的各种货运铁路。

因此，中国政府已向中东欧十几个基础设施项目提供贷款，并表示出了对更多项目感兴趣，尽管该地区的一些基础设施项目在"一带一路"启动之前就已得到讨论或实施，但此后它们在该倡议的背景下都得到了进一步加强。随着中国对中东欧国家贸易和投资规模的不断扩大，这些项目表明，中国与该地区的经济联系正在不断深化。在"一带一路"贸易和金融相关支柱的支持下，这一趋势预计将进一步加强。

中东欧国家正式宣布支持"一带一路"倡议，这与欧盟拒绝接受形成鲜明对比，体现了"一带一路"的"政策协调"支柱支撑下的早

---

① 2015年3月，经中华人民共和国国务院授权，国家发展和改革委员会、外交部、商务部联合发布《共建丝绸之路经济带和21世纪海上丝绸之路的愿景与行动》，网址：http://en.ndrc.gov.cn/news-release/201503/t20150330_669367.html

② 如：《中国与中东欧国家合作里加纲要》(2016年11月)，网址：http://english.gov.cn/news/international_exchanges/2016/11/06/content_281475484363051.htm

期成果。媒体、企业、高等教育、科研机构等各种交流机制也为人文交流提供了重要场所。这些事态发展引起了广泛关注。许多有影响的研究机构和媒体都认为有两方面影响不可忽略：首先，在"一带一路"倡议影响下，中国与"16+1"框架下的中东欧国家的交往将更加密切，这意味着中国对它们国内外政策和关系的影响力日益增强；其次，双方关系的进一步加强，有可能导致以欧盟为中心的地区秩序受到影响。

在完成某些观点的初步评估后，本章将提出相关假设和论点，以阐述当前和未来中国与中东欧国家关系争论的主要趋势。本文将详细列出用于分析这些观点的相关资料，并利用现有的证据对它们进行批判性的评估，然后从经济、政治、安全、规范等各个方面考察中国与中东欧国家的关系，评估中国对中东欧国家的杠杆作用是否有所增强。在这一过程中，本章还将比较该地区与该地区主导力量欧盟之间的关系。随后，本章将转向对"一带一路"框架下中国-中东欧关系语境的分析。这需要讨论"一带一路"倡议的驱动因素，特别是在与欧盟的三角关系背景下评估中国-中东欧关系。本研究的实证方面，主要依靠现有的研究机构的材料和媒体对这一主题的报道。

二、中国、中东欧和"一带一路"：寻求影响力？

有观察人士认为，中国政府仅对在中国的大战略背景下发展与中东欧国家的关系感兴趣。究竟如何呢？"一带一路"倡议被许多外国人认为是一个"渴望权力、寻求影响力"的中国在全球宣示自己的工具。例如，它被称为"大博弈"、中国的"马歇尔计划"、推进中国"新殖民主义设计"的"债务陷阱外交"，其目标是"形成贸易、通信、交通和安全联系的霸权范围", 等等。此外, 还有人认为, 中国有意通过"一带一路"倡议建立并"武器化"相互依存关系。例如有人评论说: "如果其他国家尊重中国, 中国将以物质利益予以回报; 但如果他们不这样做, 中国将想方设法惩罚他们。"根据这些观点, "一带一路"倡议的目标似乎就是以现有大国和现有全球秩序为代价, 改变全球地缘政治格局。

海外的学术界、政策界、传媒界对中国–中东欧关系的主流解读, 在很大程度上也遵循了这一思路, 对中国发展与中东欧国家的关系持完全否定的态度。据他们所言, 中国正在寻求对中东欧国家施加影响, 这最终不仅会给中东欧国家, 还会给欧盟带来一系列不受欢迎、具有破坏性的后果。总的来说, 这些观点认为中国追求的是一种"用钱换取影响力" (money for influence) 和"分而治之"的战略。

然而这并不意味着所有外国人都是这么看待中国与中东欧国家的关系。本章研究认为, 从总体而言, 中国在中东欧地区的政府话语体系中是积极的、正面的, 它们对与中国政府保持更紧密联系可能带来的机遇表示欢迎。有媒体报道和分析认为, 发展对华关系有利于中东欧国家和整个欧洲的利益。正是这些被欧盟称为所谓的"负面"认知, 为理解中国–中东欧关系确立了具有影响力的范式。通过对所讨论的问题进行优先排序, 并提供解释的参数, 这些范式为思考中国、形成对中国–中东欧关系的全面理解以及影响决策结果提供了背景。中国权威的半官方出版物, 以及中东欧国家的官方话语和长期政策分析, 为这些范式对中国–中东欧关系的影响提供了实实在在的例证。

在"以钱换取影响力"和"分而治之"的认知模式下, 有些欧洲人认为, 中国通过战略项目融资、贷款发放、贸易和投资增长等方式,使中东欧国家高度依赖中国经济，从而积累了对这些国家的杠杆作用。作为对这些经济利益的回报，有些人担心，中东欧国家会倾向于在中国政府关切的问题上遵循中国的路线，以"偿还"这些利益。有些关于中国对中东欧政策的评论认为，中国在发展经济的同时，保持了国家和国家利益在经济和政治议程制定中的核心作用，而中东欧国家为了确保与中国的政策和价值观保持一致，就支持中国的政策和价值观。这被视为是促进中东欧内部反自由和反民主的规范和做法。这包括重新评价共产主义的过去，倡导国家利益高于欧盟层面的利益，在制定和实施经济政策时依赖国家层面的工具，以及无视清晰透明的治理理念等。所有这些都与通常认为的这些国家应该遵守的规范和组织原则相冲突，而这些原则在有关文献中经常被称为"欧洲价值观和准则"。

在中国—中东欧—欧盟三角关系背景下，中东欧国家被认为是欧盟与中国地缘经济竞争的地区。据说中国在欧洲的"后院"进行"金融干预"。人们还担心，中东欧正在变成"德中企业争夺的地缘经济空间"。

此外，还有欧洲人认为："中国在21世纪的政治和安全参与被伪装成了经济术语。"中国通过"借道"中东欧国家在欧盟发挥政治影响力，被视为有着"植入欧洲"的"黑暗动机"。在他们看来，在北京的诱导下，中东欧国家越来越依赖与中国的经济交流，并将积极游说和推行对中国有利、但不利于欧盟整体利益的政策。因此，人们认为，中东欧国家——无论是目前的欧盟成员国，还是未来有望成为欧盟成员国的国家——为中国政府提供了一个了解欧盟内部运作、影响欧盟决策的平台。而这一过程"损害了整个欧盟的利益，损害了欧盟的一致性和可信度"。

因此，他们认为欧洲的事务正受到中国的"干涉"与"威胁"。一名德国外交官公开表示，"16+1"是对欧洲主权的直接攻击，这种情绪在某些欧洲国家政策圈子里较为普遍。此外，他们还担心，中国的"一带一路"倡议以及与中东欧国家的接触，会在欧洲国家之间引发深层次摩擦。对一些人来说，中国政府正越来越多地参与到"让欧盟南北对立"之中；另一些人担心，"中国进入中东欧可能会成为分裂因素，使这个德国-中东欧制造业核心脱离欧盟其他地区"。与此同时，还有人担心，中东欧一些国家可能会利用中国成为对抗欧盟的"平衡者"，或者更广泛地说，担心中国成为替代欧盟的战略选择。总之，人们担心中国与中东欧的接触会成为一种离心力，侵蚀欧盟的团结与完整。

最近，有越来越多的欧洲人认为，中国正在挑战该地区和欧盟的规范基础。例如，中国在尚未融入欧盟的中东欧的巴尔干地区的项目，被视为"中国政治和规范影响的通道"，以及欧盟和中国之间"原则之战"的载体。中国正在"破坏欧盟的改革议程"，同时担心"在市场导向模式和国家主导模式的选择之间，越来越多的中东欧国家正在向后者倾斜"。这正如福山在2016年所言："我们可以清楚地看到，中国-中东欧关系被理解为是'一带一路'带来的、正在进行的'发展模式战略竞争'的战场。"总的来说，由于该地区与中国关系的改善以及中国软实力的增强，欧盟的规范吸引力和主导地位被认为正处于挑战之中。

中国对中东欧国家和欧盟内外事务影响的具体例子有：2014年在中国-中东欧领导人贝尔格莱德会晤期间"法轮功"邪教分子被拘留、驱逐出境；匈牙利政治的"中国化"；马其顿一个中国财团为获得高速公路项目而行贿的腐败丑闻；克罗地亚、斯洛文尼亚和匈牙利不支持就中国与菲律宾在南中国海的领土争端问题发表强烈的批评声明，在中东欧国家领导人的多次讲话中夸奖中国的成绩等。

三、中国的"杠杆作用"：分析和方法论方面的考虑

尽管表达通常是含蓄的，但这些评估的核心概念是"杠杆作用"。人们认为，中国通过在某些方面塑造与中东欧的关系，正在积累杠杆作用。也就是说，中国通过以某种方式塑造与中东欧国家的关系，在积累经济、政治和规范资本的过程中积累了杠杆作用，随后它们又被用来塑造中东欧国家的行为。然而究竟什么才是真正的杠杆作用，并将构成足够的力量，使中国能够改变中东欧国家的战略和政策选择，削弱欧盟在该地区的主导地位，这一问题通常没有得到很好地解答。

相反，人们认为杠杆作用的存在是理所当然的，而没有进行有组织和系统的努力来揭示杠杆作用的来源和可能利用杠杆作用的机制。所提供的证据往往是道听途说的，或基于少数引人注目的案例，这些案例大多假设，但不确定因果关系。虽然全面、详细的探究超出了本章研究的范围，但本章试图通过提供一个分析框架来研究中国在中东欧地区杠杆作用的潜在来源和应用，并对其进行初步评估，从而缩小这一认知差距。

我们虽然经常使用杠杆分析工具，但杠杆作用是一个很少被定义的概念。在国际关系的文献中，杠杆作用往往"不那么明确地被提及"，而且经常与影响力概念互换使用，或作为产生影响力的一种手段被进行讨论。因此，为了达到本章研究的目的，有必要对这一概念进

行分析。

谢尔（Shell）在2006年将"杠杆作用"定义为"根据你自己的条件达成协议的权力"。而在奇尔兹（Kirgiz）看来，杠杆作用最好应被理解为是权力的一个子集，就是影响他人行为的一种能力，是一种"植根于结果的权力"。因此，杠杆作用是一种"通过对另一方构成挑战或施加影响的能力"。因此，杠杆作用可以是正向的，源于一方满足对方利益的能力；也可以是负向的，指的是如果对方拒绝接受一套条款，则施力方向对方施加压力成本的能力。在关于如何利用军事能力和经济资源作为实现政治目标的杠杆作用方面，有着很丰富的研究文献。然而安德森（Anderson）认为，可以借鉴约瑟夫·奈对"硬"和"软"实力的区分，指出用于实现国际政治目标的资源不仅仅有军事和经济的手段，安德森认为，中国巧妙地运用了软实力战略，并在东南亚、非洲和拉丁美洲有效地利用了其文化资源，以发展其在全球经济和政治中的地位。

另外，弗里曼（Friman）也认识到，应侧重于将物质能力和军事及经济手段作为杠杆作用来源的局限性。即使是相对较多的，它们也"不会自动或必然地影响他人的行为"。同样，尼维斯基（Levitsky）等人认为，杠杆作用——他们将其定义为对外部需求的脆弱性——取决于各方之间存在的经济、地缘政治、沟通、社会和公民社会联系的强度。托勒斯普（Tolstrup）则强调了作为守门人的精英对于促进这些联系的深度和广度的重要性。因此，在分析国际关系中杠杆作用的发生和使用时——与可能追求或具有这些能力的国家以及目标国家的国内情况有关，必须考虑到更广泛的一系列因素。此外，这些关系并不存在于真空之中，而是更广泛关系中的一部分。因此，不管是在与假定的杠杆作用的目标的关系中，还是在涉及其他有关行为体和要素的更广泛范围内，评估一方的杠杆作用是有必要的。安德森还阐明了另一个重要的方面，通过理解杠杆作用，"以创造性的方式使用资源或关系，在世界上带来一定的影响"，只有当有这样做的愿望，并且与特定的目标相关时，才会发生杠杆作用。因此，为了达到既定的结果，将可支配的资源转化为影响力的战略意图看作是行使杠杆作用的必要条件。

从上述讨论中可以看出，国际关系中潜在的杠杆作用的来源是多方面的，包括"硬"和"软"的力量要素。此外，仅拥有资源并不足以产生杠杆作用——必须要考虑到关系的更广泛的背景，因为它可能促进或阻止杠杆作用的发生。而在广泛背景中，最重要的是一方是否具有战略意图，以利用其拥有的资源来实现特定目标，同时还涉及在资源和它们被利用的目的之间是否存在着紧密的因果关系。

因此，如果说中国对中东欧国家拥有并发挥着杠杆作用，那么中国就必须有提供或撤出其他各方想要的资源的能力，也必须要有战略目标意图的驱动，并在有利于杠杆作用的背景下进行运作。基于上述对中国-中东欧关系的假设和论证，包括在"一带一路"框架下的假设和论证，中国如果要发挥杠杆作用，就需要满足四个条件：第一，在"硬"实力方面，中国必须有能力成为中东欧国家经济、政治和安全利益的重要提供者；第二，在"软"实力方面，中国还必须拥有强大的规范影响力——其思想、制度和政策的吸引力；第三，中国必须在很多方面超过欧盟，才能对该地区的发展产生比欧盟更大的影响，使该地区萌生违背欧盟的意愿；第四，中国必须具有将其软硬能力运用于上述各个方面的战略意愿与设想目标。

以下将在这些前提框架内（表10-1），考察中国的"一带一路"倡议对中东欧国家的参与情况。

表10-1　杠杆作用的理论框架

杠杆作用的前提条件	具体考察指标
经济方面： 提供或撤回经济利益的能力,如融资、投资和贸易	中东欧严重依赖中国作为融资、投资和贸易的来源。
政治／外交方面： 提供有益的政治安排和外交支持的能力	中东欧国家实质性地融入了中国支持的组织和机制； 中方在(其)重大国际国内问题上给予了相应支持。
安全方面： 提供有益的安全安排并有影响对方安全的能力	实质性地融入中国支持的安全组织和机制； 足以增加或减少中东欧国家安全状况或改变其有关安全认知的军事能力和安全存在。
软实力资源方面： 通过思想、制度和政策的吸引来塑造他人行为的能力	国内对中国的积极看法； 有与中国相关规范和实践的应用。
综合实力对比方面： 中国的能力要比欧盟更强	中国在上述指标上的得分高于欧盟。
中国的战略目标方面： 中国的目标是成为地区强国	中国的目标是影响中东欧国家的内外事务,削弱欧盟在本地区和欧洲整体的地位。

四、中国的经济杠杆作用

下文将对中国–中东欧经济关系的现状是否会使中东欧经济体高度依赖中国进行评估。人们普遍认为，中国在中东欧地区建立和发挥杠杆作用所依赖的三种工具：地区资本项目的贷款融资、外商直接投资的流入，以及贸易关系的不断发展。

1. 资本项目及贷款

表10-2展示了中国在中东欧地区贷款和建设资本项目的当前范围。这些项目的实施模式取决于中国政策性银行为大部分项目（最高达85%）所提供的融资利率，以及这些项目在东道国经济中所占的比重。从目前来看，中东欧国家的融资贷款利率平均约为每年2.5%～3%，且有几年的宽限期限。但在所列出的项目中，只有少数已经完成，而大多数项目或处于讨论阶段，或仅达成初步协议。据报道，其他一些项目还处于讨论的早期阶段。

这使得资本项目和相关贷款安排的计算和分析成为一项棘手的任务。目前尚不清楚的是仍在进行中的项目是否已完成以及何时实现，以及它们的最终成本。并不是所有项目报告最终都被交付，部分较大的项目偶尔进行单独报告；而且在谈判过程中或项目实施过程中，成本也会发生巨大变化，为了研究的需要，本章只选择了在2016年年底前报告的且还正在进行中的项目，以及已公布的估值或商定的价值。假定这里列出的所有项目都将继续进行并最终被完成。（具体项目见表10-2）

表10-2 中国贷款支持的中东欧地区基础设施建设项目情况

国家	项目	价值	GDP占比
阿尔巴尼亚	欧洲第八高速公路:阿尔巴尼亚至马其顿共和国	2亿欧元	2%
波黑	巴尼亚卢卡——分裂式高速公路	6亿万欧元	16%
	图兹拉45万千瓦燃煤电厂	7.86亿欧元	
	巴诺维奇35万千瓦燃煤电厂	4亿欧元	
	斯坦纳里30万千瓦燃煤电厂	3.5亿欧元	

国家	项目	价值	GDP占比
匈牙利	贝尔格莱德–布达佩斯高速铁路	15亿欧元	1%
黑山共和国	欧洲高速公路第11段	8.09亿欧元	27%
	船队的更新	1亿欧元	
罗马尼亚	罗维纳里50万千瓦机组火电厂	10亿欧元	4%
	明塔德瓦火电厂的现代化	2.5亿欧元	
	塔尼塔–拉普斯塔斯蒂的水电站扩建	10亿欧元	
	塞尔那伏达核电站的3号和4号机组	20亿欧元	
塞尔维亚	多瑙河大桥	1.7亿欧元	8%
	科斯托拉茨第一阶段	1.305亿欧元	
	科斯托拉克35万千瓦火电厂	7亿欧元	
	贝尔格莱德–布达佩斯高速铁路	在塞尔维亚约8亿欧元（总造价15亿欧元）	
	欧洲高速公路11段（至黑山）	9亿欧元	
马其顿共和国	高速公路建设	5.8亿欧元	7%

资料来源：欧洲复兴开发银行2016年数据

毫无疑问，这些项目的标价和对于中东欧国家的发展前景的意义都是非常高的。然而这些项目在总体上仍未显著提高中东欧经济体对中国的开放程度。如果以其在东道国国内生产总值中所占百分比的价值来衡量，它们在东道国的整体经济中也没有占据很高的比例。此外，这些项目需要多年才能被交付，并在较长时间内被偿还，这就减轻了它们对东道国资产负债表的影响。因此，即使是黑山共和国、波斯尼亚和黑塞哥维那（波黑）这样的国家，其对中国贷款的依赖程度远低于数据乍一看可能显示的水平。换句话说，对中东欧国家的债务水平和偿债能力而言，中国的贷款充其量只能是次要的（虽然还需要根据更全面的数据采集进行进一步研究，以了解中国贷款对接受国的影响）。

还应注意的是，在中东欧国家中，除了贝尔格莱德–布达佩斯高铁（匈牙利段）以外，中国贷款支持的基础设施项目仅限于中东欧巴尔干次区域，其中，塞尔维亚是中国贷款的首选目的地之一。这可能是巴尔干地区基础设施需求高于整个地区的结果。此外，非欧盟成员国按照欧盟规则的要求，在不公开招标的情况下，其交付公共采购项目的可能性也更高。而且欧盟成员国确实可以通过欧盟机制以更优惠的条件获得融资，这也是中东欧国家不依赖中国融资的重要原因。因此，中国在中东欧的"基础设施外交"并不能成为中国杠杆作用的来源。

2. 投资

表10–3给出了2009年至2015年中国在中东欧国家的总体投资情况。应该承认，最近的一些投资交易并没有出现在数据中，还有一个事实是，单是这些数字也可能无法说明这些投资对受资国的重要性，因为它们是在经济表现疲弱、人们普遍担心欧盟投资达不到预期水平的情况下进行的。举例来说，2016年，中国国有企业——河北钢铁公司收购了塞尔维亚主要工业资产之一的斯梅代雷沃钢铁厂。在满负荷运转时，这家钢铁厂是塞尔维亚第二大出口企业，占塞尔维亚出口总额的14%，也是国家预算的重要贡献者。在全球金融危机的余波和全球钢铁需求暴跌之际，它的前任所有者——美国钢铁公司（US Steel）以1美元的价格将其卖回给了塞尔维亚政府（美钢实际上就是废弃了，并

且不管工人安置）。由于对关闭该工厂可能造成的社会不稳定、政治后果和长期经济损失的关切，塞尔维亚政府在随后的几年中每年用2亿多的美元补贴它。2016年6月，河北钢铁公司以4600万欧元的价格收购了该公司，承诺在未来几年投资约3亿美元，大幅度提高产能。

其中，中国企业还在阿尔巴尼亚（2016年）确保了机场运营和石油勘探生产，在罗马尼亚（2016年）获得了一家炼油厂，并宣布了对该地区的雄心勃勃的投资计划。据报道，中国华为公司计划2018年前在罗马尼亚投资1亿美元。值得注意的是，由中国进出口银行支持的中国–中东欧投资基金——以5亿美元资金为依托，在"16+1"框架下成立，目的为中国在中东欧地区投资提供便利——于2015年对该地区进行了首次投资。中国–中东欧金融控股有限公司也于2016年宣布成立，新增投资30亿美元，这些资金主要来自中国。人们预计，随后将有更多的投资涌入该地区。

表10-3　中国在中东欧的投资情况　　（单位：百万美元）

国家	2009年	2015年	2009—2015年增长率
匈牙利	97.4	571.1	486%
罗马尼亚	93.3	364.8	291%
波兰	120.3	352.1	193%
保加利亚	2.3	236.0	10115%
捷克共和国	49.3	224.3	355%
斯洛伐克	9.4	127.8	1265%
塞尔维亚	2.7	49.8	1758%
立陶宛	3.9	12.5	218%
克罗地亚	8.1	11.8	46%
波斯尼亚和黑塞哥维那	5.9	7.8	31%
阿尔巴尼亚	4.4	7.0	60%
斯洛文尼亚	5.0	5.0	0%

国家	2009年	2015年	2009—2015年增长率
爱沙尼亚	7.5	3.5	-53%
马其顿	0.2	2.1	955%
拉脱维亚	0.5	0.9	74%
黑山共和国	0.3	0.3	0%
总计	411	1977	381%

资料来源：联合国贸发会议UNCTAD的数据

然而虽然从百分比来看，中国的投资增长是惊人的，但实际上根据最近的事态发展，中国的投资流入仍然属于温和的。重要的是，中国对中东欧的直接投资与欧盟的直接投资相比相形见绌。例如，欧盟的外国直接投资占波兰全部外国直接投资总量的92%，斯洛伐克的91%，罗马尼亚的90%，捷克的89%，塞尔维亚的82%，约保加利亚的75%，在匈牙利接近70%。很明显，中国并没有在中东欧地区推行有针对性的"用金钱换取影响力"战略。因此，中国不断增长的投资流，并没有向中国政府提供对中东欧国家的杠杆作用。

3. 贸易

表10-4为2009—2015年期间中国与中东欧国家之间的贸易额。从总体上看，中欧贸易额大幅增长，来自中国的进口相对于中东欧的出口来说持续增长。

然而中国参与中东欧国家贸易结构的程度也表明，中国在该地区仍是一个次要角色，特别是与欧盟相比，尽管近年来贸易额的大幅增长。例如，塞尔维亚与欧盟的贸易仍占塞尔维亚贸易总额的63.8%，而与中国的贸易仅占4.4%。阿尔巴尼亚是中东欧地区对华贸易比重最高的三个国家之一，为7%，而它与欧盟的贸易额占比超过了其总量的67%。其他中东欧国家也出现了类似的比例，2016年欧盟参与的贸易组合的平均比例为64%。

表10-4　中国-中东欧贸易额　　　　（单位：亿美元）

国家	2009年	2015年	2009—2015年增长率
波兰	15.38	24.63	60%
捷克共和国	11.39	20.46	80%
斯洛伐克	3.89	8.05	107%
匈牙利	6.16	7.36	19%
罗马尼亚	0.63	3.96	533%
斯洛文尼亚	1.28	1.86	45%
保加利亚	1.43	1.78	25%
塞尔维亚	1.14	1.55	36%
爱沙尼亚	0.50	1.17	134%
立陶宛	0.48	0.94	95%
克罗地亚	1.48	0.65	−56%
拉脱维亚	0.22	0.60	174%
阿尔巴尼亚	0.37	0.53	45%
马其顿	0.29	0.48	65%
黑山共和国	0.13	0.21	70%
波斯尼亚和黑塞哥维那	0.08	0.15	81%
总计	44.86	74.38	66%

资料来源：联合国贸发会议UNCTAD数据

总之，与普遍持有的假设相反，从以上初步的分析表明，中国与中东欧国家经济关系的现状，不足以让中国政府对中东欧国家施加结构性经济杠杆作用，短期到中期也并不太可能。

五、中国的政治和安全的杠杆作用

尽管政治和安全安排对中国-中东欧关系的总体影响并不那么突出，但在有关"一带一路"倡议对本地区影响的辩论中，必须承认的是，有益的政治与安全设计可以作为重要的杠杆来源而发挥作用。人们普遍认为，美国和俄罗斯虽然在经济方面对中东欧地区的重要性远远落后于欧盟，但由于其外交和安全的影响力，美国和俄罗斯仍是该地区局势的主要参与者。

虽然在中国与中东欧国家的官方交往中，往往强调长期友好是双边关系的基础，但自1949年中华人民共和国成立以来，双方从未有过真正密切的历史联系。除阿尔巴尼亚外，在冷战时期的大部分时间里，中东欧国家都与中国没有太多实质性的关系，因为他们要么属于所谓的东方集团，要么属于不结盟的南斯拉夫体系。随后，在20世纪90年代和21世纪初，中国外交政策中几乎完全没有提到中东欧国家。当时，中国致力于发展与欧洲发达国家的关系，以寻求本国经济发展所需的资金和资源。与此同时，中东欧地区也面临转型和欧盟一体化带来的政治、经济挑战。目前，16个国家中有11个已成为欧盟成员，未来几年余下的5个也有望获得成员国资格。（在这方面，中国同塞尔维亚的关系是一个例外，因为在这一期间，特别是在1999年北约对塞尔维亚发动攻击之后的一段时间内，双方进行了大量的交流。在那次攻击中，北约轰炸了中国位于贝尔格莱德大使馆。）

然而自那以后，中国-中东欧关系的背景确实发生了巨大变化。当前，中东欧国家中有塞尔维亚、波兰、匈牙利三个国家同中国建立了全面战略伙伴关系，其他国家同中国的外交也都有所加强，这主要是由于"16+1"框架的建立及其后续进程，其次是"一带一路"倡议框架（的影响）。如前所述，13个国家已正式宣布参与和支持"一带一路"，该框架实现了其主要目标之间的政策协调，且中国支持的其他多边平台，包括"16+1"，似乎正朝着更加正式的制度化方向发展。近年来，中国共产党同中东欧政党的党际对话也不断加强。

尽管当前形势如此，但过去几十年的相互忽视，使中国与中东欧国家政治外交关系相对薄弱。中国缺乏了解中东欧国家相关情况和知识的人才，而中东欧国家网络也不发达，这对中国外交官和企业在中东欧推进他们所需的政策和计划的能力产生了负面影响。相比之下，即使冷战期间在某些情况下被切断，但历史上深厚而丰富的欧洲内部联系自20世纪90年代以来就开始复苏，特别是在中东欧国家融入欧盟的进程中，欧盟和欧盟成员国在中东欧建立了广泛的联系。

更重要的是，中国将中东欧国家纳入其有益的政治安全安排、在外交上进行覆盖、成为本地区主要政治利益攸关方的相关努力，势必受到在本地区持续融入以欧洲为中心的现有政治安全框架的限制。所有的中东欧国家都是欧盟的成员，或都有着加入欧盟的愿望，因此，它们在重要政策和立法上与欧盟是一致的。虽然在很大程度上，外交政策仍是在单个成员国的层面上被执行的，但乌克兰危机后其与俄罗斯的关系证明，布鲁塞尔有能力利用欧盟成员国的身份，甚至超过未来的候选人，来实现自己的目标。

例如，莫斯科支持的"南溪"（South Stream）项目旨在建立横跨中东欧东部和南部地区的天然气管道网络，但在布鲁塞尔方面的压力下，该项目最终被放弃，尽管它本可以给参与的中东欧国家带来预期的好处。中国越来越多地参与各种国际组织，如"16+1"和"一带一路"倡议，这确实使中国在国际事务中扮演更加重要的角色，但中东欧国家融入欧盟政治立法机制框架的结构性因素，限制了中国对中东欧国家的影响力。

此外，中国在该地区没有军事存在或无法在安全上发挥作用。没有证据表明，北京方面有扩大区域参与的意图，也没有将中东欧国家纳入安全安排，"16+1"和"一带一路"倡议都没有将安全层面的合作列为目标。另一方面，中国也没有对该地区构成可信的军事威胁，以通过威慑实现杠杆作用。最重要的是，所有中东欧国家都是北约成员国或参与了北约和平伙伴计划。在当前地缘政治背景下，如果北约的主要利益攸关方认为这是不恰当的，那么任何中东欧国家都不太可能与中国开展实质性的安全合作。

六、中国的软实力

中国在该地区也缺乏"软"实力。虽然"中国模式"的成功偶尔会受到赞扬，中东欧国家政府也不会批评中国的官方意识形态或政治经济体制，但这只是停留在口头和表面上，并未反映出中东欧国家的内部政策。以塞尔维亚作为一个例子，一般它被认为是在所有中东欧国家中与中国有着最好的关系，且其领导人曾一再盛赞在中国所取得的成就，但与此同时，它却也一直在积极推行激进的新自由主义政策，如从国有部门撤资，在社会福利方面削减公共支出，维护和促进其亲商的政策和环境。

同时，没有证据表明，在匈牙利（被某些人视为处于"中国化"

的危险之中）或其他中东欧国家，由于受中国启发或以中国为榜样，中东欧国家倾向于"强人"和"非自由"的治理方式。对中国的官方的称赞和积极的表态，原则上与重申中东欧国家对欧盟及其规范和政策承诺的言行相平衡。

总的来说，与中国合作被视为是符合欧盟成员国身份和规范的，而不替代（这种身份和规范），与中国的合作，往往被具体地称为服务于中东欧国家的、更广泛的欧盟议程。因此，与中国的接触应该被理解为一种功利主义——中东欧领导人正理性地适应中国作为一个具有全球影响力和地区利益的大国的崛起。通过与北京接触，他们的目标是使外交关系多样化，寻求经济支持的新来源，与此同时接受以欧盟为中心的规范和政治秩序。

另一个严重限制中国在中东欧大部分地区软实力的结构性因素，是对该地区共产主义历史的强烈不满。当代主流对该地区共产主义历史的解读认为，共产主义是苏联或当地共产主义势力的铁腕力量强加于该地区的，同时他们也应为该地区的生活水平低、无视个人自由和权利，以及该区域在冷战期间和其后的落后负有责任。事实上，在一些中东欧国家，共产主义意识形态、国有经济以及与历史上共产主义和当代的中国相关的其他实践，都是被负面看待的，并侵蚀了中国在该地区的"软"实力。

因此，将中国视为该地区威胁的看法，比对与中国关系的乐观评估更为普遍，这也证明了中国软实力的局限性。关于中东欧国家公众对欧盟和中国的看法的数据显示，在积极看法的比例上存在显著差距，更为赞成前者。

该地区孔子学院数量的不断增加——再加上各种人文交流项目，

其中包括在媒体、高等教育和研究机构以及中国和中东欧企业之间建立联系，可能会让人们对中国产生一种更积极的，或者至少是更为平衡的长期看法。

然而目前没有任何迹象表明，中国的思想、制度和外交将成为杠杆作用的来源。相反，现有的关于中国其他非对称关系的文献表明，与中国的更多接触可能会导致关系的"安全化"，并在此过程中使关系的整体前景复杂化。本章对中国-中东欧关系的观点认为，这一进程可能已经正在进行之中。

七、"一带一路"和中国在中东欧地区的战略意图

尽管上述分析表明，中国没有足够的"硬"和"软"实力资源对中东欧国家形成结构性的杠杆作用，但有理由认为，在"一带一路"倡议框架下加强联系，可能会使中国在未来获得更多的能力。然而中国是否愿意并能够利用它们达到批评者们所担心的目的？本章现在要通过对"一带一路"倡议与中国-中东欧关系的语境分析，为这一问题提供一种视角。"一带一路"倡议的战略目标和中国对中东欧国家的外交政策，决定了中国可能希望利用现有和未来资源的目的。与文章开始给出的那些观点相反，中国的"一带一路"倡议以及对中东欧的政策，都是中国国内优先考虑的问题，它们的成功与否取决于与欧盟的合作关系，而不是冲突的关系。

一方面，"一带一路"所强化的中国长期"走出去"政策，鼓励中国企业参与全球市场，以促进企业的发展，提高企业的竞争力。"一带一路"倡议和"16+1"旨在为包括主导战略产业的国有企业在内

的中国企业创造机会，使投资组合多样化，在欧洲站稳脚跟，为中国企业的成长和发展奠定新的基础。

此外，基础设施项目能够使国有企业在欧洲欠发达国家测试自己的技术和技能，熟悉欧洲的商业环境和实践，同时在这个过程中更加接近西欧利润丰厚的市场。与此同时，它们为包括政策性银行、各种国有企业和私营企业在内的各种经济行为体提供了进入这些市场的入口。

如果考虑到中国在钢铁、铝等多个行业以及建筑等相关行业面临的产能过剩的问题，海外基础设施项目对中国国内经济的重要性就会被放大。铁路和航运业也面临着严重的产能过剩的挑战，现有产能远远超过当前市场需求。例如，2012年至2015年，中国国内货运车辆需求从40000辆下降到5000辆，降幅达87.5%。同期，普通客车的需求从2700辆下降到1143辆，降幅约为68%。预计从2017年起，高铁车辆也将出现类似的趋势。截至目前，全球最大的车辆制造商中国中车集团的综合生产能力，已超过其国内实际需求水平的一倍。

因此，工业产能过剩被视为对中国经济近期和中期健康发展的重大威胁，也是近年来经济政策制定者的首要任务。中国政策制定者希望，"一带一路"提议所倡导的海外基础设施项目，包括与海运物流走廊和铁路相关的项目，能够吸收部分工业产能的过剩，通过创造对相关行业产品、设备和服务的需求，以维持和扩大相关行业的利润。

根据"一带一路"倡议设想的运输联系的改善，也旨在保持中国进口产品在欧洲市场的竞争力，因为运输时间缩短和运输成本的降低，至少在一定程度上将抵消中国生产成本上升的影响。

最后，摆脱"中等收入陷阱"，调整其经济结构，从低附加值产品为主转向高附加值产品为主，是当前中国政府经济政策的主要目标之一。参与海外市场以及技术先进设备和相关服务的出口，已经为中国所有，比如有关高速铁路和能源技术，也旨在促进这样的过渡，并得以创造海外对中国相关产业的长期健康需求。所有的这些对于中国社会的稳定至关重要，中国社会的稳定在很大程度上取决于其实现经济发展和改善国内生活水平的能力。

总之，"一带一路"倡议的战略目标主要是经济性质的。在这种情况下，需要稳定和合作的外交关系，以促进经济关系的不间断发展。因此，"一带一路"沿线国家在与老牌大国的地缘政治竞争中寻求权力，正如典型的"金钱换取影响力"和"分而治之"对中国-中东欧关系的看法所设想的那样，是不可能的，因为这将破坏环境的稳定，引发对中国的反弹，使中国实现其目标的努力复杂化。相反，"一带一路"倡议固有的政治目标，是发展和促进经济交流数量和质量方面的积极趋势。中国希望利用有利的政治关系，"一带一路"倡议将有助于实现经济目标，而不是像人们普遍认为的那样，为了政治目的，如改变欧洲和全球的权力平衡，而建立经济关系。

八、中国-中东欧三角关系的动态：适应和竞争

具有讽刺意味的是，至少在一定程度上，由于早先讨论的主流叙述的"自我实现"的性质，这种反弹已经开始，产生了对抗性的态度和政策。在这些叙述的背后，欧盟利用对中东欧国家的幕后压力、恶意言论和立法手段，使中国-中东欧关系发展缓慢。在官方层面，它忽视了"16+1"倡议，同时又拒绝了向"一带一路"倡议提供官方的

支持。

因此，对中国可能认为有必要改变的，包括中东欧在内的国际政治环境，以克服"一带一路"倡议实施过程中的这些障碍的可能性的研究是合理的。本节即将进行的分析认为，中国并不想以牺牲欧盟为代价获得地区强国的地位，而是有意通过与欧盟的关系，推进中东欧的"一带一路"倡议。

一方面，中国一直在努力缓解欧盟的担忧，在官方文件、高层官员和外交官的讲话以及"第二轨道"外交机制中反复强调的"16+1"是中欧关系的"重要组成部分"。在战略层面上，李克强明确呼吁17个国家共同参与到"16+1"模式之中，以"将中欧各自中长期发展目标与中欧合作2020战略规划对接起来"。在运营层面，各方呼吁在中东欧地区寻求机遇的中国实体在应对欧盟的"疑虑"和"关切"、寻求合作的同时，也要遵守欧盟的规则，争取欧盟企业合作，寻求三方战略框架。只有在"双方都能接受""满足欧洲的需要"的情况下，才能提出新的规则。在项目层面，中国积极推动与欧盟、中东欧的三方合作，主张中欧共同确定和实施在中东欧的项目。

欧盟和中国在改善地区基础设施和对当地经济产生积极影响方面的意图有很大重叠。无论是政策层面还是项目层面，中国的计划也都与欧盟的非常契合。所谓欧盟"容克计划"和"一带一路"倡议的支柱和目标都优先考虑的是交通和能源基础设施等方面的投资。例如，作为欧盟发展议程的主要参与者和利益攸关方之一，欧洲复兴开发银行（EBRD）最近的一项研究中提出了六个巴尔干地区的项目，这些项目可以由欧盟和中国共同实施。此外，欧洲复兴开发银行和国际复兴开发银行已经启动了一项联合贷款项目，以支持中小企业参与中国在巴尔干地区资助的项目。

《人民日报》提供了进一步的说明，该计划设想建立一条从比雷埃夫斯港到匈牙利布达佩斯的物流走廊。该计划旨在通过改善铁路和公路网络来增强整个欧洲大陆的互联互通。事实上，中国参与的交通基础设施项目，原则上符合这一总体规划所设想的各种联系，或是符合早在中国表示对该地区基础设施建设感兴趣之前就已经落实的各个国家的计划。

另外值得注意的是，14个欧洲国家同意加入了亚投行，而中国几乎同时获得了欧洲复兴开发银行的成员国资格。此外，中方出资支持"容克计划"、建立欧盟部分国家与中国的互联互通，以及其他的合作安排，都证明欧盟内部重要利益攸关方认识到了中欧建设性接触的共性空间，同时，中国也在中东欧地区寻求与欧盟的合作，而不是竞争。这一观点经常在双方的正式文件和声明中，以及在欧盟权威和有影响力的政策概要、报告和评论中得到阐述。

因此，有证据表明，中国有意通过与欧盟的关系，以实现"一带一路"倡议的成功，而不是利用"一带一路"削弱布鲁塞尔在该地区的地位。

九、结语：欧洲正在发生权力转移吗？

中国与中东欧国家的交往正在迅速深化，且这一趋势在短期内可能还会持续下去。然而本章的初步判断表明，有关将导致中国对中东欧国家施加杠杆作用的担忧，并没有现成证据支持。中国不仅缺乏改变巴尔干国家战略和政策选择的能力，特别是在损害欧盟利益的情况下，而且中国也并无意这样做。

首先，中国在经济、政治和安全领域，都缺乏像欧盟与该地区关系的深度和广度。到目前为止，经济互动尚未造成中东欧国家对中国的依赖，中国同中东欧经济体的交往，无论是从区域层面还是从单个中东欧国家层面看，充其量也只是温和的。此外，尽管"16+1"框架已实现机制化，"一带一路"倡议未来也有机制化的可能，中国将中东欧国家纳入有益的政治和安全安排，并扩大相关利益或增加成本的能力仍然是不存在的，或是有限的。人们还发现，中国缺乏"软"实力资源。在所有这些方面，中东欧地区仍然坚定地依赖欧洲和以欧盟为中心的资源、框架和结构。

由于缺乏有效塑造中东欧发展的资源，以及中欧关系在中国–中东欧关系中的主导地位，中国不存在刻意损害欧盟、违背欧盟意愿影响本地区的战略动机。当然，中国将争取中东欧国家对中国政策的支持，在事关中国的问题上动员各方支持。但是很明显，中国–中东欧关系的总体背景，对中国在该地区可能想要和能期望实现的目标设定了明确的限制。

正如最近趋势所表明的那样，中国不仅一再重申支持欧洲的统一，而且北京方面也越来越多地寻求遵守这样一个"欧洲秩序"，而不是用另一套规范和做法与之相抗衡。到目前为止，在外交政策的各个方面，欧盟对中国而言仍是比中东欧更重要的伙伴，因此，中国将谨慎行事，不以削弱中欧关系的政策来讨好中东欧，以免"以马换驴"。因此，总的来说，中国–中东欧关系的内容和发展趋势将在很大程度上取决于中欧关系的优先方向。

中国社会的稳定取决于中国政府能否驾驭国内经济深度改革这一

危险水域，保持经济增长，不断提高中国人民的生活水平，中国将努力在"一带一路"倡议框架下发展同中东欧的外交关系，以为实现这些目标创造条件。而如果采取针对欧盟和中东欧的对抗性政策，则不可能实现这样的议程，因此中国政府不太可能推行。

如果中国对中东欧没有结构性的杠杆作用，也无意对地区事务施加影响，那么经常被吹捧的中国影响力的例子该如何解释呢？在许多情况下，现有的解释缺乏细微的差别，或没有充分解释中东欧国家的国内背景。例如，斯洛文尼亚和克罗地亚不愿意支持在南海进行的国际仲裁，是因为两国之间也存在着海洋领土争端，也不希望通过国际仲裁解决。塞尔维亚对中国在南海问题等问题上的立场的支持，应该被视为塞尔维亚对"领土主权和完整"原则的承诺，以及对本国内政进行国际调解的反感。在与失控的科索沃省关系中存在分离主义和干涉主义倾向的情况下，这也是对中国在这些问题上支持塞尔维亚表示感谢的一种方式。

虽然中国企业可能会从事腐败行为，但欧洲企业也会——没有证据表明中国企业比其他国家的企业更有可能从事腐败行为。缺乏证据表明，中国与欧洲的"非自由主义倾向"有任何关系。他们在演讲和声明中提到中国，更有可能推行积极的对华外交，旨在改善与北京的关系，也可能是在向欧盟和国内选民发出信号，但不是为欧盟而"交易"中国。

然而应该认识到这项研究的局限性。中国与中东欧国家关系的进一步发展，欧盟内部的事态发展，以及其他各种因素，都有可能在未来发生翻天覆地的变化。毕竟，"一带一路"倡议被认为是一个几十年的计划，如果它能够实现，中国的能力肯定会在长期内得到大幅度提升。另一方面，欧盟正面临着严峻挑战，包括右翼政党和反欧洲政党的崛起，以及欧洲大陆日益增长的欧洲怀疑论。从长远来看，这些可能确实会削弱欧盟对成员国和潜在成员国的凝聚力和吸引力。

在这种背景下，中国与中东欧国家之间迅速发展的经济关系的影响需要进一步研究。它的影响不仅需要数年才能显现，还需要作出更全面和系统的努力，以了解有关趋势的影响，特别是这方面的关系有望在短期内经历最快速的发展。本章缺乏全面的数据，对中国与中东欧国家经济关系的现有数据处理非常简略，只能为本章研究的目的提供对中国在中东欧国家经济存在的初步评价。进一步研究不仅要发现新的数据，如与中东欧国家债务结构和前景相关的数据，还要依靠高质量的综合数据集，而且要对其进行更系统、更情境化的处理。

此外，本章的研究对中东欧地区一视同仁，没有分析不同的中东欧国家发展对华关系的速度、承诺水平和成果各不相同。对中国-中东欧关系持批评态度的人士也倾向于将某些问题或某些双边关系的发展趋势，与所有16个中东欧国家的发展趋势混为一谈。然而很明显，一些中东欧国家可能会更快地与中国架起隐喻性的桥梁，集中精力与若干特定的国家建立关系，作为与整个区域建立更好关系的跳板。密切研究这些国家与中国的发展，可以为中国对中东欧的地区政治走向提供线索。

最后，需要更严格的方法来区分"中国效应"对该地区发展的影响，一方面是中国"一带一路"与中国其他政策之间因果关系的建立，另一方面是中东欧的发展和趋势。以可靠的方法工具处理有关的研究问题是一项具有挑战性的工作，但肯定的是，这是必要的任务，以便推动关于这一主题的研究议程。

参考文献

1.AlJazeera. 2013. *China Cosying Up to Eastern Europe.* November 26. Available at:http://www.aljazeera.com/indepth/features/2013/11/china –cozing–upeastern–europe–2013112513118391613.html

2.Anderson,David M. 2010. The Age of Leverage. *Issues in Governance Studies*,Brookings,November 2010. Available at:https://www.brookings.edu/research/the–age–of–leverage/

3.ANSAmed. 2016. *EBRD:1 bln euro for China's Projects in Western Balkans.* May 31. Available at:http://www.ansamed.info/ansamed/en/news/sections/economics/2016/05/31/ebrd –1 –bln –euro –for –chinas –projects –in – westernbalkans_6b637f4a–7d03–445a–bec4–e47b2fd4d37e.html

4.Bastian,Jens. 2017. *The Potential for Growth Through Chinese Infrastructure Investments in Central and South –Eastern Europe Along the "Balkan Silk Road."* Report Prepared for the European Bank for Reconstruction and Development. Available at:http://www.ebrd.com/news/2017/what–chinas–belt–and–roadinitiative–means–for–the–western–balkans.html

5.Bloomberg. 2016. *China's Marshall Plan.* August 6. Available at https://www.bloomberg.com/news/articles/2016–08–07/china–s–marshall–plan

6.Caixin. 2015. *Zhongguo zhongche jihua 5 nian nei shixian haiwai dingdan fanfan*[*China Railway Rolling Stock Corp Plans to Double Overseas Orders Within 5 years overseas*]. September 2. http://companies.caixin.com/2015–09–02/100846075.html

7.———.2017. *China's Rail Firms Shake Up Personnel.* September 22. https://www.caixinglobal.com/2017-09-22/101149131.html

8.Chellaney,Brahma. 2017. China's Debt -trap Diplomacy. *Project Syndicate.* Available at:https://www.project-syndicate.org/commentary/china-one-beltone-road-loans-debt-by-brahma-chellaney-2017-01?omhide=true

9.de Jong,Sijbren. 2017. *Chinese Road to Riches or Road to Ruin?* EUobserver,August 17. Available at:https://euobserver.com/opinion/138748

10.de Jong,Sijbren.,et al. 2017. A Road to Riches or a Road to Ruin? The Geoeconomic Implications of China's New Silk Road. *The Hague Centre for Strategic Studies,*August 2017. Available at:http://hcss.nl/report/road-riches-or-road-ruingeo-economic-implications-chinas-new-silk-road

11.Deutsche Welle. 2017. *China's Serbian Door to Europe (Serbian Edition).* March 30. Available at:http://www.dw.com/sr/srpska -vrata -evrope-za-kineze/a-38211306

12.Die Ziet. 2017. *China:habe geld,suche einfluss[China:Has Money, Seeks Influence].* September 20. Available at:http://www.zeit.de/2017/39/chinainvestitionen-einfluss-europa

13.Euractiv. 2017. *Chinese Balkan Corridor Pits EU North Against South.* May 31. Available at:https://www.euractiv.com/section/transport/news/chinese-balkan-corridor-pits-eu-north-against-south/

14.European Bank for Reconstructing and Development. 2016. *China and South-Eastern Europe:Infrastructure,Trade and Investment Links*(Paper Prepared by Oleg Levitin,Jakov Milatovic and Peter Sanfey,Department of Economics,Policy and Governance,EBRD,with a Contribution from Matthew

Jordan–Tank, Banking Department).

15.European Western Balkan. 2017. *INSTAT: Trade with EU Accounted for 67.5% of Albania's Exchanges in 2016.* January 19. Available at https://europeanwesternbalkans.com/2017/01/19/instat–trade–with–eu–accounted–for–67–5–of–albanias–exchanges–in–2016/

16.Fallon, Theresa. 2016. The EU, the South China Sea, and China's Successful Wedge Strategy. *Asia Maritime Transparency Initiative*, October 13. Available at: https://amti.csis.org/eu–south–china–sea–chinas–successful–wedge–strategy

17.Friman, Richard H. 2015. Conclusion: Exploring the Politics of Leverage. In *The Politics of Leverage in International Relations*, ed. Richard H. Friman. New York: Routledge.

18.Fukuyama, Francis. 2016. Exporting the Chinese Model. *Project Syndicate*, January 12. Available at: https://www.project–syndicate.org/commentary/china–one–belt–one–road–strategy–by–francis–fukuyama–2016–01

19.Grgić, Mladen. 2017. Chinese Infrastructural Investments in the Balkans: Political Implications of the Highway Project in Montenegro. *Territory, Politics, Government*(online first): 1–19.

20.Grieger, Gisela. 2016. One Belt, One Road(OBOR): China's Regional Integration Initiative. *Briefing, European Parliament Research Service*, July 2016. Available at: http://www.europarl.europa.eu/RegData/etudes/BRIE/2016/586608/EPRS_BRI%282016%29586608_EN.pdf

21.Jakóbowski, Jakub, and Marcin Kaczmarski. 2017. Beijing's Mistaken Offer: the "16+1" and China's Policy Towards the European Union.

OSW Commentary, September 15. Available at:https://www.osw.waw.pl/en/publikacje/oswcommentary/2017-09-15/beijings-mistaken-offer-161-and-chinas-policytowards-european

22.Kirgiz,Paul F. 2014. Bargaining with Consequences:Leverage and Coercion in Negotiation. *Harvard Negotiation Law Review*,19(69):69-128.

23.Leonard,Mark. 2016. *Weaponising Interdpendence.* European Council on Foreign Relations. Available at:http://www.ecfr.eu/europeanpower/geoeconomics

24.Levitsky,Steven,and Lucan Way. 2005. International Linkage and Democratization. *Journal of Democracy*,16(3):20-34.

25.Liu,Zuokui. 2013. The Pragmatic Cooperation Between China and CEE:Characteristics,Problems and Policy Suggestions. *Working Paper Series on European Studies*,7(6). Chinese Academy of Social Sciences. Available at http://ies.cass.cn/webpic/web/ies2/en/UploadFiles_8765/201311/2013111510002690.pdf

26.————.2016a. China and CEEC Cooperation and the"Belt and Road Initiative" -Misunderstandings Reconsidered. In *Afterthoughts Riga 2016 International Forum of China and Central and Eastern European Countries*, ed. Maris And?ans. Riga:Latvian Institute of International Affairs.

27.————.2016b. *Europe and the "Belt and Road" Initiaitive*;Responses and Risks. Beijing:Chinese Social Science Press.

28.Makocki,Michal. 2017. *China in the Balkans:The Battle of Principles.* European Council on Foreign Relations,July 21. Available at:http://www.ecfr.eu/article/commentary_china_in_the_balkans_the_battle_of_principles_

29.Makocki,Michal,and Zoran Nechev. 2017. *Balkan Corruption: The China Connection*. Issue Alert 22/2017,July 18. Available at: https://www.iss.europa.eu/publications/detail/article/balkan-corruption-the-china-connection/

30.Ministry of Finance of Republic of Serbia. 2017. *Public Debt and Its Structure (In Serbian)*. Available at: http://www.javnidug.gov.rs/upload/Stanje% 20i% 20struktura% 20za% 20mesecni% 20izvestaj% 20o% 20stanju/Web%20site%20debt%20report%20-%20SRB%20LATINICA.pdf

31.Nyíri,Pál. 2013. *The Philosophers 'Trial and the Sinification of Hungary*. Espaces Temps.net,In the air,February 18. Available at: https://www.espacestemps.net/en/articles/the-philosophers-trial-and-the-sinification-hungary/

32.Oehler-Şincai,Iulia M. 2017. *The 16+1 Process: Correlations Between the EU Dependence/Attitude Matrix and the Cooperation Intensity with China*. Unpublished Manuscript on File with Author.

33.Pavlićević,Dragan. 2014. China's Railway Diplomacy in the Balkans. *China Brief*,14(20):9-13. Available at: https://jamestown.org/program/chinas-railwaydiplomacy-in-the-balkans/

34.———.2015. China,the EU and the One. Belt,One Road Strategy. *China Brief*,15(15):9-13. Available at: https://jamestown.org/program/china-the-euand-one-belt-one-road-strategy/

35.People's Daily. 2014. *China, CEE Countries Eye Land-Sea Express Passage to Speed Up Delivery*. December 18. Available at: http://en.people.

cn/n/2014/1218/c90883-8824383.html

36.Pepe, Jacopo Maria. 2017. *China's Inroads into Central, Eastern, and South Eastern Europe: Implications for Germany and EU.* DGAP Analyse 3/2017, The German Council on Foreign Relations. Available at: https://dgap.org/en/article/getFullPDF/29245

37.Politika. 2013. *Foreign Carriers Circumvent Corridor 10(In Serbian).* May 25. Available at: http://www.politika.rs/sr/clanak/258866/Strani-prevoz nicizaobilaze-Koridor-10

38.Radio Televiza Srbije. 2017. *Politico: China Invests in Serbia for Influence(In Serbian).* July 18. Available at: http://www.rts.rs/page/stories/ci/story/5/ekonomija/2808124/politiko-kina-investira-u-srbiji-radi-uticaja-u-eu.html

39.Reeves, Jeffrey. 2014. Structural Power, the Copenhagen School and Threats to Chinese Security. *The China Quarterly*, 217: 140-161.

40.Reilly, James. 2017. *Leveraging Diversity: Europe's China Policy.* EUI Working Papers RSCAS 2017/33, European University Institute. Available at: http://cadmus.eui.eu/bitstream/handle/1814/47144/RSCAS%202017_33.pdf?sequence=1

41.Reuters. 2016. *CEE States Jostle for Chinese Cash as China Expands Footprint.* August 6. Available at: in.reuters.com/article/us-eeurope-summit-china-idINKCN0YU08K

42.SeeNews. 2017. *Hungary opens tender for overhauls of its section of railway to Serbia.* November 27. Available at: https://seenews.com/news/hun-garyopens-tender-for-overhauls-of-its-section-of-railway-to-serbia-

592542#sthash.r8Yg22sP.dpuf

43.Shell,Richard G. 2006. *Bargaining for Advantage:Negotiation Strate-gies for Reasonable People(2d ed.).* Penguin.

44.Stanzel,Angela,Kratz Agatha,Justyna Szczudlik,and Dragan Pavlić eviĉ. 2016.China's Investment in Influence:The Future of 16+1 Coopera-tion. *China Analysis.* December. European Council on Foreign Relations 14. Available at http://www.ecfr.eu/page/-/China_Analysis_Sixteen_Plus_One.pdf

45.The Economist. 2016. *Our Bulldozers,Our Rules.* July 2. Available at:http://www.economist.com/news/china/21701505-chinas-foreign-policy-couldreshape-good-part-world-economy-our-bulldozers-ourrules

46.The Guardian. 2017. *EU Backs Away from Trade Statement in Blow to China's "Modern Silk Road"Plan.* May 15. Available at:https://www.the-guardian.com/world/2017/may/15/eu-china-summit-bejing-xi-jinping-belt-androad

47.The State Council of the People's Republic of China. 2016a. *Chinese Enterprises Enter "Go Global"Era 4.0.* Available at:http://english.gov.cn/news/top_news/2016/04/11/content_281475325205328.htm

48.Tolstrub,Jakob. 2010. *When Can External Actors Influence Democ-ratization?* Leverage,Linkages,and Gatekeeper Elites. Working Paper No. 118,Center on Democracy,Development and the Rule of Law,Stanford.

49.Vangeli,Anastas. 2017. China's Engagement with the Sixteen Coun-tries of Central,East and Southeast Europe Under the Belt and Road Initia-tive. *China and World Economy,*25(5):101-124.

50.Worldcrunch. 2016. *Divide,Conquer,Aim East:China Has a Sharp*

New European Trade Strategy. November 11. Available at https://www. worldcrunch.com/world−affairs/divide−conquer−aim−east−china−has−a− sharp−new−european−tradestrategy

51.Xinhua. 2017. *Full Text:List of Deliverables of Belt and Road Forum.* May 15. Available at:http://news.xinhuanet.com/english/2017−05/15/c_1362 86376.htm

52.Zhen,Yin. 2016. "Tuijin sanhai gangqu hezuo yaozhan de gao,kan de yuan,zou de wen"[Stand High,Look Far,Go Steady to Promote Three Seas Seaports Cooperation]. *Zhongguo Yuanyang Chuanwu*,(3):54−55.

第十一章 结论：疑虑与希望并存的 "一带一路"

自从19世纪拿破仑警告西方，最好不要唤醒这个"沉睡的巨人"起，中国一直是现在西方主导的世界秩序的迷恋对象和机会之源，同时也是不确定和动荡的原因。西方，特别是美国——该秩序的创造者和关键利益攸关方——面临的巨大困难是如何感知、应对和适应中国崛起带来的全球影响。

西方，特别是美国，未能对中国的发展战略、动机、政策和目标形成全面的理解，这一失败已定期转化为一种疾病——"中国综合征"。这种疾病的特点是心理焦虑、情绪歇斯底里和对中国的过分妖魔化，而且对世界不同地区产生了溢出效应。一方面，在过去40年中，对中国的迷恋或愤怒影响了西方的学术界和新闻业，而且这些情绪往往会产生突变，即从过度的赞同和无条件的乐观到毫无根据的反感，再到不必要的反感、深刻的悲观。另一方面，在经历了40年的全球经济一体化，中国仍然发现自己是一个孤独的"中间王国"，周围充满了嫉炉、钦佩、焦虑、担忧，甚至怨恨。

本书的主题，连同本书所载各章节，涵盖了一系列问题，从基于国家、区域和全球的角度出发，分析了中国最近的"一带一路"倡议，并从地缘经济和地缘政治竞争到安全和能源竞争等方面，分析了它的源头和影响。本书的内容揭示了一个明显的反差，即对一个正在崛起的中国的认识反差，即对中国政治、经济和文化向外扩展影响的不适应，以及随后对中国总体崛起的猝不及防。特别是对于中国的"一带一路"倡议，西方的看法主要体现在两个"基本形象"中，即"作为威胁的中国"和"作为机遇的中国"之间的二分法。这样一套"双焦距镜头"提供了一个分析框架，应该通过这个框架对中国进行概念化研究。同时，这个框架还起到了共同范式的作用，定义了"应该研究什么、应该问什么问题、应该是什么问题、应该问什么规则、应该是什么规则"，等等。

正如本书所展示的，如果从"担忧或威胁"的范式来看，往往会看到中国的政治、经济活动和外交政策都充满了令人担忧和威胁的负面算计。中国的经济外交（如"一带一路"倡议）在很大程度上被认为对除中国以外的所有外国人都有负面影响。从历史上看，"中国威胁"一直与中国的市场规模及其融入世界经济有关。这是因为人们认为，中国的崛起造成了许多令人担忧的不确定性：例如，人民币政策一直是争议的焦点，其全球贸易引起了发达国家、发展中国家和公司对重商主义、倾销和贸易顺差的担忧，其对能源的渴望导致了竞争和价格上涨，其在金融、货币、贸易、安全、环境、资源管理、粮食安全、原材料和商品价格等方面的政策日益被视为对中国以外各国宏观经济的冲击。中国经济外交的不断深化（如"一带一路"倡议）会不可避免地将中国的经济实力转化为政治、经济、安全和外交的筹码。此外，对中国一党主导的政治制度、国家主导的市场经济、"天生"的民族主义，甚至中国的文化文明的偏见观念，也被认为不可避免地让西方世界与中国的规范发生了碰撞。

另一方面，如果从"中国机会"的范式来看，自20世纪80年代经济改革、中国逐步融入世界经济以来，中国一直被视为资本主义世界体系的最大救星。在80年代的大部分时间里，西方国家都有关于后毛泽东时代的中国开始"第二次革命"的乐观著作。然而具有讽刺意味的是"全球资本主义体系的稳定取决于今天中国共产党的存在"。如今，不争的事实是，中国市场、投资、贸易和购买力是全世界不可或缺的"机遇"。潘成鑫先生借鉴了众多知名学者和分析师的不同文献，展示了中国机遇。正如他所言：中国被确定为"理想的生产基地、投资目的地、全球供应链中的出口平台，以及优秀的外包目的地"，通过"离岸外包给中国，西方企业已能够将人才、机械和资本解放到价值更高的行业和尖端的研发领域，从而使它们能够获得更大的利润空间"。

"中国作为机会"是自我实现的，是确认自己价值观的政治和道德机会。正如新自由主义所认为的那样，中国目前之所以在全球化时代获胜，正是因为其经济增长和财富积累来自资本主义世界体系内部，而不是外部。然而需要强调的是，中国经济的成功归功于国家—市场—社会三者关系独特的融合所反映出的社会文化和政治的"嵌入"作用。在这种情况下，中国成功的力量扩散或许与中国政治制度和文化价值的吸引力关系不大，更多的是与中国人自身的务实有关，因为中国人相信"按自己的方式去做事就可以取得成功"。所谓的"中国模式"，就是强调要坚持民族自决，强调党和国家的主导作用，强调逐步渐进式改革和创新以实现经济增长，强调国际不干预等。用雷默（Ramo)的话来说，这些都是作为所谓的"北京共识"理论的主要内容，它已经开始重塑整个国际发展、经济、社会的格局，进而重塑政治格局。

中国作为替代援助捐助国、投资者和经济伙伴的崛起，似乎是吸引其他发展中国家的主要动力来源之一。中国的国际援助政策中没有附加任何条件，北京拒绝把国际援助建立在其他国家主权、经济模式的基础之上，这可以被看作中国特色的国际规范与治理模式，或政治文化。

正如本书所反映的那样，在研究中国崛起的影响和含义时，出现了一系列持续存在的"双焦点镜头"的现象，这有助于我们从一种多维的视角来理解中国"一带一路"倡议的多个方面。"一带一路"倡议是一个将中国雄厚的经济实力远远投射到其国界之外的有力而充分的工具。一方面，中国为了减少国际社会对"一带一路"倡议战略意图的担忧，让这一举措充满了正常的规范力量，努力不去挑战西方的软实力；另一方面，中国打算通过"一带一路"倡议发展它最偏远的西部省份，通过基础设施连通（就像"中巴经济走廊"项目那样），从后勤上将其西部省份与欧洲、印度洋地区相连接。可以说，"一带一路"倡议中的海上航线和陆路通道，是实现中国雄心的极为重要的两个地缘政治和地缘战略平台，通过有效的东西链接，使其不仅成为海上大国，也成为陆地大国。

从哥本哈根学派的观点来看，作为一个对其曾经的辉煌充满怀旧的大国，中国通过"一带一路"倡议，将其雄心"证券化"了，而且这种"证券化"充满了强烈的爱国民族主义情绪，同时又具有混合和整体的本质。也就是说，如果中国从海洋和陆地获得全球安全的要素，国家利益可能会得到更好的服务。中国努力克服其国内困难，努力从国外稳定和不间断地获得其迫切需要的矿物和能源资源。这不仅关系到已上升到中产阶级的中国人的繁荣与幸福，也关系到其他数千万仍然在脱贫途中的中国人的未来与希望，并且它还可能关系到中国共产党与中国政府未来的发展与命运。

本章在讨论和总结全书主题时，将不得不与本书导论相呼应。本书的导论部分曾提到一个问题，"一带一路"倡议可能是构建一个具有"中国特色的新世界秩序"的工具吗？本书的回答是肯定的，这个新秩序正在到来，这一秩序将充满和谐与和平，和平崛起的中国将在那里实现了与其古老辉煌历史的统一。换句话说，在这个秩序中，中国努力寻求其过去的辉煌，努力回归其"中央之国"的和谐。而要实现这一美好的愿景，一个重要的途径是塑造区域和全球一体化的地缘经济和地缘政治。也就是说，需要在陆地和海上建立起充分的后勤联系，以确保中国与世界"外围"各国顺畅的贸易往来，获得必需的矿物和能源资源供应。而这一切的关键是连通。

如果说"条条道路通罗马"，那么今天北京就会努力确保所有道路在中长期都能通往中国，使中国成为全球的超级经济枢纽。"一带一路"正是旨在通过中亚连接东西方的高速铁路在这方面发挥着至关重要的作用。此外，中国是一个巨型的人口大国，该国需要养活世界1/5的人口，中国需要与全世界合作，才能在与世界各国的共同繁荣中发展自己。因此，从这个意义上说，中国的发展没有"固定的界限"，中国向全世界敞开胸怀，融入世界，同时，世界也需要接纳中国。因此，"一带一路"倡议提供了中国与世界链接和互相融入的途径与工具。

本书通过回顾国际关系史和资本主义世界秩序的历史，认为中国正在做的事情其实也没有什么"太新的东西"。事实上，无论是1914年的考茨基，还是1917年的列宁，他们都已经从各自的"帝国主义和扩张主义"逻辑，论述了国际政治的现实需要。"一带一路"倡议也在遵循这么一个现实政治逻辑，即中国要寻求国家生存与发展的空间，通过互联互通，互利共赢，获取矿产和能源等资源，寻求国家强大，使其能够维持人口增长和政治制度的连续性。中国人正在追寻"中国梦"——国家富强之理想，可以说，"中国梦"是由怀旧而形成的，但同时也是由很多实用主义和创新思想——比如"一带一路"倡议组成的。可见，"一带一路"倡议与"中国梦"似乎是怀旧的，但实际上是对未来的强烈渴望。毕竟，很多中国人都没有忘记西方国家和日本对其造成的历史羞辱。中国新"丝绸之路"的时代是一个似曾相识的时代，这个大国渴望再次成为以前的"中央之国"。

中国明智地将双边主义和多边主义，甚至是日益增长的地区主义结合起来，在外交政策上采取更加积极主动的态度。事实上，中国外交政策越来越主动、越来越自信，其特点是对地区事务持新的态度。在这种态度的基础上，在保护国家利益方面，既有自信、务实、民族主义，又有紧迫感。因此，中国认识到，要想在世界大国博弈中成为更有影响力的大国，同时保护自己的切身利益，中国需要加强和重新制定外交战略。在区域层面，中国的干预理论似乎被赋予了一定的矛盾心理。根据主题，中国采取不同的外交政策与战略。事实上，在涉及国家关键利益的问题上，北京可能会在必要时选择更自信的外交政策。但在其他问题上，中国的立场往往被证明是"优柔寡断"的，当然这也可以被理解为是"灵活的、以应对不断变化的情况"。

这本书还揭示了中国外交政策的显著变化，其中包括从纯粹的双边概念向接受多边关系的过渡。事实上，除了联合国的情况外，北京一直支持双边关系，"讨厌"任何多边参与，尽管它已经认识到参加多边组织是有好处的。正因为如此，中国与东南亚国家联盟（东盟）接触，或认识到亚太经合组织日益重要的意义。中国于2001年加入世贸组织，这是一个很重要的转折点，因为加入世贸组织意味着中国要遵守规则和更加开放，这反过来又迫使中国人不断改革。自中国融入自由世界秩序后，中国外交政策的变化，可以在北京从被动的规则追随者——"韬光养晦"，转变为积极主动的全球角色——"有所作为"中可见一斑。"一带一路"倡议被视为北京向更积极的外交政策和战略重新定位的转变。这表明，中国正在从通过加入地区和全球的劳动合作而成为积极主动的规则制定者，通过资本对外扩张和生产外包，转变为积极的规则制定者。近年来的许多文献已经开始讨论新兴大国，特别是中国的崛起，正在引领世界秩序传播新的国际规范，并塑造国际规范及其演变。因此，本书有一个明确的前提假设，即"一带一路"倡议促进了一个历史进程，在这个进程中，参与该倡议的国家的规范性矩阵和决策受到中国人的思维和实践的影响，甚至在一定程度上形成对各自政策制定者和知识分子的影响。

中国一直在积极努力修复它所受益的自由世界秩序。北京认识到自己的命运与世界其他国家相互关联，相互依存，但同时又坚持维护国家主权，拒绝西方发展的"普遍价值观"和"普遍蓝图"。北京正在使用多边组织促进其利益，并将各伙伴纳入其合作伙伴计划，在讨论中采用了"双赢""南南合作""共同繁荣""共同发展""共同命运"等能被各方共同接受的措辞。这些概念不仅仅是"花言巧语"，而是强烈的认识，即只有通过与周边国家和地区分享发展和进步的成果，才有可能实现中国的重新和平崛起。事实上，有一句中国谚语清楚地说明了中国在地区事务中的姿态的演变趋势以走向更大的成功——"远亲不如近邻"。并且，中国在加强区域合作的同时，中国也有在全球层面加强多边主义合作的雄心。

尽管正如本书所指出的，"一带一路"倡议是中国积极促进国内投资的一种工具，但将这种"内力驱动"与中国关于"全球化"和"自由贸易"的愿景联系起来是有意义的。中国国家主席一直在各种国际论坛上进行宣传，比如2017年1月在瑞士达沃斯举行的论坛上，习近平指出，中国是一个没有障碍、没有保护主义的世界先锋，中国倡导互利共赢的原则。事实上，正如这本书所指出的，中国可能成功地促进了自己的规范和价值观，并为多元世界提供了一种以新思维和实践为特色的非西方选择。中国可以通过自己的不断努力，慢慢地影响周边的世界，不断更新的"北京共识"将具有强大的潜力。有学者认为，国际社会可以实施若干以中国为中心的全球治理体制机制的变革，以补充现有的全球秩序。

另外，有学者认为"一带一路"倡议是中国用来维护自身利益并实现其在地区和全球领域的战略目标的特殊工具。从这个意义上说，持续监测中国硬实力、规范实力和软实力组成部分，包括中国政治、经济和文化的硬实力、规范实力和软实力组成部分，这从"一带一路"倡议内部的互动来看可能是有希望的。中国大战略所固有的三重"证券化"，可以同时和矛盾地成为国内和地区稳定的关键角色，也可以是加速世界力量平衡更不稳定的重要因素。中国向中亚中心地带延伸的"大外围"国家重新连接（包括中东欧国家），将不可避免地削弱了其漫长的跨大西洋势头。这或许就是为什么美国迄今对北京的"一带一路"倡议非常怀有敌意的原因。

不仅美国远离"一带一路"倡议，印度和日本等亚洲大国也未介入中国的"一带一路"倡议项目。印度、日本两国共同在非洲、伊朗、斯里兰卡和东南亚开展多个基础设施项目，提出另一种"亚非增长走廊"，拟与中国在整个欧亚大陆的多边和单边基础设施展开竞争。这种情况可能正好"讽刺地"呼应了中国的一句老话："一山不容两虎"。这说明"一带一路"倡议及其海外基础设施建设项目确实提升了中国外交的竞争力，从而在外界看来"一带一路"倡议是中国试图调整地区秩序的政治经济结构，因此不可避免地遭遇的地区大国的竞争。

最后，本书认为"一带一路"倡议及所倡导的基础设施建设项目是面向各大洲的，中国的邀请是向所有国家开放的，没有被忽视的地区，新的"中国制造"世界新秩序将会出现。基于"中国特色世界新秩序"将是未来世界"新常态"的假设，本书邀请读者加入不同国际关系学派之间的争论：中国会成为一个具有破坏性或建设性的世界大国吗？中国是"现状维护主义"还是"国家中心主义"？是未来连续性的力量，还是变革的力量？自由派学者普遍认为，中国是维持现状大国，其假设的理由是，中国对现有的资本主义世界秩序感到满意，中国的经济成功是通过融入世界市场而取得的，而现实主义学派则坚定地认为，中国将成为一个国家中心主义的大国，中国将不可避免地寻求改变（如果不是推翻的话）地区和世界秩序，根据自己的利益调整和塑造地区和世界秩序。目前，"一带一路"倡议被视为用来判断中国是"维持现状"还是"国家中心现状"大国的一个很好的检验案例。

虽然上述问题并没有明确的答案，但本书的基本假设（见本书导论）显然是正确的，即中国的崛起及其"一带一路"倡议将不可避免地影响一个现存的"全球关系"和"全球安排"，以及现有秩序已有的"结构力量"。尽管本书只是想帮助大家更好理解"一带一路"倡议中一些不寻常的东西以及正在进行中的国际秩序变革。本书认为以中国为核心的新兴世界秩序将是几代人的宏伟工程。因此，编撰有关"一带一路"倡议这样一个宏伟的项目方面的专著显然是有重大意义的。因为它试图作出开拓性的努力来解释和推测中国崛起的影响、机会和前景，以及带来的挑战和制约因素。未来还会有许多新的文献继续关注这个话题或与中国世纪的出现有关的其他话题，因为中国治下的和平已经启动，任何阻止中国发展和来自东方的崛起信号都是不可能的。

参考文献

1.Buzan, Barry, Ole Wæver, and Jaap de Wilde. 1998. *Security-A New Framework for Analysis.* Boulder: Lynne Rinner Publishers, Inc.

2.Chan, Henry. 2016. *Will the Beijing Consensus Follow the Washington Consensus to Oblivion?* IPP Review, April 12. Available at http://ippreview.com/index.php/Blog/single/id/97.html

3.Duarte, Paulo. 2017. *Pax Sinica.* Lisbon: Chiado Editora.

4.Ekman, Alice. 2016. *China's Multilateralism: Higher Ambitions.* European Union Institute for Security Studies(EUISS). Available at https://www.google.dk/url?sa=t&rct=j&q=&esrc=s&source=web&cd=1&ved=0ahUKEwiHmtGR4KvWAhWBfxoKHWkZCIgQFggqMAA&url=https%3A%2F%2Fwww.iss.europa.eu%2Fsites%2Fdefault%2Ffiles%2FEUISSFiles%2FAlert_2_China.

pdf&usg=AFQjCNHUxRv0jmJGkDD42fN99k_JVyw9fA

5.Financial Times. 2017. *China Encircles the World with One Belt, One Road Strategy*. Available at https://www.ft.com/content/0714074a–0334–11e7–aa5b–6bb07f5c8e12

6.Hubbard, Paul. 2008. *Chinese Concessional Loan. In China into Africa: Trade, Aid, and Influence, ed.* Robert Rotberg. Washington, DC: Brookings Institution Press.

7.Ikenberry, John G. 2008. The Rise of China and the Future of the West. *Foreign Affairs*, 87(1): 23–37.

8.———.2011. The Future of the Liberal World Order: Internationalism After America. *Foreign Affairs*, 90(3): 56–68.

9.Kautsky, Karl. 1914. Ultra–imperialism. Available at https://www.marxists.org/archive/kautsky/1914/09/ultra–imp.htm

10.Kynge, James. 2015. China renminbi Goal Needs Open Markets. *The Financial Times*, July 29. Available at https://www.ft.com/content/ee74deea–15d1–11e5–be54–00144feabdc0

11.Lenin, Vladimir. 1948[1917]. *Imperialism, the Highest Stage of Capitalism*. London: Lawrence and Wishart.

12.Li, Xing. 2016. Understanding China's Economic Success: "Embeddedness" with Chinese Characteristics. *Asian Culture and History*, 8(2): 18–31.

13.Mearsheimer, John. 2006. China's Unpeaceful Rise. *Current History*, 105(690): 160–162.

14.———.2010. The Gathering Storm: China's Challenge to US Power in Asia. *Chinese Journal of International Politics*, 3(4): 381–396.

15.Pan, Chengxin. 2012. *Knowledge, Desire and Power in Global Politics: Western Representations of China's Rise.* Cheltenham: Edward Elgar.

16.Pu, Xiaoyu. 2012. Socialisation as a Two-Way Process: Emerging Powers and the Diffusion of International Norms. *The Chinese Journal of International Politics,* 5:341-367.

17.Ramo, Joshua C. 2004. *The Beijing Consensus.* London: The Foreign Policy Centre. Available at http://www.google.dk/url?sa=t&rct=j&q=&esrc=s&source=web&cd=1&cad=rja&uact=8&ved=0ahUKEwi4nNOO36vWAh-WSLFAKHXKDBIYQFggqMAA&url=http%3A%2F%2Ffpc.org.uk%2Ffsblob%2F244.pdf&usg=AFQjCNE7hBtQCbvssHinJhCqBRz-xpr82A

18.Ritzer, George. 1996. *Sociological Theory.* 4th ed. New York: McGraw-Hill.

19.Romana, Heitor. 2010. *Personal Interview by Paulo Duarte.* Lisbon.

20.Shambaugh, David. 2015. The Coming Chinese Crackup. *The Wall Street Journal,* March 6. Available at https://www.wsj.com/articles/the-coming-chinesecrack-up-1425659198

21.Shen, Simon. 2016. How China's 'Belt and Road'Compares to the Marshall Plan. *The Diplomat,* February 6. Available at http://thediplomat.com/2016/02/how-chinas-belt-and-road-compares-to-the-marshall-plan/

22.Tiezzi, Shannon. 2015. How China Seeks to Shape Its Neighborhood. *The Diplomat,* April 10. Available at http://thediplomat.com/2015/04/howchina-seeks-to-shape-its-neighborhood/

23.Wang, Yong. 2016. Offensive for Defensive: The Belt and Road Initiative and China's New Grand Strategy. *The Pacific Review,* 29(3):455-463.

译 后 记

经过近半年的努力，本书终于完成了翻译工作。本书是丹麦奥尔堡大学李形教授主持的"国际政治经济研究"系列作品之一，也是我与他合作的第三部作品，同时也可算是为了迎接即将在北京举行的第二届"一带一路"国际合作高峰论坛的"应景"之作。

"一带一路"倡议从概念到行动，从国内到国外，从亚欧到全球，从经济到政治（安全），从实践到理论，从企业到大学，从工地到智库，其内涵与外延越来越丰富，其实践与研究也越来越深入。2018年是"一带一路"倡议提出五周年，从2019年开始它将进入第二个五年发展阶段，"一带一路"建设也将从"大写意"转向"工笔画"。在此转承之际，再对其进行深入观察与思考，无疑具有较大理论价值与现实意义。

本书试图从国际政治经济学的视角，对"一带一路"倡议提出五年来的发展与实践所产生的理论与现实问题进行了力所能及的讨论和解答，试图从一个非中国的视角还原"一带一路"倡议的理论内涵与现实影响。正如习近平所言，"一带一路"不仅是中国的，也是世界的。因此，我们也很需要从非中国的视角对"一带一路"进行深入的观察与解读。当然，也正因此，其中有些观点未免失之偏颇，我将之呈现也是想供感兴趣的同人批判与借鉴。我的学生王英杰、卢治成参与了本书的部分资料收集和翻译工作。

最后感谢天津人民出版社的领导与责任编辑王琤的出版支持。

林宏宇

2019年2月21日于京西坡上村